# ハマスvsイスラエル

何が彼らを争いに掻き立てるのか?!

# Son of Hamas

モサブ・ハッサン・ユーセフ
Mosab Hassan Yousef
青木偉作［訳］

ヒカルランド

1. レバノン *LEBANON*
2. シリア *SYRIA*
3. ヨルダン *JORDAN*
4. エジプト *EGYPT*
5. イスラエル *ISRAEL*
6. アカバ湾 *Gulf of Aqaba*
7. 地中海 *Mediterranean Sea*
8. ゴラン高原（イスラエルが占領中）
*Golan Heights (Israeli occupied)*
9. ガリラヤ *Galilee*
10. ナザレ *Nazareth*
11. メギド *Megiddo*
12. ジェニン *Jenin*
13. ナブルス *Nablus*
14. ヨルダン川西岸（西岸地区） *West Bank*
15. ラマッラ *Ramallah*
16. テルアビブ・ヤッフォ *Tel Aviv-Yafo*
17. ベテュニア *Betunia*
18. エリコ *Jericho*
19. エルサレム *Jerusalem*
20. ベツレヘム *Bethlehem*
21. ヘブロン *Hebron*
22. ガザ *Gaza*
23. ガザ地区 *Gaza Strip*
24. 死海 *Dead Sea*
25. ネゲブ *Negev*

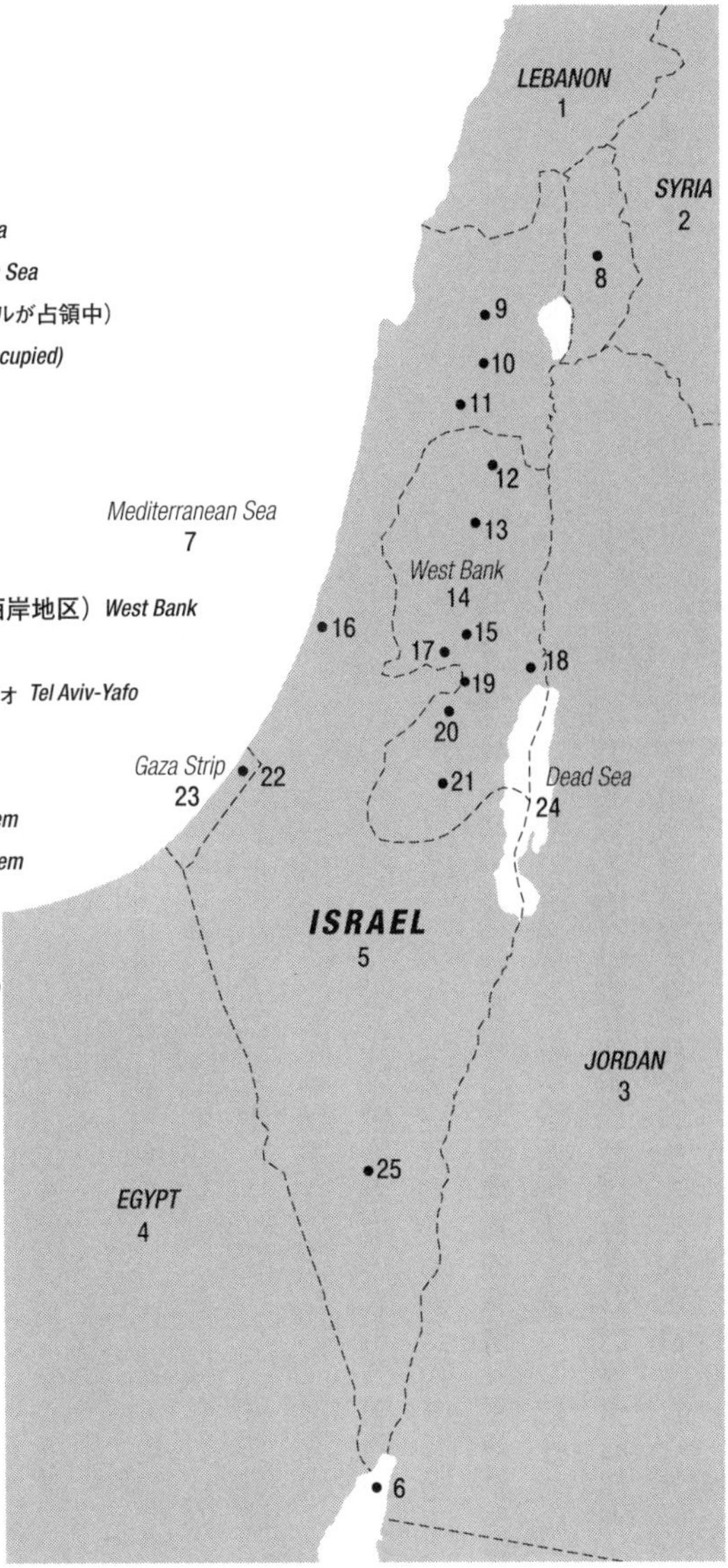


イスラエルと占領地の地図

# 著者の言葉

時間、それは途切れることなく続く――人の誕生と死の間にかかる一本の糸である。

しかし、歴史上の出来事は、何千もの色とりどりの糸で複雑な模様に織り上げられたペルシャ絨毯のようなものである。出来事だけを純粋に年代順に見ていこうとすれば、その織られた糸を引き抜いて端から端まで並べればよいのである。それは簡単なことかもしれないが、織り上げられた模様は失われる。

この本の中の〝出来事〟とは、イスラエルの占領地における私の波瀾万丈の人生の記憶が紡ぎ合わされたものである。

付録には、アラビア語の名称や単語を区別するために、登場人物や用語解説を載せ、それと共に簡単な年表を載せた。

安全上の理由から、イスラエル保安機関であるシン・ベットによって実施された重要な作戦の詳細の多くを敢えて省略した。

この本の中で明らかにされている情報は、イスラエルが現在も展開し続ける、国際的な対テロ戦争の妨げとなるものではない。
最後に『Son of Hamas』の物語は、中東問題と同様に現在も継続している。それで、現在の彼の地の情勢に対する私の考えを、みなさんと共有できる私のブログhttp://www.sonofhamas.comにアクセスしていただければ幸いである。この本を通して、神は何をなそうとしておられるのか、私の家族に対して何をされるのか、そして私をどこへ導こうとしておられるのかについても書き続けていこうと思う。

——MHY

私の愛する父と傷を負った私の家族
パレスチナとイスラエルの闘争において犠牲になった人々
そして、わが主なる神が救い給う、すべての人々へ

愛する家族の皆へ　私は父さんはじめ家族のことを、とても誇りに思っています。神だけが、あなた方がどんなにかつらい所を通っているかをご存知です。私の取った行動が、家族の皆に一生消えることのない深い傷を与えてしまったこと、そしてその恥辱を負ったまま、永遠に生きていかなくてはならないということを、私は十分承知しているつもりです。

私は、英雄になることもできました。そして、民族の誇りと呼ばれることもできたでしょう。同胞がどのような類の英雄を求めているのか、それも私は理解しています。彼らが求めているのは、民族の大義のために、自分の命や家族を犠牲にすることも厭わない戦士です。たとえ私が殺されたとしても、人々は私のことを代々語り継ぎ、私は彼らの永遠の誇りとなったでしょう。しかし現実には、私は英雄にはならなかった。

それどころか、私は皆の目から見れば裏切者なのです。かつて家族の誉だった私が、今や恥さらしの存在となってしまった。かつての王子が、いまや異国の地にあって孤独と闇という敵と戦いながら生きる異邦人なのです。

家族の皆は、私を裏切り者だと思っていることでしょう。でもどうかわかってください。私が裏切ったとすれば、それは皆のことではなく、皆が思い描いていた英雄像なのです。中東諸国の人々――ユダヤ人もアラブ人も、私の想いをいくらかでも分かち合ってくれるようになれば、はじめて平和が訪れるでしょう。わが主（イエス・キリスト）が地獄の罰から世界を救おうとして捨てられたのであれば、私もまた皆に捨てられてもかまわない！

将来に何が待ちかまえているかわかりません。わかっているのは、私はもう何も恐れないということです。そして今、私をここまで支えてくれたものを皆にもさしあげたい。それで、たった一人でも無辜の命が救われるのであれば、これまでの罪や恥など安いものです。

どれだけの人が、私のしたことに評価を与えてくれるでしょうか。多くはないでしょう。それでいい。私は自分のしたことが正しかったと信じてきたし、今も信じています。これが、長い人生の旅を続けるための唯一の原動力です。命を救われた罪なき人々の血の一滴、一滴が、この人生の最期の時まで、私に希望を与え続けてくれるのです。

私は代価を払い、あなた方も払いました。それでもまだ戦争と平和の代価の請求書は次々とやってくる。どうか神が私たちと共にあり、この重荷を担うために必要なものを与えて下さいますように。

愛をこめて　息子より

～ハマスvsイスラエル　何が彼らを争いに掻き立てるのか?!　目次～

カバーデザイン　森瑞（フォーチュンボックス）
本文仮名書体　蒼穹仮名（キャップス）

# 序章

　ここ半世紀以上にわたり、中東和平は外交関係者にとっても、さまざまな国の首相や大統領にとっても、いわば聖杯となっている。国際舞台に新しい顔が入れ替わり立ち替わり登場し、その誰もがわれこそはアラブ・イスラエル紛争を解決する者たらんと考える。そして誰もが先人同様、惨憺たる失敗に終わるのである。

　実際には、中東とその地の住民の抱える複雑な問題を本当に理解できる欧米人はほとんどいない。だが、私はちがう。私には他の人にはない独自の見方ができるからだ。何しろ私はあの地域の、あの紛争の中に生まれ、暮らしていたのだ。私はイスラム教徒の子であり、告発されているテロリストの息子である。そしてまた、私はイエス・キリストを信じる者でもある。

　二十歳そこそこで、私は誰もが決して見るべきでないものを見た。赤貧、権力の乱用、拷問、そして死を。世界中のマスメディアを騒がせている中東の最高指導者たちの裏取引の現場も目のあたりにした。イスラム原理主義組織・ハマスの上層部に信頼され、いわゆるインティファーダにも参加した。その結果捕まって、イスラエルで最も恐れられている拘留施設の奥深く捕らえられてもいた。そして本書に書いたとおり、私の愛する人々からすれば裏切り者となる選択をした。私は現実にはあり得ないような旅路をたどり、暗黒の地を通り抜けて、驚くべき秘密に到達することになった。この本の中で、私は長い期間隠されていたその秘密の一部を暴き、ほんの一握りの陰の人物たちのみが知る数々の事件やその経緯を白日の下にさらすことになる。

これらの真実を明るみに出すことで、中東地域は衝撃を受けるだろう。しかしまた、そうすることで、この終わりなき紛争で犠牲になった人々の家族に慰めと悲しみの終止符がもたらされることを私は願っている。

現在、私はアメリカ人の中で生活しているので、多くのアメリカ人がアラブ・イスラエル紛争について多くの疑問を持っていることを知った。しかしその答えは与えられず、さらにまともな情報さえ手にしていない。私はこのような質問を耳にする。

＊中東の人々はなぜ共存することができないのか？
＊イスラエル人とパレスチナ人、どちらが正しいのか？
＊イスラエルの土地は本当は誰のものなのか？　どうしてパレスチナ人は他のアラブ諸国に移り住むことができないのか？
＊なぜイスラエルは、一九六七年の六日戦争（第三次中東戦争）で勝ち取った土地や建物を返還しないのか？
＊なぜこれほど多くのパレスチナ人が、いまだに難民キャンプで暮らしているのか？　なぜ彼

らは自分たちの国家を持たないのか？
＊なぜパレスチナ人はこれほどまでにイスラエル人を嫌うのか？
＊アラブ人による自爆テロや、頻繁なロケット弾攻撃から、イスラエルはどのようにして自分たちを守るのか？

どれももっともな質問ではある。しかしどれも真の問題、核心には触れていない。目下の紛争は、はるか昔、旧約聖書の『創世記』に記されているサラとハガルの間の激しい憎悪に端を発している。しかしながら、政治的・文化的な問題を理解するためには、第一次世界大戦が終結したあたりまでさかのぼればよい。

第一次世界大戦が終わったとき、何世紀にもわたってパレスチナ人の郷土であったパレスチナの地は英国の統治下に置かれた。英国政府はこの地域について、尋常でない考え方を持っていた。それは一九一七年のバルフォア宣言で、以下のように述べられている。

「英国政府は、ユダヤ人がパレスチナの地にユダヤ人の郷土としての礎を築くことを支持する……」

英国政府によって鼓舞されて、主に東欧からの何十万人ものユダヤ人移民がパレスチナの地にどっと押し寄せた。その結果、アラブ人とユダヤ人との間に衝突が起きるのは必至であった。

イスラエルは一九四八年に国家となった。しかしながら、パレスチナ人の土地は主権者がいない状態のまま放置された。表向きにでも秩序を維持するための憲法もないまま、イスラム教の宗教的規律が最高権威となった。その結果、人々はその規律を自分たちに都合のよいように勝手に解釈し、それを行使したため、混乱状態に陥ったのだ。外の世界にとって中東紛争は、単に小さな領土をめぐる争いにしかすぎないのかもしれない。しかし真の問題は、いまだに誰もその問題自体を理解していないことだ。その結果、キャンプ・デービッドの首脳会談からオスロ合意まで、その交渉にあたった人たちがしていることは、骨折している人に使う添え木を、心臓病患者の手や足に何のためらいもなく当て続けているようなものなのである。

どうかご理解いただきたいのだが、私がこの本を書いたのは、自分がこの時代の偉大な思想家たちよりも賢明だと思っているからではない。私はそのような者ではない。しかし、神はこのまったく解決の糸口が見えない紛争の、あらゆる立場に私を置くことによって、私に独自の視点を持つに至らせた。ある人はイスラエルとして、ある人はパレスチナとして、またある人は占領地として知っているこの地中海沿岸の小さな土地のように、私の人生は、分割されてしまった。

本書での私の目的は、いくつかの鍵となる出来事についてありのままをお伝えし、秘密を明るみに出すことである。そしてそれがうまくいけば、実現不可能なことが可能になる、という希望を与えてくれるであろう。

# 1章——捕われの身　一九九六年

私は白いスバルの小型車を走らせ、道幅が狭く見通しの悪い曲がり角の一つにさしかかった。その道はヨルダン川西岸の町ラマッラ郊外の主要高速道路に続いている。軽くブレーキを踏んで、エルサレムに通じる道路に無数に点在する検問所の一つにゆっくりと近づいていった。

「エンジンを切れ！　車を止めろ！」

たどたどしいアラビア語で叫ぶ声がした。

いきなりイスラエル兵が六人、茂みから飛び出してきて、私の車の前に立ちはだかった。どの兵士も機関銃を所持しており、どの銃口も私の頭に向けられている。

恐怖がこみあげてきた。私はエンジンを切って、開いた窓から鍵を投げた。

「降りろ！　降りろ！」

すぐさま兵士のひとりがドアを勢いよく開けて、私をほこりっぽい地面に投げ飛ばした。たちまち彼らの暴行が始まり、私は頭を覆う余裕さえなかった。しかし顔をかばおうとすれば、兵士たちの頑丈なブーツはただちに肋骨や脇腹、背中、首、頭部と、次々に別の場所に狙いをつけるだけだ。

二人の兵士に私は引きずり出され、検問所まで引っぱっていかれると、コンクリートのバリケードに向かって無理やりひざまずかされた。両手は剃刀のようなプラスチックのジップタイで後ろ手に縛られ、きつく締め上げられた。そして目隠しをされて、ジープの後部座席の床に押し込められた。私はどこへ連れて行かれるのだろうか、どのくらいで殺されるのだろうか。そう思うと、恐怖と怒りがないまぜになった。私は十八歳になったばかりで、高校生最後の試験を二、三週間後に控えていた。いったい私は、これからどんな目にあうのだろうか？

ジープはほんの少し走っただけでスピードを落とし、停車した。一人の兵士が、私を後部から引っ張り出して、目隠しをはずした。まぶしい太陽の光に目を細めて見ると、そこはオフェル陸軍基地であることがわかった。オフェルはイスラエルの防衛拠点の一つであり、西岸地区最大にして最も堅固な軍事施設の一つである。

本部のある建物へと向かって移動する間に、キャンバス地の防水シートで覆われた何台もの戦車の横を通り過ぎた。その怪物のような小山を、基地の外から見るたびに私の目はくぎ付けになったものだ。シートをかぶった戦車は巨大な礫岩《れきがん》のように見えた。

建物の中へ入るとすぐに医師のもとへ連れて行かれ、とおり一遍の診察を受けた。どうやら私が、尋問に耐えられる体かどうかを確認するためだったらしい。私は合格だったようだ。なぜなら、すぐにまた手錠をかけられ、目隠しをされて、再びジープの後部に押し込まれたからだ。

通常は人間が足を置くためにあるその狭い場所に、うまく収まるように体を丸めようとすると、一人の屈強な兵士がブーツで私の腰のあたりを踏みつけ、M16アサルトライフルの銃口を突きつけてきた。車の床にはガソリンの鼻をつく臭いが染みこんでいて、息が詰まった。窮屈で体勢を少しでも楽にしようとすると必ず、その兵士は銃口を私の胸にぐいと突っ込んだ。

突如、焼けるような痛みが体を突きぬけ、つま先がぎゅっと丸まった。まるで頭の中でロケット弾が爆発したかのようだった。その一撃は前部座席から加えられた。兵士のうちの一人が、銃床の台尻で私の頭を殴りつけたのだとわかった。だが、よける間もなく再び殴られた。こんどは目を、一度目よりも激しく。避けようとしたが、私を足台のようにしている兵士に押さえ込まれた。

「動くな、動くと撃つぞ!」彼は叫んだ。

だが、どうしようもなかった。仲間の兵士に殴られるたびに、その衝撃でびくっと体が動いてしまう。

目隠し布の下で、私の目は腫れあがり塞がってくるし、顔面は感覚が麻痺していた。足は血が巡らなくなっている。息は浅く、荒くなっていた。こんな激しい痛みは経験したことがなかった。

しかし、体の痛み以上に私を苦しめたのは、無慈悲な、野蛮で非人間的な行為をただやられるがままになっていることの恐怖であった。くらくらする頭で、どうしてこんな目にあわされるのか、懸命に考えていた。激しい憎しみや怒り、復讐心から、また貧しさゆえに争いや殺人に走るのはわからないでもない。しかし私はこの兵士たちにいったい何をしたというのか。抵抗さえしていない。言われるがままにした。彼らにとって私は何の脅威にもならないはずだ。縛られ、目隠しをされて、武器も持っていない。私を痛めつけて楽しんでいるこの連中はどういう人間なのか？最も下等な動物でさえも、殺すには理由がある。気晴らしに殺したりはしない。

　母は私が捕まったことを知ったらどんな気持ちになるだろう、と考えた。父はすでにイスラエルの収容所に捕えられていて、私は家族の大事な男手なのである。私も父のように何ヶ月も何年も捕われの身となるのだろうか？　もしそうなって私までいなくなったら、母は耐えられるだろうか？　私は父がどんな気持ちだったのかを理解し始めていた。家族のことが心配だし、家族が自分のことを案じていることがわかっているので辛かっただろう。母の顔を思い浮かべると涙が溢れた。

　私は高校での日々が無駄になってしまうかもしれないと思った。実際イスラエルの収容所に入れられたら、来月の卒業試験を受けることはできない。暴行を受けながら、頭の中で不安が嵐のように駆け巡っていた。

なぜ僕にこんなことをするんだ？　僕が何をしたというんだ？　僕はテロリストじゃない！

まだほんの子どもだ。どうしてこんなふうに殴るんだ？

今でもはっきりおぼえているが、私は何度も気を失った。だが気がつくといつも、兵士たちはまだそこにいて、私を殴った。攻撃をかわすことはできなかった。できるのは、呻き声を上げることだけだった。喉の奥から胃液が上がってきて息が詰まり、自分の上に嘔吐した。

完全に意識を失う前に、私は深い悲しみに覆われた。これで終わってしまうのだろうか？　私の人生はまだこれからだというのに、死んでしまうのだろうか？

# 2章——信心の梯子　一九九五年〜一九九七年

私の名前はモサブ・ハッサン・ユーセフ。

イスラム原理主義組織ハマスの七人の創設者のひとり、シェイク・ハッサン・ユーセフの長男である。ヨルダン川西岸の町ラマッラ生まれで、中東で最も敬虔なイスラム教徒一家の一員である。

私の物語は私の祖父シェイク・ユーセフ・ダウードから始まる。彼はアル＝ジャニヤ村の宗教的指導者、いわゆるイマームだった。アル＝ジャニヤは、聖書でユダヤ・サマリアと呼ばれるイスラエルにある村である。

私は祖父を敬愛していた。彼が私を抱きしめてくれるといつも、やわらかくて白い髭が私の頬をくすぐった。イスラム教徒の祈り、アザーンを唱える祖父のやさしい声を、私は何時間もじっと座って聴いていた。イスラム教徒は一日に五回お祈りをするので、私は祖父の祈りを聴く機会がたっぷりあった。アザーンと、イスラム教の経典コーランを上手に唱えるのは容易なことではない。しかし祖父が唱えると、その声はまるで魔法のようにうっとりさせられる。

私がまだ幼かった頃、唱える人によっては聞くに堪えず、耳栓をしたこともあった。しかし祖父は情熱的な人で、祖父が唱えるアザーンは、聴く者をアザーンの持つ深い世界へと誘うのであった。彼はアザーンの一字一句を信じていた。

当時、アル＝ジャニヤ村は人口約四百人、イスラエルの占領下にあり、しかもヨルダン王国の統治下にあった。この小さな田舎の村の住民は政治とは無縁だった。ラマッラの北西数マイルにある緩やかな丘の懐に抱かれたアル＝ジャニヤ村は、とても平和で美しいところだった。入り日が一面を淡いピンクとパープルに染めた。空気はきれいに澄んでいた。いくつもある丘の頂上からは遠く地中海が望めた。

私の祖父は、毎朝四時頃にはすでにモスクへと向かっていた。朝のお祈りを終えるといつもロバを連れて畑に行き、土を耕し、オリーブの木の手入れをし、山から流れてくる湧き水で喉を潤した。この村で車を所有しているのは一人だけだったので、大気も汚染とは無縁だった。

家にいるときの祖父は、ひっきりなしに訪れる客を快く迎え入れていた。祖父はイマーム以上の存在——村人にとって万事頼りにできる存在だった。村に子どもが生まれれば、その子の耳元でアザーンをささやき、祈りを捧げた。誰かが亡くなると、その遺体を洗って聖油を塗り、布で包《くる》んであげた。結婚式を執り行い、埋葬に立ち会った。

私の父、ハッサンは祖父の心に適《かな》う息子だった。幼い頃から、誰かに言われたわけでもないのに、いつも祖父についてモスクに通っていた。他の兄弟は誰も父ほどにはイスラム教に関心を示さなかった。

父は祖父のかたわらでアザーンの詠唱を教わった。そして祖父と同様、人々が耳を傾けずにはいられない声と情熱を持っていた。祖父はそんな息子を誇りに思っていた。

父が十二歳のとき、祖父が言った。

「ハッサンよ、お前はイスラム教と神にとても関心があるようだね。そこで私は、シャリーアを学ぶためにお前をエルサレムへ行かせようと思っている」

シャリーアとは、家庭や衛生に関する日常生活のことから、政治・経済に至るまでのすべてを規定するイスラムの宗教法である。

ハッサンは政治や経済にはうとかったし、興味もなかった。彼はただ、自分の父親のようになりたかっただけだ。コーランを朗読し、人々に奉仕できるようになりたかっただけなのだ。しかし彼はまもなく、自分の父親が人々の信頼あつい宗教的指導者、愛される公僕以上の存在であることを知るのであった。

アラブの人々にとって価値観や伝統は常に、政府の定めた憲法や法廷よりも重要なものであるので、私の祖父のような人物は最高レベルの権威を持つ存在となる。非宗教的な指導者が脆弱で腐敗していたりする地域では特に、宗教的指導者の言葉が法律と見なされるのだ。

父がエルサレムに送り出されたのは、宗教を学ぶためだけではなかった。祖父は父が統治者となるための準備をしていたのである。そういうわけで、父は数年間、アル・アクサのモスク——エルサレムといえば世界の大半の人がまっ先に思い浮かべる金色のドーム型の伝統的な建造物——にほど近いエルサレム旧市街に住み、学んだ。十八歳で勉強を終えると、ラマッラの町へ移り、すぐさま旧市街のモスクのイマームとして雇われた。

父はアラーの神とイスラム教徒に仕えることに意欲満々で、アル＝ジャニヤ村で彼の父がそうしていたように、そのコミュニティーで仕事に取りかかりたいと切望していた。

しかしラマッラはアル＝ジャニヤとは違っていた。ラマッラはあわただしい都会であり、アル＝ジャニヤはのんびりした小さな村だった。

初めてモスクに入ったとき、父は大変なショックを受けた。そこにいたのはたった五人の年寄りだけだったのだ。どうやら他の人たちはみな、カフェやポルノ映画館にいたり、酒を飲んで酔っ払ったりギャンブルをしているらしい。隣のモスクでアザーンを唱えている男は、モスクの光塔（ミナレット）からマイクのコードを長くのばしてカードゲームに興じながらアザーンを唱えているのである。

そんな彼らの姿に父は悲嘆に暮れた。しかし、どうしたら彼らの心をつかめるのかわからなかった。五人の年寄りですら、自分たちはもうすぐ死ぬのがわかっているので、天国に行きたいからモスクに来ているだけだと言う。それでも少なくとも彼らは耳を傾けようとしていた。

それで、父はするべきことをした。その五人を祈りに誘い、コーランを教えた。ほどなく、彼らは父を心から敬愛するようになった。父がまるで天国から遣わされた天使であるかのように。しかしモスクの外ではそうはいかなかった。父のコーランの神への愛は、多くの人にとって彼らの信仰に対するいいかげんな態度をより際立たせただけだった。彼らは腹を立てた。

「アザーンを行うこのガキはいったい何者だ？」童顔の父を指差して、あざ笑う者もいた。

「こいつはよそ者だ。もめ事を起こす厄介者だ」

「どうしてこのガキは俺たちの顔に泥を塗るんだ？　モスクに行くのは年寄りだけさ」

「お前のようになるくらいなら、犬になるほうがましだ」と、面と向かって叫んだ者もいた。

父はこの試練にじっと耐え、決して怒鳴り返したり、自己弁護したりしなかった。しかし、彼はあきらめはしなかった。その人々への愛とあわれみの心があったからである。そして自分の天職である仕事を続け、イスラム教とアラーの教えに立ち返るよう熱心に説いたのである。

父は自身の懸念を祖父に伝えた。祖父はすぐに、父には当初思っていたよりはるかに強い熱情と大きな素質があると見てとった。そこで父をヨルダン王国に行かせ、さらにイスラム教の勉強をさせることにした。後述するように、そこで父が出会った人たちに、わが家の歴史の流れは根本から変えられ、中東における紛争の歴史はそれ以上に大きな影響を受けることになる。

しかしここでしばし話を中断し、イスラムの歴史における重要な点をいくつか簡単に説明しておく必要がある。そうすれば、これまでいく度となく外交交渉による解決がはかられたもののことごとく失敗に終わり、平和への希望を見出せずにいるのはなぜか、その理由を理解する助けになるだろう。

一五一七年から一九二三年までの間、オスマン・トルコ帝国のカリフを象徴とするイスラム教は三つの大陸にまたがり、トルコを中心に領土を広げていた。しかし数世紀にわたり強大な経済力と政治力を誇ったオスマン帝国も、中央集権化がすすむとともに不正が横行するようになり、衰退していった。

オスマン帝国の支配下では、中東のイスラム教徒の村はことごとく迫害され、過酷な税を課せられていた。イスタンブールからはあまりに遠かったため、カリフは兵士や地方の役人による迫害からイスラム教徒を守ることができなかった。

二十世紀になる頃には、多くのイスラム教徒が幻滅し、新たな生活様式を模索し始める。当時出現したばかりの共産主義者の無神論に染まる者もいた。またある者は、豊かな鉱物資源と進展する工業化に吸い寄せられてやってきた西洋人が持ち込んだ酒やギャンブル、ポルノに溺れて問題から目をそらした。

その頃、エジプトのカイロに、一人の若く信仰心の篤《あつ》い小学校教員がいた。彼の名は、ハッサン・アル・バンナ。貧乏で仕事がなく、信仰も失った自国民のことを、彼は嘆き悲しんでいた。

しかし彼が怒りの矛先を向けたのは西欧であって、トルコ人ではなかった。彼は自国民とりわけ若者にとって唯一の希望は、イスラム教が清廉実直に立ち返ることだと信じていた。

彼はコーヒーハウスに行き、テーブルや椅子に上ってアラーについて誰彼となく説いて聞かせた。酔っ払いたちは彼をばかにし、宗教指導者たちは彼に難癖をつけた。しかしながら、多くの人々は彼に好感を持った。彼は希望を与えてくれたからだ。

一九二八年三月、ハッサン・アル・バンナはムスリム同胞団を結成した。

「Muslim Brotherhood」として知られているこの新しい組織が目指したのは、イスラム原理に従った社会を新たに構築することだった。十年も経たないうちに、エジプトすべての県に支部ができた。一九三五年にはアル・バンナの弟がパレスチナの地に支部を立ち上げた。さらに二十年後、同胞団のメンバーはエジプトだけでも数十万人に膨らんだ。

メンバーの多くは貧困層、影響力をほとんど持たないような階層の出だが、運動に献身した。コーランの説くところに従い、身銭をきってイスラムの同胞を助けた。

西欧人の多くは、イスラム教徒はみなテロリストだという固定観念にとらわれていて、愛と慈悲を大切にするイスラムの一面を知らない。貧しい人々、未亡人、孤児の面倒を見る。教育や福祉を促進する。人々を結びつけ、力を発揮させる。慈悲深いイスラムのこういった一面が、ムスリム同胞団の初期の指導者たちを運動に駆り立てた。

もちろん別の一面もある。それはイスラム教は、世界にカリフの支配権が確立されるまで戦うというジハード（聖戦）を全イスラム教徒に呼びかける、という面である。その先頭に立つのは、アラーの名のもとに統治し、語るひとりの聖職者である。このことを理解し、記憶しておいていただくことが、本書にとって重要になるだろう。ここでまたわれわれの歴史の話に戻る……。

一九四八年、ムスリム同胞団はエジプト国内に世俗主義が広まっている責任は、エジプト政府にあるとしてクーデターを起こそうとしたが、不発に終わった。一方、この年、イギリスのパレスチナ統治が終わり、イスラエルがユダヤ人国家として独立を宣言した。

これには中東のすべてのイスラム教徒が憤慨した。コーランによれば、どこであれイスラム教国が侵略されたときは、その土地を守るため、すべてのイスラム教徒は一丸となって戦わなければならない。アラブ世界から見れば、よそ者が侵入し、メッカとメディナにつぐ地上におけるイスラム第三の聖地、アル・アクサのモスクのあるパレスチナを占領されたのである。アル・アクサ・モスクはムハンマドが天使ガブリエルと天国へ旅立ち、預言者アブラハム、モーセ、イエス・キリストと話をしたと信じられている場所に建っている。

エジプト、レバノン、シリア、ヨルダン、イラクが直ちに新しいユダヤ人国家に侵攻した。一万人のエジプト軍の中には、何千人ものムスリム同胞団の義勇兵がいた。しかしアラブ連合軍は、兵員でも装備でも劣り、一年足らずの戦いで撃退されてしまった。

この戦争の結果、パレスチナ系アラブ人百万人のうち四分の三が、イスラエル国家となった土地から避難したり、追放されたりした。国際連合が国際連合総会決議一九四を採択した。そこには「故郷に戻り、そこで隣人と平和に暮らしたいと願うパレスチナ難民には、それを認める」。そして、「戻らないと決めた者には、財産の代わりとして賠償金が支払われるべきである」とあるが、この勧告は実行されたことがない。アラブ・イスラエル戦争でイスラエルから逃れた何万人ものパレスチナ人が、故郷の家と土地を取り戻すことはなかった。避難民とその子孫の多くが今日に至るまで、国連によって運営されるむさ苦しい難民キャンプで生活している。

武装したムスリム同胞団のメンバーが、戦場からエジプトに戻ってきたとき、頓挫していたクーデター計画が再び始動した。しかしその政府転覆計画が外部に漏れ、エジプト政府はムスリム同胞団のメンバーを拘束した。彼らの資産は没収され、多くのメンバーが投獄された。その数週間後、逮捕を免れたメンバーたちがエジプトの首相を暗殺した。

その報復として、一九四九年二月十二日、ハッサン・アル・バンナがおそらく政府の秘密警察の手で暗殺された。しかし同胞団はもちこたえた。わずか二十年でハッサン・アル・バンナはイスラムを眠りから目覚めさせ、武装した闘士とともに革命を起こしたのだ。その後数年にわたり、エジプトのみならず、近隣のシリアとヨルダンにおいても、組織はメンバーを増やし続け、影響力を増していった。

一九七〇年代半ば、私の父が勉強を続けるためにヨルダンに到着した頃には、ムスリム同胞団はすでに組織を確立し、民衆から親しまれる存在となっていた。同胞団のメンバーは父が心に抱いていたことすべてを行っていた――イスラムの生活様式から逸脱してしまった人々に信仰を取り戻すよう働きかけ、傷ついた者たちを癒し、堕落した社会から人々を救おうとしていたのである。

父は彼らのことを、イスラム教における宗教改革者、キリスト教におけるマルチン・ルターやウィリアム・ティングリのような存在であると信じていた。彼らは人々を救い、彼らの生活を向上させたいと望んでいただけで、殺人や破壊を望んでいたわけではない。父は初期の同胞団の指導者の何人かに会ったとき、こうつぶやいた。

「そうだ。これこそが私がずっと探し求めていたものだ」

そんな初期の時代に父が見たのは、イスラムの愛と慈悲に満ちた一面だった。しかし彼が見なかった、そして決して見ようとはしなかったのがイスラムの別の一面でもある。

イスラムの生き方とは梯子のようなものである。梯子段の一番下が祈りとアラー賛美である。それより上の段が貧困者の救済、学校建設、慈善事業。一番上の段にあるのがジハードである。

梯子は高く、てっぺんにあるものは下からはほとんど見えない。また下から上へと向かうプロセスはゆるやかで、ほとんどそのことに気づかない。つばめに忍び寄る家畜小屋の猫のように。つばめは猫から決して目をそらさない。じっととまって、猫が行ったり来たりするのを注意深く見ているだけである。しかしつばめには遠近感はない。猫が行ったり来たりするたびにほんの少しずつ近づいてきていることに気づかない。気づいた瞬間にはもう、猫の爪がつばめの血で染まっているのである。

伝統的なイスラム教徒は梯子の一番下にいて、イスラム教の教えをきちんと実践していないことに後ろめたさを感じながら生活している。一番上には原理主義者、女性や子どもをコーランの神の栄光のためにと殺すような、ニュースで目にする人々がいる。穏健派は両者の間のどこかにいる。

イスラムの穏健派というのは、実は原理主義者よりも危険なのである。一見害がなさそうだが、いつ次の段に足をかけ、一番上に上り詰めるか誰にもわからないからである。自爆テロの実行犯の多くは、元は穏健派なのだ。

私の父は梯子の一番下の段に足を初めてかけたとき、自分が最終的に上り詰める場所が当初の理想からどれだけかけ離れているか、ということを想像もしなかった。それから三十五年を経て、私は父にこう尋ねたいと何度も思ったものだ。

父さん、始まりはどこだったか覚えていますか？　あなたは、道を踏み誤った人々を見て、心を痛めていました。そして彼らがアラーのもとへ戻り、平穏に暮らしてくれることを願っていました。それなのに今は、自爆テロの実行犯や罪のない人々の流血ですか？　これが、あなたのやろうとしていたことですか？……しかし、私たちの文化においてはこのようなことを自分の父親に尋ねたりしない。彼はそうして危険な道を進み続けた。

# 3章——ムスリム同胞団 一九七七年〜一九八七年

ヨルダンで学び、その後占領地へと戻ってきた父はあくまで楽観的で、イスラム教徒に対する期待感に満ち溢れていた。心の中に、ムスリム同胞団の穏健な活動方針がもたらす明るい未来を描いていたのだ。

父に同行してきたのがイブラヒム・アブ・サレム、ヨルダンのムスリム同胞団の創設者の一人である。アブ・サレムは沈滞しているパレスチナのムスリム同胞団の活動を活気づけるべく、手助けをしに来ていた。彼と私の父は活動をともにし、自分たちと情熱を共有できる若者を集めて小規模な活動家グループへと育てていった。

一九七七年、ハッサンは所持金がわずか五〇ディナールしかなかったが、イブラヒム・アブ・サレムの妹サブハ・アブ・サレムと結婚した。翌年、私が生まれた。

私が七歳のとき、私たち一家はアル・ビーレというラマッラの隣町へ引っ越し、父はアル・ビーレの町の境界線内にある、アル・アマリ難民キャンプのイマームとなった。当時ヨルダン川西岸には十九の難民キャンプが点在し、アル・アマリは一九四九年に、二十二エーカーの土地に設置された。一九五七年までには、風雨にさらされたキャンプのテントはコンクリートの家に替わった。通りの道幅は車一台が通れる程度。側溝には未処理の汚水が溢れ、汚泥の川と化していた。キャンプはすし詰め状態だった。水は飲用に適さない。キャンプの中心には木が一本、ぽつんと立っていた。避難民は住まい、食糧、衣類、医療、そして教育……すべてを国連の援助に頼っていた。

父は初めてモスクに行ったとき、礼拝の人が二列、各二十人しかいなかったので落胆した。しかし彼がキャンプで説教を始めて数ヶ月後には、モスクは満員になり、通りまで人が溢れていた。父にはアラーの神に対する敬虔な心だけでなく、イスラム教徒たちに対する大きな愛と深い憐みの心があった。そして彼らもそれに応えて、父をとても慕うようになった。

ハッサン・ユーセフが好感を持たれていたのは、他のみんなと同じような生活をしていたからだ。父は、自分が奉仕している人々より上の立場にいるなどとは考えもしなかった。人々と同じ生活をし、彼らが食べるものを食べ、彼らが祈るように祈った。上等な服を着ることもなかった。父は、ヨルダン政府から僅かばかりの給料をもらっていた。それこそかろうじて生活費を賄える程度の額だったが、イスラム教関連施設の運営と維持管理を支援していた。月曜は公休日だったが、休んだことはなかった。父は賃金のために働いていたのではない。アラーの神を喜ばすために働いていたのだ。父にとってそれは神聖な使命であり、人生の目的でもあった。

一九八七年九月、父は副業として、ヨルダン川西岸のキリスト教の私立学校でイスラム教徒の学生に、宗教の授業を教え始めた。それにより、私たち家族は以前よりも父と顔を合わせる機会が少なくなった。だからといって、父が自分の家族を愛していなかったわけではなく、それにも増してアラーの神を愛していたということなのだ。しかし、その後父とまったく顔を合わせることのない日々がやがてくることになろうとは知るよしもなかった。

父が仕事に行っている間、母は子育ての重責を一人で担っていた。母は私たちに、良きイスラム教徒であるにはどうすればよいかを教えてくれた。私たちが成長すると朝のお祈りのために起こしてくれ、イスラム教の聖なる月、ラマダンの間は、断食する私たちを励ましてくれた。私たちは六人兄弟になっていた。弟のソハイブ、セイフ、オーウェイズと、妹のサベラ、タスニーム、そして私である。

父が二つの仕事で得る収入でも、家計は火の車だった。一ディナールも無駄にしないように、母は必死で働いて家計を支えた。

妹のサベラとタスニームは、幼いときから母の雑用を手伝っていた。かわいくて美しく、純真な妹たちは遊ぶ時間がなかったので玩具がほこりまみれになっても、決して不平を言わなかった。代わって、台所用品が新しい玩具になった。

「サベラ、あなたは働き過ぎよ。少し手を止めて休みなさい」母が上の妹にそう言ったときも、サベラはただ微笑んだだけで、働き続けた。

弟のソハイブと私はかなり早い時期から、火のおこし方やオーブンの使い方を覚えた。私たち兄弟は一緒に料理や洗い物をし、まだ赤ん坊だったオーウェイズの世話もみんなでした。

その頃、私たちのお気に入りのゲームがあって、「スター」と呼んでいた。母が一枚の紙に子どもたちの名前を書き出す。毎晩寝る前にみんなで輪になって集まり、子どもたちはその日の行いに応じて母から星をもらうのだ。その月の最後に、一番たくさん星をもらった子が勝ちになる。勝つのはたいてい妹のサベラだった。もちろん、お金がなかったから本当に賞がもらえるわけではなかったが、そんなことはどうでもよかった。星をもらうことは、ほかでもない、母に喜んでもらい、褒めてもらうことだったのだ。そして私たちはいつも、そのささやかな栄光の瞬間を心待ちにしていた。

アリ・モスクは私たちの家からちょうど〇・五マイルのところにあり、私はひとりでも歩いて行けることを、とても誇りに思っていた。私は父のようにありたいと切望していた。父が自分の父親のようでありたいと望んでいたように。

アリ・モスクの通りを挟んだ向かい側には、これまで私が見た中で最大級の墓場があった。ラマッラとアル・ビーレ、そして難民キャンプにいる人たちの共同墓地は、広さが私たちのいる地区の五倍もあり、高さ二フィートの塀に囲まれていた。一日に五回、礼拝への呼びかけであるアザーンが流れる頃、私は数千もの墓の脇を通ってモスクを行き来していた。その年頃の男の子にとって、そこはとてつもなく薄気味悪い場所で、真っ暗な夜中は特にそうだった。大きな木の根っこが、土の中に埋められている遺体を食べているようなさまを、いやでも想像してしまうのだ。

ある日、イマームが正午の礼拝を呼びかけたとき、私は、身を清めてオーデコロンをつけ、父がしていたように正装してモスクに向かった。とても天気の良い日だった。モスクに近づくと、外に普段よりたくさん車が駐車してあり、入口付近に一団の人たちが立っているのに気づいた。私はいつもしているように靴を脱ぐと中に入っていった。扉のすぐ内側にふたが開いた箱があり、中に白い綿布に包まれた遺体が横たわっていた。私はそれまで人の遺体を見たことがなかった。じっと見つめてはいけないと知りつつも、目をそらすことができなかった。男性の遺体は顔を除いて全身が布に包まれていた。その男性がもう一度息をし始めるのではないかと半ば期待を込めて、私は遺体の胸元を見つめた。

イマームが礼拝のために整列するよう呼びかけると、私は他のみんなとともに前方に並んだが、箱の中の遺体をちらちらと振り返ってばかりいた。コーランの朗誦を終えると、イマームは祈りを捧げるために遺体を前方に運んでくるよう命じた。八人の男が肩に棺をかつぎ上げ、一人が「ラー イラハ イララッハ！（アラーのほかに神なし！）」と大きな声で唱えた。それが合図のように、他のみんなも同じように唱え始めた。「ラー イラハ イララッハ、ラー イラハ イララッハ！」

私は大急ぎで靴を履き、みなの後について墓地に向かった。背がとても低かったので、遅れずになんとかついて行くために大人の脚の間で走らなくてはならなかった。実はそれまで一度も墓地の中に入ったことはなかった。でもこんなにたくさんの人たちが一緒なのだから安全だ、と自分に言い聞かせた。

「墓石を踏んではいけない。禁じられていることだぞ！」と誰かが叫んでいた。

私は用心しながらみなの間をなんとか進み、ぽっかりとあいた深い墓穴の縁まで行った。二メートル四〇センチほど下の穴に目をこらすと、老人が一人立っているのが見えた。私は近所の子どもたちの何人かが、ジュマーマという名のこの男性について噂しているのを聞いたことがある。噂によると、この男性はモスクには決して足を踏み入れないし、コーランの神の存在を信じてもいないが、彼は誰をも、ときには多くの人をこの墓に埋葬しているというのだ。多いときで、一日に二、三人の遺体を埋葬するという。

彼は死というものを、まったく恐れていないのだろうかと、私は疑問に思った。

遺体が降ろされ、ジュマーマのがっしりした腕に預けられた。それからオーデコロンの瓶と、さわやかな香りのする緑色のものが彼の手に渡された。彼は巻かれていた布を開き、その液体を遺体に注いだ。

ジュマーマは遺体をメッカの方向に向けると、周りをコンクリートのブロックで四角く囲った。四人の男がシャベルで穴を土で埋める間に、イマームが説教を始めた。彼は私の父のように始めた。

「彼は逝ってしまった」死者の顔に、首に、そして腕に土がかけられていく間にイマームが言った。「彼はすべてを残していった。財産も、家も、息子、娘、そして妻をも。これは私たちの運命《さだめ》である」

イマームは私たちに悔い改め、罪を犯すのをやめよ、と説いた。そしてその後、私が父の口からは一度も聞いたことのないことを語った。

「この者の魂はすぐに戻ってくるであろう。そしてムンカーとナキールという名の恐ろしい天使が天から舞い降り、彼を試そうとするであろう。二人の天使は彼の体をつかんで揺さぶり、問う。『お前の神は誰だ?』もし彼が答えを間違えれば、天使たちは大きな金槌で彼を打ち、七十年の間、地中に送り込むだろう。アラーよ、私たちの番が来たときに、我らに正しい答えを与えたまえ!」

私はぞっとしながら墓の中を見下ろしていた。その頃には遺体はもうほとんど土に覆われていた。その審問が始まるまで、どのくらいかかるのだろう、と私は考えていた。

「そしてもし、彼の答えが不完全であれば、彼の上の土の重みがあばらを砕く。虫たちは彼の肉をゆっくりとむさぼる。九十九の頭を持つヘビと、ラクダの頭ほどもある大きなサソリに苦しめられるだろう。彼の苦難がアラーの許しをもたらし、死者が復活するときまで」

埋葬が行われるたびに、いつも私の家の近くでこんなことが行われていたとは信じられなかった。この墓地には前々から良い印象を持っていなかったが、いまは嫌悪感すら覚えていた。私はその問いの数々を記憶しておこうと決意した。そうすれば、自分が死んで天使からの審問をうけるとき正しく答えることができるだろうと。

イマームは、その試練は最後のひとりが墓地を去ると同時に始まるであろうと言った。私は家に帰っても、イマームの言葉が頭から離れなかった。そこで墓地に戻り、その審問を聞いてみようと決意した。私は友人たちと一緒に行こうと近所を訪ねて回ったが、みな、頭がおかしくなったのかと相手にしてくれなかったので、私は一人で行かなければならなくなった。墓地へと引き返す間、私は恐怖に震えていた。震えを止めることはできなかった。間もなく私は自分が墓石の海の中に立っていることに気づいた。逃げ出したかったが、私の好奇心は恐怖心に勝《まさ》っていた。とにかく私は、審問の声でも、悲鳴でも、なんでもよいから聞いてみたかったのだ。だが何も聞こえなかった。私は墓石に触れるまで近づいてみた。あるのは静寂だけだった。一時間後、すっかり退屈した私は家に帰った。

母は台所で忙しくしていた。私は母に、審問がそこで行われるとイマームが言った墓場に行ったことを話した。

「それで……？」

「それで、みんなが死んだ男の人を残して帰ったあとで、戻ってみたけど、何も起こらなかったんだ」

「審問は動物にしか聞こえないのよ。人には聞こえないものなの」と母は説明した。

八歳の少年にとっては、その説明は完璧に納得がいくものだった。

その後私は毎日のように、もっと多くの遺体が墓地に運ばれるのを見た。しばらくすると、それにも慣れはじめ、誰が死んだかを見るためだけに墓地にいるようになった。昨日は女性が一人。今日は男性が一人。ある日は二人運び込まれ、それから二、三時間後にまた誰か運ばれてきた。新たに遺体が運ばれてこなかったときは墓の間を歩き回り、すでにそこに葬られている人たちについて墓石に書かれていることを読んだ。百年前に亡くなった人。二十五年前に亡くなった人。彼の名前は？　彼女の出身地は？　墓地は私の遊び場となった。

友人たちも最初は私のように墓場を恐れていたが、夜、あえて墓地の壁を越えて中に入った。そうしているうちに、誰も自分が臆病者と思われたくなかったので、結局はみんな恐怖心を克服した。墓地の広場ではサッカーまでした。


私の家族が大きくなっていくように、ムスリム同胞団も大きくなっていった。ほどなくして、同胞団は貧しい人々と難民の組織から、教養のある若い男女やビジネスマン、自ら投資して学校や養育院や診療所を建てようとする専門家などを含む組織へと変わっていった。

これを見て、イスラムに身を投じている多くの若者たち、特にガザの人たちは、ムスリム同胞団はイスラエルの占領に反対する立場をとる必要があると、断を下した。

自分たちは社会の面倒を見てきたし、これからもそれは続くだろうと、彼らは言う。しかし、我々は永遠に占領を受け入れることになるのだろうか？　コーランは我々に、ユダヤ人の侵略者を追い出せと命じてはいないか？　そう言う若者たちは武器こそ持っていなかったが、屈強で、断固として、闘争心に溢れていた。

私の父や他のヨルダン川西岸の指導者たちはその考えには反対だった。彼らには、同胞団がクーデターを企てて失敗したエジプトとシリアでの過ちを繰り返す気はなかった。そしてヨルダンで、同胞団は武力を行使すべきではないと説得した。彼らは選挙に参加し、社会に強い影響力を持っていた。私の父は武力に反対ではなかったが、イスラエルの軍隊と戦うことなどまったくできないと考えていた。

同胞団内での議論は数年間にもわたって続き、行動を起こすべきだという一般大衆からの圧力は強まっていった。なかなか武力行使に出ないムスリム同胞団に欲求不満を感じていたファティ・シャカキは、一九七〇年代末にパレスチナ・イスラム聖戦機構（パレスチナ・イスラムジハード）を設立した。しかし、それでもなお、ムスリム同胞団はその後十年間、非暴力主義を貫いた。

一九八六年、ベツレヘムのすぐ南にあるヘブロンで歴史的会合が極秘裏に行われた。私の父もそれに参加していたが、その後何年も経つまで私にその話をしてはくれなかった。これまでに不正確な記述がいくつかなされているが、その会合には以下の七人が出席していた。（注1）

・車椅子のシェイク・アハメド・ヤシン。彼は新しい組織の精神的指導者となる。
・ヘブロン出身のムハンマド・ジャマル・アル・ナツェー
・ナブルス出身のジャマル・マンスール
・シェイク・ハッサン・ユーセフ（私の父）
・ラマッラ出身のマハムード・ムスリ
・エルサレム出身のジャミール・ハマミ
・ガザ出身のアイマン・アブ・タハ

この会合に出席した者たちは最終的に武力を行使して戦う覚悟を決めた。まずは投石やタイヤを燃やしたりするなど、市民による素朴な抵抗運動から始めることで合意した。その目的は、パレスチナの人々を覚醒させ、団結させ、動員し、アラーとイスラムの旗印の下に独立の必要性を彼らに理解させることであった。

こうしてハマスが誕生した。そして父はイスラムの梯子のてっぺんに向かって、さらに梯子段のいくつかを登ったのである。

# 4章——投石 一九八七年〜一九八九年

それが何であれ、ハマスは暴動を正当化するために役立つきっかけを必要としていた。それは一九八七年の十二月初めに起きた。しかしそれはすべて悲劇的な誤解だったのだが。

ガザで、シュロモー・サハルというイスラエル人のプラスチック製品のセールスマンが刺し殺された。その数日後、ガザのジャバリア難民キャンプで四人のパレスチナ人が交通事故で死亡した。ところが、サハル殺人事件への報復のためにイスラエル人によって殺されたのだという噂が広まり、ジャバリアで暴動が起きた。十七歳の少年が火炎瓶を投げて、イスラエルの兵士に射殺された。ガザとヨルダン川西岸では、誰もが通りに繰り出した。ハマスは率先して暴動を煽った。その暴動がイスラエルで新しい戦いのスタイルとなる。子どもたちがイスラエルの戦車に向かって石を投げ、その写真が、世界中の国々の雑誌の表紙になった。

第一次インティファーダがこうして始まった。パレスチナ問題は世界のニュースとなった。インティファーダが始まると、私たちの遊び場だった墓地は様相が変わった。毎日かつてない数の遺体が運び込まれるようになっていた。憤りが悲しみと手を携えて忍び寄ってきた。一マイル先のイスラエル人入植地へ行くために、車で墓地を通過するユダヤ人に、パレスチナの群集は投石を始めた。ものものしく武装したイスラエル人入植者たちは、好きなように私たちに発砲した。そしてイスラエル国防軍（ＩＤＦ）が現場に到着すると、銃撃はさらに激しくなり、多くの負傷者や死者が出た。

私たちの家は、このすべての混乱のまさに中心に位置していた。それで何度となく、屋根の上の貯水タンクは、イスラエル側の銃弾でずたずたにされた。覆面をしたフェダイーン（自由の戦士）たちの遺体が墓地に運び込まれ、私たちの墓地はもはや老人のためだけのものではなくなった。ときには、まだ血を流している遺体が洗われもせず、巻き布にも包まれないまま、担架に乗せられてきた。こうした殉教者たちの遺体はすぐさま埋葬された。誰も遺体を持ち去ったり、臓器を盗んで、その代わりに死体にぼろ布を詰めて遺族に返したりできないように。

あまりに暴力事件が頻繁に起きていたので、稀に平穏な時期があると、退屈にさえ感じた。私も友人たちと投石を始めた。それは事を荒立てるためであり、レジスタンスの戦士として尊敬されるためであった。墓地からは、山の上にいくつもの監視塔があり、高いフェンスに囲まれたイスラエル人入植地が見えた。そこに住んで、その多くが装甲している新車を乗り回す五百人ほどの人のことを、私は不思議に思っていた。彼らは自動小銃を携行し、撃ちたい相手は誰でも自由に撃っているように見えた。十歳の子どもにとって、彼らは別の惑星から来た異星人のように見えた。

ある晩、日没の礼拝の前に、私は何人かの友人たちと道路脇に隠れて入植者のバスを待ち伏せしようとした。バスは自動車よりも大きな的であり、石が当たりやすいからだ。私たちは、そのバスが毎日同じ時間に来るのを知っていた。待っていたとき、イマームの唱える聞き慣れた調べが、拡声器を通じて聞こえてきた。

「ハヤーアラス サラ（いざや礼拝に来たれ）」

ようやくディーゼルエンジンのゴロゴロという低い音が聞こえてくると、私たちはそれぞれ石を二つずつ拾った。隠れていたので通りは見えなかったが、エンジンの音でバスの位置は正確に把握できた。まさに絶妙のタイミングで、私たちは飛び出して石を投げつけた。石が金属に当たる間違えようのない音がしたので、少なくとも二、三個の石が標的を捉えたと確信した。

ところが、それはバスではなかった。苛立ち、怒り狂ったイスラエル兵を満載した大きな軍用車両だったのだ。車両が停まったとき、私たちはまた素早く道路脇に身を潜めた。こちらから兵士は見えなかったが、向こうにも私たちの姿は見えなかった。そこで彼らは空に向けて発砲しはじめた。彼らは二、三分間、あてもなく発砲を続けていた。私たちは身を屈めたまま、急いで近くのモスクに逃げ込んだ。

礼拝はすでに始まっていたが、誰ひとりとして祈りに集中している者はいなかっただろう。すぐ外から聞こえてくる自動小銃の音に、いったい何事かとみな思っていた。友人たちと私は誰にも気づかれないよう、祈りの最後列にこっそり滑り込んだ。しかし、イマームが祈りを終えたとき、みなの怒りの目が私たちに向けられた。

間もなくIDFの車両が、モスクの前で急ブレーキの音をたてて停まった。兵士たちが部屋になだれ込んできて、私たち全員を外に追い出し、地面にうつ伏せになるよう命じて、身分証明を確認していった。私は一番最後に外に出た。兵士たちは、このトラブルの張本人が私だと知っているのではないかと恐れていた。彼らは私を殴り殺すに違いないと思った。しかし、誰も私を気にとめなかった。私のような子どもが、IDFの車両目がけて石を投げる度胸などあるはずがないと考えたのだろう。理由はどうであれ、彼らが私に狙いをつけていないということに、胸をなで下ろした。尋問は何時間も続き、そこにいた多くの人が私に憤慨していることがわかった。私が何をしでかしたのかは知らなくとも、この急襲の引き金を引いたのが私であることは誰の目にも明らかだった。私は心配などしていなかった。実は気分がよかった。私たちはイスラエルの強力な兵器に挑み、無傷で戻ってきたのだから。突撃には中毒性があり、私たちをよりいっそう大胆にした。

また別の日、私はひとりの友人と以前より道路に近い場所に再び身を潜めた。入植者たちの車が来ると、立ち上がって、力いっぱい石を投げつけた。石はフロントガラスに当たり、爆弾が破裂したような音を立てた。ガラスは割れなかったが、運転していた人の顔は見えた。彼が怖がっているのがわかった。彼は三、四〇メートルほど行ったところで急ブレーキをかけ、すぐに猛スピードでバックしてきた。

私は墓地に駆け込んだ。彼は追って来たが墓地には入らず、壁にM16ライフルをしっかりと固定させると、私を捜して墓地をうかがった。私の友人は逆方向に逃げ去り、私ひとりが激怒して武器を構えるイスラエル人入植者の前に残された。

私は墓石の間に静かにうずくまった。あの車を運転していた男が、低い墓石の上に私の頭が出てくるのを待ちかまえているのはわかっていた。しかし、ついに緊張がピークに達した私は、それ以上じっとしていられなくなった。飛び上がり、全速力で懸命に走った。幸い、あたりは暗くなってきていたので、彼は怖くて墓地には入れなかったようだ。

走り出して間もなく、足もとが抜けるのを感じた。気づくと次の死者のために掘ってあった墓穴に落ちていた。次に死ぬのは自分なのだろうかと思った。頭上では、例のイスラエル人が墓地に向かって銃弾の雨を降らせていた。墓石の破片が墓穴の中に雨のように降り注いだ。

身動きが取れず、私はそこにうずくまっていた。三十分ほどして話し声が聞こえてきた。それで、彼は去り、穴を這い上がっても大丈夫だとわかった。

二、三日後、私が道路沿いに歩いていると、あの時と同じ車が私の横を通り過ぎた。運転していたのは同じ男だったが、今回は二人の男が乗っていた。彼は私を確認すると、即座に車から飛び出した。またもや私は走って逃げようとしたが、今回は運が悪かった。彼は私を捕まえ、往復ビンタをくらわせると、私を引きずって車に戻った。入植地に着くまで誰も一言も口をきかなかった。二人の男はどちらも苛立った様子で銃を握り締め、時々振り返って後部座席にいた私を見た。私はテロリストではない。ただの怯えた子どもだ。しかし彼らは、狩猟でしとめたトラを袋に入れた大物ハンターのように振る舞っていた。

ゲートに到着すると、兵士が運転者のＩＤをチェックし、中に手を振って通した。なぜ男たちが小さなパレスチナ人の子どもを連れているのか、彼は不思議に思わなかったのだろうか？　私は怯えていたに違いない。怯えて当然だった。だが、私は周囲を見回さずにはいられなかった。イスラエル人の入植地に入るのは初めてだったからだ。そこは美しい場所だった。ゴミひとつ落ちていない道、スイミング・プール、山頂から見る谷の素晴らしい眺め。

運転していた男は私を入植地内のＩＤＦの基地に連れて行った。そこで私は、兵士たちに靴を脱がされ、地面に座らされた。彼らは私を撃ち殺し、どこかの野原にでも放置するのだろうと思った。しかし日が暮れてくると、彼らは私に家に帰るように言った。

「でも、どうやって家に帰ったらいいのかわかりません」と私は訴えた。

「歩き始めろ。さもないと撃つぞ」と男の一人が言った。

「靴を返していただけませんか？」

「ダメだ。さっさと歩け。今度石を投げたら、殺してやる」

私の家までは一マイル以上あった。私は靴下だけで長い道のりを歩いた。足の裏に石ころや砂利が食い込み、歯をくいしばった。母は私が帰ってくるのを見るなり駆けてきて、息が止まりそうになるくらい強く私を抱きしめた。私がイスラエル人入植者に連れ去られたと聞き、私が殺されるのではないかと恐れていたのだ。母は私の頭に何度もキスをして、私を強く胸に抱きしめながら、私の愚かな行為を何度も何度も叱った。

私がこれで懲りただろうと人は思ったかもしれない。しかし、私はまだ愚かな子どもだった。私は自分の武勇伝を、臆病な友人たちに早く話したくてしようがなかった。一九八九年頃にはすでに、イスラエル兵がわが家のドアを叩いて、家の中に押し入ってくるようなことは日常茶飯事となっていた。彼らはいつも、投石をしてわが家の裏庭を抜けて逃げた誰かを捜しているようだった。兵士たちは常に重装備だったのに、なぜこれほどまでにほんのいくつかの石にいらだっているのか私には理解できなかった。

境界線をイスラエルが支配していたので、第一次インティファーダではパレスチナ人が武器を調達することはほとんど不可能だった。この時期、私はパレスチナ人が銃を持っているのを見た記憶がない。石と火炎瓶しかなかった。にもかかわらず、私たちがイスラエル軍について耳にするのは、武器を持たない民衆に向けて発砲したとか、こん棒で人々を殴った話ばかりだった。三万人近いパレスチナ人の子どもが重傷を負い、治療を必要としている、という報道もいくつかあった。これは私にはまったく理解できなかった。

ある夜、父はとても遅くに帰宅した。私は空腹にお腹をぐーぐー鳴らしながら、父の小さな車が角を曲がってくるのを待っていた。母は私に兄弟と一緒に食べなさいと言ったが、きかずに父を待っていた。ようやく父の古い車のエンジン音が聞こえ、私は、父さんが帰ってきたと叫んだ。母は直ぐにあつあつの料理の皿や器をテーブルいっぱいに並べ始めた。

「遅くなってすまない」と父は言った。「今日は二つの家族の間の喧嘩を解決するために、郊外へ出かけなければいけなかったんだ。お前はなぜ食べていないんだ？」

父は素早く服を着替えると手を洗い、食卓に着いた。

「腹ぺこだ！」と父は微笑みながら言った。「今日は丸一日、何も食べていないんだ」外食するお金がないので、これは珍しいことではなかった。母の作ったズッキーニの詰め物のおいしそうなにおいが家中に満ちていた。

落ち着いて食べ始めたとき、父への感嘆の念がこみあげてきた。顔を見れば父が疲労困憊しているのはわかる。しかし、私は父が自分の仕事をどれほど愛しているかを知っていた。父が奉仕している人々への慈しみに匹敵するのは、アラーへの慈しみだけである。父が母や弟や妹と話すのを見ながら、私は父が普通のイスラムの男性とはどれほど違うか考えていた。

父は決して母を手伝って家事をしたり、子どもたちの世話をすることをためらわなかった。事実、父は毎晩流しで自分の靴下をごしごしと洗っていた。母がそれをしないですむように。長い一日の終わりに、女性が夫の足をごしごし洗うことが名誉とされる文化においては、そんな話は聞いたことがなかった。

私たちはテーブルを囲んで、それぞれが学校で学んだことや、その日にあったことなどを順番に父に話していた。私は一番年上なので、弟や妹たちに先に話をさせた。ところが、ちょうど私が話す番になったとき、裏口の戸をノックする音がした。こんな時間に誰だろう？　たぶん大問題を抱えた人が、助けを求めて来たのだろう。

私は扉に駆け寄ると、のぞき穴の役割をしている小さな窓を開けた。その男の顔には見覚えがなかった。

「アブーク マウジュード？」彼は流暢なアラビア語で、お父さんはいますかと尋ねた。男はアラブ人のような服装はしていたが、何かが違っていた。

「はい、おります」と私は言った。「父を呼んできます」私はドアを開けなかった。

父は私の後ろに立っていた。父がドアを開けると、数人のイスラエル兵が家に入ってきた。母はいそいで頭にスカーフをかぶった。スカーフをかぶらないでいることは家族の前では許されたが、他人の前では決して許されなかった。

「シェイク・ハッサンさんですか？」その見知らぬ人は尋ねた。

「はい、私がシェイク・ハッサンです」と父が答えた。

その人はシャイ隊長だと名乗り、父の手を取って握手をした。

「ご機嫌いかがですか？」その兵士は丁重に尋ねた。

「私たちはＩＤＦの者です。五分ほど私たちにお付き合い願いたいのですが」

彼らは父をどうするつもりなのか？　私は父の顔色をうかがって表情を読もうとしたが、その目に疑いや怒りはかけらもなく、父はその男に優しく微笑んだ。

「わかりました。一緒に参ります」そう言ってドアのほうに歩きながら、父は母に向かってうなずいた。

「家で待っていなさい。お父さんは直ぐに戻るからね」とその兵士は私に言った。私は外までついて行き、近所に他にも兵士がいないか確認した。誰もいなかった。私は玄関前の階段に座り、父が戻るのを待った。十分が経過した。一時間、二時間が経過した。それでもまだ父は戻らない。

私たちはそれまで、父のいない夜を過ごしたことなど一度もなかった。父はいつも忙しかったが、夕方には必ず帰ってきた。そして毎朝夜明けの礼拝のために私たちを起こし、毎日私たちを学校に連れて行ってくれた。父が今晩帰ってこなかったら、私たちはどうすればいいのだろうか？

私が中に戻ると、妹のタスニームがソファーの上で眠っていた。彼女の頬はまだ涙に濡れていた。母は台所で忙しく働こうとしていたが、何時間も時がだらだらと過ぎてゆくにつれ、しだいに動揺し、不安がつのった。

翌日、父が姿を消したことについて何か情報を得られないかと、私たちは赤十字に行った。机に向かっていた男の人は、父が逮捕されたことは間違いないが、ＩＤＦは少なくとも十八日間は何の情報も赤十字にはもたらさないだろうと言った。

私たちは家に帰り、二週間半、指折り数えて待つしかなかった。その間、父の消息は、何も知らされなかった。十八日間が過ぎると、私は何かわかったことがないか聞きにまた赤十字に出向いた。しかし、新しい情報は何もないと言われた。

「でも、十八日間と言ったじゃないですか！」私は懸命に涙をこらえながら言った。

「せめて、父がどこにいるのか教えてください」

「坊や、家に帰りなさい」とその男は言った。「また来週おいで」

私は四十日の間、何度も何度も赤十字に出向いたが、答えは毎回同じだった。「新しい情報は何もない。来週また来なさい」これはかなり異常なことだった。パレスチナ人の囚人の家族はたいてい、二週間以内には愛する人がどこに拘束されているかを知らされる。

私は囚人が一人釈放されるたびに、私の父を見なかったかと必ず尋ねにいった。彼らはみな、父が逮捕されたことは知っていたが、それ以上のことを知っている人は一人もいなかった。父の弁護士ですら。彼もまた父のもとを訪れることを許されなかったからだ。

私たちは後になって初めて、父がイスラエルの尋問所であるマスコビエに連行され、そこで拷問と取り調べを受けたことを知った。シン・ベットと呼ばれるイスラエル総保安局は父がハマスの幹部であることを知っており、進行中の事件や計画されていることについてもすべて知っているものと決め込んでいた。それで父の口から聞き出そうとしたのだ。

本当はそこで何があったのか父が私に話してくれたのは、何年も経ってからのことだ。何日間か父は手錠をかけられて、天井から吊るされていた。彼らは、父が意識を失うまで、電気ショックをかけた。

父が話すことを期待して、「バード」と呼ばれるパレスチナ人協力者たちの中に父を入れた。それが失敗に終わると、彼らはさらに激しく父に暴行を加えた。しかし、私の父は強かった。父は沈黙を守りとおした。ハマスやパレスチナの同胞に害が及ぶような情報をいっさい、イスラエル人に与えなかった。

# 5章――サバイバル　一九八九年〜一九九〇年

イスラエル人たちは、ハマスの指導者の一人を捕まえれば事態は良くなると考えていた。だが、私の父が刑務所に入っている間、インティファーダはいっそう暴力的になっただけだった。一九八九年末、ラマッラのアメル・アブ・サルハンはこれ以上パレスチナ人が死ぬのに耐えられず、銃を持っていなかったので、キッチンナイフで三人のイスラエル人を刺し殺した。事実上、これが革命の狼煙《のろし》となった。この事件をきっかけに、暴力はどんどんエスカレートしていったのだ。

サルハンは、友や家族を失ったり、土地を奪われたり、その他何らかの理由があって復讐を望んでいたパレスチナ人にとってヒーローとなった。彼らは生来のテロリストではない。希望や選択肢が一切なくなってしまった人々なのだ。彼らはぎりぎりまで追いつめられていた。彼らには何も残されていないし、失うものもなかった。世論はおろか、自分たちの生命さえもどうでもよかった。

当時、私たち子どもにとっては通学が切実な問題となっていた。学校を出ると、拡声器で突然の外出禁止令を伝えながら通りを行ったり来たりしているIDFのジープに出会うのは珍しいことではなかった。イスラエルの兵士は、外出禁止令をたいへん重く見ていた。米国では外出禁止令といっても、夜十一時過ぎに車を乗り回しているティーンエイジャーを警察が補導し、両親を呼び出すといったところだが、それとはまったく異なる。外出禁止令が出てもまだ通りにいたら、どんな理由であろうと撃たれてしまうのだ。警告もなければ逮捕もない。ただ射殺されるのだ。

学校にいる間に初めて外出禁止令が出されたとき、私はどうしたらいいかわからなかった。家までは歩いて四マイルもあったので、外出禁止の時間がくる前に帰りつけるはずがなかった。通りにはすでに人影はなく、恐ろしかった。私は今いるところにいつまでもいるわけにはいかない。私はほんの子どもで学校から家に帰ろうとしているだけだったが、たとえそうであっても、もしイスラエル兵に見つかれば、撃たれるとわかっていた。こうして多くのパレスチナ人の子どもが撃たれたのだ。

私は裏庭を這ったり、道の脇に沿った茂みに隠れたりしながら、家から家へと伝っていった。ほえる犬や機関銃を持った男たちをできるだけうまく避けようとした。ついに家の前の通りに出る角を曲がったときは、弟や妹たちがすでに帰宅しているのが見え、ほっとして嬉しかった。

しかし、外出禁止令はインティファーダの結果の一つに過ぎなかった。覆面をした男が学校に現れて、ストライキの指令が出されたのでみんな家に帰れということが何度もあった。そのストライキはパレスチナ人のある一派が呼びかけたもので、政府が商店主から徴収する売上税の税収を減らすことにより、イスラエルに財政的な打撃を与えるのが目的だった。店を開けなければ、店主はその分支払う税金の額が減るからである。しかし、イスラエル人もばかではない。すぐに商店主を脱税の容疑で逮捕し始めた。すると、ストライキで打撃をこうむったのはいったい誰なのだ？

それ以上に手に負えなかったのは、さまざまなパレスチナ人の抵抗組織が支配力と組織の威信を高めようとして、絶え間なく競い合うようになったことだった。まるで、子どもがサッカーボールをめぐってつかみ合いをしているのと大差はなかった。それにもかかわらず、ハマスは着実に勢力を拡大し、パレスチナ解放機構（ＰＬＯ）の支配力を脅かす存在となっていた。

ＰＬＯは一九六四年、パレスチナの人々を代表するために設立された。傘下の三大組織は、左翼的国家主義のグループであるファタハ、共産主義者のグループであるパレスチナ解放人民戦線（ＰＦＬＰ）、イデオロギー的にはやはり共産主義者のグループであるパレスチナ解放民主戦線（ＤＦＬＰ）だ。

ＰＬＯは、一九四八年以前にパレスチナ人の領土に含まれていた土地をすべて返還し、パレスチナ人に自決権を与えるようイスラエルに求めた。このために、ＰＬＯはその拠点から、広報活動の世界的なキャンペーン、ゲリラ闘争、テロを指揮した。拠点はまず隣国のヨルダンに置かれ、その後レバノン、チュニジアへと移された。

ＰＬＯはハマスやイスラム聖戦機構とは異なり、生粋のイスラム組織では決してない。民族主義者が構成するグループで、メンバー全員がイスラム教徒ではない。実際、彼らの多くは神を信じていなかった。まだ少年だった私の目にも、ＰＬＯは利己的で腐敗しているように見えた。その指導者たちは年に一度か二度、立場を鮮明にするようなテロ攻撃に人を、それも多くは十代の若者たちを送り出した。イスラエルと戦うための資金集めをするためだ（注2）。若きフェダイーンは、怒りと憎しみの炎を燃え立たせるための燃料でしかない。それによってＰＬＯ指導者たちの個人の銀行口座には、寄付金が途切れることなく流れ込むのだ。

第一次インティファーダが始まった頃、考え方の違いからハマスとＰＬＯはまったく別の道を歩んでいた。ハマスは主として熱烈な信仰心とジハード（聖戦）の教理から活動していたのに対し、ＰＬＯは国家主義と力の論理に突き動かされていた。ハマスがストライキを呼びかけ、閉めないと店を燃やすぞと店主を脅迫すれば、道の反対側のＰＬＯの指導者たちは、店を閉めたら燃やしてしまうぞと脅した。

しかし、この二つのグループが共有したものがあった。それは彼らが「シオニスト・エンティティ（シオニストの存在）」と名づけたものに対する根深い憎悪である。結局、ハマスは毎月九日に、ＰＬＯ最大派閥のファタハは毎月一日にストライキを行うことで両者は合意した。ストの指令が出されるといつも、何もかもが停まった。授業、商売、車――何もかもが。誰も働かず、稼がず、学ばなかった。

覆面の男たちがデモをしたり、タイヤを燃やしたり、壁に落書きをしたり、店や工場や会社を閉鎖させたりすると、ヨルダン川西岸全体は閉鎖されてしまった。しかし、目出し帽をかぶって、自分はPLOの人間だと言うことくらい誰にでもできた。覆面の下が、本当は誰なのかなど誰にもわからない。誰もがその人自身の個人的考えや、積年の恨みつらみに突き動かされていただけだ。無秩序が支配していたのだ。

そしてイスラエルは、この混乱を利用した。インティファーダの戦士には誰でもなれるということで、イスラエル治安当局の兵士たちがデモに潜り込んだ。彼らは覆面をしてフェダイーンになりすまし、白昼堂々とパレスチナの街に入り込んで、驚くべき作戦をやってのけた。覆面の人間が誰なのか特定できる人がいなかったので、殴られたり、店を燃やされたりするのはごめんだし、イスラエルの協力者と見なされればまず間違いなく首吊りにされるのだから、みな彼らの言いなりになった。

しばらくすると、無秩序と混乱は滑稽なものになった。私は学校仲間と一緒になって上級生をそそのかし、試験が予定されていた日に覆面をして学校に来て、ストライキがあるぞ、と言わせたことが一、二度あった。私たちはそれを面白いと思っていた。

要するに私たちは、自分たちで自らを窮地に追い込んでいたのだ。

当時、私の家族にとっては特に大変な時期だった。父はまだ刑務所に入っていたし、ストライキが延々と続いて子どもたちは丸一年近く、学校に行けなかった。それで父の兄弟はもちろん、宗教指導者たちやそうでない誰も彼もが、私をしつけることは自分の仕事だと思っているようだった。私はシェイク・ハッサン・ユーセフの長男だったので、みんなが私にとても高いレベルを要求した。私が彼らの期待に応えられないと、彼らは私を叩いた。私が何をしても、一日に五回モスクに行ってもなお、満足しなかった。

一度、モスクの中を走り回って友人と遊んでいたことがある。そのときはイマームが私を追いかけてきて、私を捕まえ、頭上に持ち上げて、床に仰向けに叩きつけた。息ができなくなって死ぬかと思った。そのあと彼は私を殴り、蹴り続けた。なぜなんだ？　他の子たちだって同じことをしているのに。しかしハッサン・ユーセフの息子であるがゆえに、私はより多くを期待されていたのである。

仲良しの友だちに、父親が宗教指導者でハマスの幹部の一人でもあった少年がいた。その子の父親は日頃から人々に投石を勧めて、他人の子どもが入植者に石を投げつけて銃で撃たれても何とも思っていなかった。ただし、自分の一人息子となると話は違った。私たちが石を投げているのを見つけたときに自分の家に私たちを呼びつけた。話がしたいのだろうと、私たちは思った。しかし、彼は暖房器具のコードを引き抜いて、そのコードで私たちが出血するまで力いっぱい打ちのめしたのだ。息子を守るために彼は私たちの友情をぶち壊したが、友だちは父親を悪魔以上に憎み、その後結局、家を出てしまった。

私に規律を守らせようとしたことを別にすれば、父が刑務所にいる間、私たち家族を助けてくれた人はひとりもいなかった。逮捕されたことで、父がキリスト教の学校で教えていた分の収入が入って来なくなった。その学校は父が釈放されるまでその職をとっておくと約束してくれたが、その間、私たちは必要な物を買うお金にすら事欠いた。

家族の中で運転免許証を持っているのは父だけだったので、私たちは車を使うことができなかった。母は市場までの長い距離を歩かなければならなかったので、私は荷物持ちをするため、よく母について行った。貧乏なことより、恥ずかしい思いをすることのほうがつらいことだと私は思っている。母と市場を通り抜けるとき、私は台車の下に潜り込んで、地面に落ちている壊れたものや腐ったものを拾い集めた。母は店の人に、誰も欲しがらないし、食べる気にもならないような野菜を、家畜の餌にすると言って値切った。母はいまでも買うものをすべて値切らなければならない。父はどのハマスの指導者たちよりも多く、十三回も刑務所に入れられているからだ(私がこれを執筆している今も、父は刑務所にいる)。

誰も私たちを助けてくれないのはおそらく、みな、私たち一家がたくさんお金を持っていると思いこんでいるからだろう。なんといっても父は著名な宗教指導者であり、政治指導者なのだ。それに、親戚が助けているると信じ切っているのだろう。きっとアラーも助けていると。しかし、伯父たちは知らん顔だった。アラーも何もしてくれなかった。だから母は一人で七人の子どもの世話をしなくてはならなかった（末弟のモハンマドが一九八七年に生まれていた）。

ついに、どうにも立ち行かなくなり、母は父の友人に借金をお願いした。母がショッピングに出かけたり、自分の服や化粧品を買うためではない。少なくとも一日に一度は子どもたちに食事を与えるためだった。しかし、その友人は母の申し出を断った。そして私たちを助けるどころか、イスラム教徒の友人たちに私の母がお金を恵んでくれと言ってきたと言いふらした。

「彼女はヨルダン政府から給料をもらっているはずだ」と言って、彼らは母を非難した。「なぜもっと欲しがるんだ？　この女は夫が投獄されているのを利用して、金持ちになろうとしているのか？」と。

母は二度と助けを求めることはしなかった。

「モサブ」ある日、母が私に言った。

「私が手作りでバクラワとか甘いお菓子を作るから、あなたが工業地区で働く人たちに売ってくれる？」

家族のためなら喜んで何でもするよ、と私は答えた。こうして私は毎日放課後、服を着替えて、母の手作りのお菓子をトレイいっぱいに並べると、できるだけたくさん売ろうと出かけていった。最初は恥ずかしかったが、やがて臆面もなく労働者に誰彼となく近づいていって売り込むようになった。

ある冬の日、私はお菓子を売るために、いつものように家を出た。しかし、いつもの場所に到着すると、そこには誰もいなかった。あまりに寒かったので、その日は誰も働きにこなかったのだ。私の手はかじかみ、雨も降り始めた。プラスチックのカバーをかけたトレイを傘のようにして頭の上に載せていると、道路脇に数人が乗った車が停まっているのに気づいた。運転席にいた男が私を見つけ、窓を開けて身を乗り出した。

「おい、坊主、何を持ってるんだい？」

「バクラワなどです」車に向かって歩きながら答えた。

車の中を覗くと、伯父のイブラヒムがいたのでぎょっとした。伯父の友人たちは、彼の甥っ子が寒い雨の日に物乞い同然のことをしているのを見て驚いた。私は伯父に恥ずかしいところをみせたことがつらかったが、何を言えばよいのかわからなかった。伯父たちもそうだった。

伯父はバクラワを全部買い取り、家に帰るように言うと、後でな、と付け加えた。家に来たとき伯父は母に激怒していた。伯父が母に何を言ったのか聞こえなかったが、伯父が帰った後、母は泣いていた。次の日の放課後、服を着替えてお菓子を売りに行く準備ができたと母に告げた。

「もうバクラワは売らなくてもいい」と母は言った。

「でも、僕は日に日に売るのがうまくなってきているんだよ！　上手になったんだよ。僕を信じて」

母の目に涙が浮かんだ。その後私は二度と売りに出かけることはなかった。

私は腹を立てていた。どうして隣人も親戚も私たちを助けてくれないのだろうか。それどころか、彼らは私たちが自活しようとすることに口を挟む、その神経が信じられなかった。もしかしたら、彼らが私たちの家族に手を貸そうとしないのは実は、自分たちがテロリストを助けているとイスラエル側に思われて、厄介なことになるのを恐れているからではないか、と私は疑った。

しかし、私たちはテロリストではない。父もそうだ。悲しいことに、やがてそうではなくなってしまうのだが。

# 6章――英雄の帰還　一九九〇年

一年半もの間、みなから避けられていた私たちだが、父が釈放されたとたん王族のように扱われるようになった。英雄が帰還したのだ。もはや私は厄介者ではなく、父の後継者となった。弟たちは王子、妹たちは王女、そして母は女王だ。私たちを批判する者はいなくなった。

父はモスクでの仕事に加え、キリスト教学校の仕事にも復帰した。家にいる以上は、父はできるだけ母の家事を手伝うようにしていた。おかげで、私たち子どもが負っていた仕事の量は減った。たしかに私たちはお金持ちではなかったが、きちんとした食事をし、時折「スターゲーム」の勝者に賞品を買うお金はあった。そして私たち家族は、多くの栄誉と尊敬を受けていた。何よりも、父が私たちと一緒にいてくれる。私たちはそれだけでよかった。

何もかもがすぐに通常どおりに戻った。もちろん通常どおりというのは、相対的な言葉だ。私たちはまだ、イスラエルの占領下で暮らしており、通りでは毎日のように人が殺されていた。私たちの家は、血まみれの死体がいっぱい詰め込まれた墓地からすぐのところにあった。父にはテロリストの容疑で十八ヶ月間拘留された、イスラエルの刑務所での恐ろしい記憶があった。そして占領地は退行し、まさに無法なジャングルと化していた。

イスラム教徒が尊重する唯一の法律はイスラム法で、ファトワ、すなわち個々の主題に関する宗教上の規定によって決定される。ファトワとは、イスラム教徒がコーランの教えを日常生活に適用するための指針として出されるものである。しかし、イスラム全体の統一された見解を出す存在がないので、同じ一つの問題でも、シェイク（イスラム教の教師）によって、異なるファトワが出されることも少なくない。そのため、みなそれぞれ異なる規則にのっとって生活しているし、適用の仕方が厳格な人もいれば、それほどでない人もいる。

ある日の午後、私が友人と家で遊んでいると、外で叫び声が聞こえた。叫び声や争いごとは珍しくもなかったが、外に走り出てみると、隣に住むアブ・サレムが大きなナイフを振り回していた。彼は自分の従兄弟を殺そうとしていて、その従兄弟は空を切ってギラギラ光る刃を必死でかわしていた。居合わせた近所の人たちがアブ・サレムを止めようとしたが、この男は巨体だった。彼は肉屋で、私は一度彼が自分の裏庭で牛を屠殺するのを見たことがあるが、そのときは頭の天辺からつま先まで粘々《ねばねば》した生温かい血にまみれていた。従兄弟を追いかけまわす彼を見ている間、彼があの動物に対してしたことを思い出さずにはいられなかった。

そうだ。僕らは本当にジャングルに暮らしているのだ。

と、私は密かに思った。

呼ぼうにも警察はいないし、その筋の人間もいない。私たちは見ているしかないのか？　幸い、その従兄弟は逃げ去って、それっきり戻らなかった。

その晩、父が帰宅すると、私たちはその日の出来事を話した。父は身長が一七〇センチ弱で、たくましい体型とはいえない。しかし父は隣の家に行って声をかけた。「アブ・サレム、どうしてる？　今日、喧嘩があったと聞いたが」

アブ・サレムは従兄弟を殺してやりたい、と長々と話して聞かせた。

「われわれが占領下にあることはわかっているだろう」と父は言った。「こんなばかげたことをしている暇はないことも。きちんと従兄弟に謝ってきなさい。向こうもあなたに謝らないといけない。こんな問題は二度とご免だよ」

ほかのみなと同様、アブ・サレムも私の父を尊敬していた。こんな場合でも、彼は賢明な父を信頼していた。彼は従兄弟と和解することに同意し、近所の人たちとの話し合いに父とともに参加した。

「こういう状況の中で」と、父は静かに話した。「今ここにはわれわれの政府はない。そして事態は完全に手に負えなくなってきている。いつまでも仲間内で争ったり、同胞の血を流したりしているわけにはいかない。われわれは通りでも争い、家の中でも争い、モスクでも争っている。もうたくさんだ。これからは少なくとも週に一度は集まって、男らしく問題の解決を図ろう。われわれには警察はないし、殺し合いをしている余裕もない。われわれには対処すべきもっと大きな問題がある。みんな仲良くしてほしい。そしてお互いに助け合ってほしい。われわれはもっと家族のようになる必要がある」

父の提案はもっともだということで、みなの意見は一致した。地元の問題を論じ合い、お互いに抱えているかもしれない争いごとを解決するために、毎週木曜日の夜に集まることにした。モスクのイマームとして、人々に希望を与え、問題の解決に手を貸すのは父の仕事だった。彼らにとって父は、政府に最も近い存在でもあった。父はまさに祖父のような存在になった。しかしいまはシェイクのみならず、ハマスの権威をももって話をしていた。シェイクはイマームよりも権威があるし、聖職者よりもむしろ将軍のような存在だった。

三ヶ月前に父が帰宅してからというもの、私はできるだけ多くの時間を父と過ごそうと努めた。学校ではわたしは、イスラム学生運動のリーダーになっていた。そしてイスラムとコーランについてできるかぎり知りたいと望んでいた。ある木曜日の夕方、私は毎週開かれていた地元の集会に一緒に行ってもよいかどうか父に尋ねた。私もそろそろ大人だし、それなりの扱いをされたいと話した。

「だめだ」と父は言った。「ここにいなさい。これは大人の会合なのだ。どんなことが話し合われたか、後で話してやろう」

私はがっかりしたが、納得した。私の友人たちもやはり誰もその会合に出席することを許されていなかったからだ。それでも私は、少なくとも父が帰宅するとその会合での出来事を内々に教えてもらっていた。

父は二、三時間ほど出かけた。母が夕食に美味しい魚料理を作っているとき、誰かが裏口の扉をノックした。私はちらっと外がのぞけるくらいドアを開けた。そこにはシャイ隊長がいた。二年近く前、父を逮捕したのと同一人物であった。

「アブーク・マウジュード？（あなたのお父さんはここにいますか？）」

「いいえ、父はここにいません」

「ではドアを開けなさい」

他にどうすればいいのかわからなかったので、私はドアを開けた。シャイ隊長は父を初めて捕えに来たときとまったく同じように、丁重だったが、私の言葉を信用していないことはわかった。彼に部屋の中を見て回ってもよいかと聞かれたが、そうさせる以外、私には選択の余地がないことはわかっていた。隊長は家の中を調べ始め、部屋から部屋へと移動しては、クローゼットやドアの後ろをのぞいて回った。その間、私は何とかして父を家から遠ざけておけたらと考えていた。当時は携帯電話を持っていなかったので、父に警告することは不可能だった。しかしよく考えてみると、たとえ持っていたとしてもどうにもならなかっただろう。いずれ父は帰宅しただろうから。

「よし、みんな音を立てずに待機しろ」シャイ隊長は外で配置についている兵士たちに言った。彼らはみな、植木や建物の陰にかがみ込んで、父の帰りをじっと待った。私は無力感にとらわれ、テーブルに座って耳を澄ましていた。しばらくすると大声で誰かが叫んだ。「止まれ、動くな！」そして動き回る音と話し声が聞こえてきた。それがいいことであるはずがないとわかっていた。父はまた刑務所に戻らなくてはいけないのだろうか？

数分後、父はそっと家の中に入って来て、首を振りながら私たちに向かってすまないというように微笑んだ。

「また連れ戻される」そう言って、母に、それから私たちにキスをした。「どれ位になるかはわからない。じゃあ。お互いに助け合うんだぞ」

父はジャケットを着て出ていった。後には冷たくなった魚のフライが載った皿だけが残っていた。

またもや私たちは、難民のように扱われるようになった。父が守ってあげた近所の人々からさえも。なかには心配する顔を装って父のことを尋ねる人もいたが、本当は心配などしていないことは見てとれた。

私たちは父がイスラエルの刑務所に拘留されていることは知っていたが、どの刑務所にいるのかは誰も教えてくれなかった。刑務所をすべてしらみつぶしにあたり、三ヶ月経ってようやく、父が、最も危険な人物たちだけが尋問を受ける特別な施設にいることを聞き知った。なぜだ、と私は思った。ハマスはその頃まだテロ攻撃をまったくしていなかった。それどころか、武装さえしていなかったのだ。

父がどこに拘留されているか知ってすぐ、イスラエル当局は私たちに一ヶ月に一回、三十分の面会を許可してくれた。一度に面会できるのは二人だけだったので、母とともに私たちは交替で出かけていった。私が最初に会ったとき、父は顎鬚が長く伸びたままで、とても疲れているようだったので驚いた。しかしそれでも、父に会えてよかった。父は決して不平を言わなかった。父は私たちがどうしているか、それればかり知りたがり、生活の中で起きたどんな些細なことでも話してくれと言った。

ある日面会中に、父はキャンディーの入った袋を私にくれた。四人はこれを一日おきに一粒もらえるのだと言った。私たちに渡せるよう自分は一つも食べずに、とっておいてくれたのだ。父がまた釈放される日まで、私たちはキャンディーの包み紙を大切に取っておいた。

ついに、待ちこがれた日が来た。私たちは父が帰ってくるとは思ってもいなかったので、父がドアを開けて入ってきたときはみな、これは夢ではないかと思いながら駆け寄った。父が戻ったという話はたちまち広まり、その後六時間、人々が私たちの家に詰めかけた。父を歓迎するためにたくさんの人がやって来たので、その一人ひとりに一杯ずつ水を出していたら、貯水タンクが空になってしまった。人々が父に対する称賛と尊敬の念をはっきりと表すのを見て、私は誇らしかった。しかし同時に怒ってもいた。父がいない間、この人たちはみなどこにいたのだ？

みなが去った後、父は私に言った。「私が働いているのはあの人たちのためではないし、あの人たちに称賛されるためでも、そして自分や自分の家族の面倒をみてもらうためでもない。私はアラーのために働いているのだ。それに、お前たちみんなが私と同じだけの犠牲を払っているのはわかっている。しかし、お前たちもアラーの僕《しもべ》なのだから、耐え忍ばなくてはならない」

私は理解した。でも父は自分が家にいなかった間、どんなひどいことになっていたか、知っているのだろうかと疑問に思った。

私たちが話をしていると、また誰かが裏口をノックした。イスラエル人はまたもや父を逮捕した。

# 7章――過激派　一九九〇年〜一九九二年

一九九〇年八月、父が刑務所に三度目の拘留をされていたとき、サダム・フセインがクウェートに侵攻した。パレスチナ人たちは熱狂した。歓呼の声を上げ、イスラエルに雨のように降ってくるに違いないミサイルを待ち受けるために、誰もが通りに繰り出した。ついに同胞が私たちを救いにきてくれるのだ！　彼らはイスラエルの中心部に大打撃を加えてくれるだろう。もうすぐ占領が終わるに違いない！

一九八八年に五千人のクルド人を殺害したあの毒ガス攻撃を、イラクが再び仕掛けてくるかもしれないと考えて、イスラエル人はガスマスクをすべての市民一人ひとりに配った。しかし、パレスチナ人には一世帯あたり一つしかガスマスクは支給されなかった。母が一つ持っていたが、七人の子どもは無防備だった。そこで私たちは創意工夫して、自分たちのガスマスクを作ろうとした。また、ナイロンのシーツを買って、窓やドアに接着テープで留めた。だが、朝起きてみると、湿気でテープがすべて剝がれていた。

私たちはイスラエルのテレビチャンネルに釘付けで、ミサイル接近の警告が発せられるたびに拍手喝采した。イラクからのスカッドミサイルがテルアビブを燃やす火を見るために、私たちは屋根に登った。しかし、何も見えなかった。

アル・ビーレは、場所が悪くてよく見えないのだろうと私は考えた。そこで、アル＝ジャニヤにあるダウード叔父の家に行こうと決めた。そこからなら地中海まで見渡せるだろうから。弟のソハイブがついてきた。叔父の家の屋根から、私たちは最初のミサイルを見た。実際に見えたのは炎だけだったが、それでも凄まじい光景だった！

約四〇発のスカッドミサイルが着弾したイスラエルの死者は二人だけだったとニュースで聞いたとき、政府は嘘をついているに違いないと確信した。しかしほんとうだったのだ。イラクはミサイルを遠方まで飛ばし到達させることを優先し、破壊力と精度を落としていた。

国連軍がサダム・フセインをバグダッドに追い返すまで、私たちはダウード叔父の家にいた。

私は怒り、落胆していた。

「なぜ戦争は終わったのだ？　イスラエルはまだ生きているじゃないか。父はまだイスラエルの刑務所にいる。イラクはミサイルを発射し続けるべきだ！」

実際、すべてのパレスチナ人が落胆した。数十年にわたる占領の後、やっと本物の戦争が起き、イスラエルに向けて破壊的な弾頭が発射された。それなのに何も変わらなかった。

湾岸戦争後に父が釈放されたあと、母は結婚持参金の金《ゴールド》を売って土地を買い、ローンで自分たちの家を建てたいと父に話した。私たちはそれまでずっと借家住まいだった。しかし、父が不在のときはいつも、家主は私たちを騙したり、母に対して不作法になったり、ののしったりすることもあった。

父は、そんな大事なものをいとわず手放そうとする母の気持ちに心を動かされたが、自分がまたいつか逮捕されないとも限らないので、ローンをずっと支払い続けていけるかどうかと心配していた。にもかかわらず、二人は運を天に任せることにし、一九九二年、ラマッラに近いベテュニアに家を建てた。私の家族は今もそこに住んでいる。このとき、私は十四歳だった。

ベテュニアは、アル・ビーレやラマッラに比べれば暴力沙汰は少ないようだった。私は新居の近くにあるモスクに通い、ジャルサの一員になった。ジャルサとはコーランの暗唱を奨励し、世界的規模のイスラム国家を目指すべきだとする教えを提唱するグループである。

引っ越して数ヶ月後、父は再び逮捕された。いつも、父に何か特定の嫌疑がかけられたわけではなかった。私たちは占領下に置かれているので、テロに関わった疑いがあるというだけで、イスラエル政府は緊急対策法に則って拘束することができた。宗教的――実際は当初から政治的――指導者であった父は、いいカモだった。

当時はまだ気づいていなかったが、パターン化していた拘束、釈放、また拘束という状態はその後何年も続き、家族への負担は回を重ねるごとに増していった。その間に、ハマスの若手メンバーが指導部に対し、より強硬に出るよう圧力をかけた。

「イスラエル人は、われわれの子どもたちを殺している!」と彼らは叫んだ。「こちらが石を投げると、向こうは機関銃で応酬してくるではないか。われわれは占領下にいる。国連も国際社会も、世界中の自由の民がわれわれの戦う権利を認めている。アラーご自身も、その御名によって戦うことを命じている。それなのになぜわれわれは待つのだ!」

その頃の襲撃の大半は、組織によるものではなく個人的なものであった。ハマスの指導部は、自らの行動計画を持つメンバーを抑えきれなくなっていた。父が目指したのはイスラム世界の解放であり、自由を獲得するためにイスラエルと戦っているのだと信じていた。しかし彼ら若手のメンバーにとっては、戦うことそれ自体が目的となった。手段ではなく、目的そのものになったのだ。

ヨルダン川西岸が危険な状態になるにつれて、ガザ地区はさらに危険になった。地理的な状況から、ガザ地区の最大勢力は、エジプトのムスリム同胞団の原理主義者たちだった。そして過密な人口が状況をいっそう悪化させていた。ガザは地球上で人口密度が最も高い場所の一つで、実際、たった三六〇平方キロメートルほどの難民キャンプに百万人以上が詰め込まれていた。

各世帯は不動産証書と扉の鍵を壁に掛けていた。それは、彼らがかつては家や美しい農場——過去の戦争で戦利品としてイスラエルに奪われた地所を所有していたということを無言のうちに証明し、日々思い起こさせるのだった。それは、新メンバーを募集するのに理想的な環境だった。避難民は、動機を与えられていたし、常に有力なメンバー候補だった。避難民はイスラエル人だけでなく、彼らを二流市民とみなした同胞のパレスチナ人からも迫害された。実際、難民キャンプが隣人たちの土地に建設されたため、彼ら自身も侵略者とみなされていたのだ。

血気盛んな若いハマスの活動家は大半が難民キャンプの出身だった。その中にイマッド・アケルもいた。彼は三人兄弟の末っ子で、薬剤師を目指して勉強していた。しかし、不正と欲求不満をいやというほど味わわされたイマッドはついに銃を取り、何人ものイスラエル兵を殺したうえ、彼らの武器を奪った。それに倣《なら》う者が何人も現れ、イマッドの影響力は増大した。

イマッドは独自に活動を開始し、小規模な武装グループを組織してヨルダン川西岸に移った。そこにはより多くの標的と活動の場所があった。町の人たちの会話から私は知ったのだが、イマッドの行動はハマスには何の関わりもなかったものの、ハマスは彼を大きな誇りとしていた。しかしながら、ハマスの指導部はイマッドの行動とハマスの他の活動をいっしょくたにされることを嫌った。そこで彼らは軍事部門としてイズディーン・アル＝カッサム大隊を創設し、イマッドをその隊長にした。彼は間もなく、イスラエルで最も重要な指名手配犯となった。

ついにハマスは武装した。すぐさま石や落書きや火炎瓶が銃に代わり、イスラエルはかつて直面したことのない問題を抱えることになった。ヨルダン、レバノン、シリアからのPLOの攻撃に対処するだけでなく、今や自身の境界の内側から攻撃を受けることになったのだ。

# 8章──煽られる激情　一九九二年〜一九九四年

一九九二年十二月十三日、アル＝カッサムの五人のメンバーが、テルアビブの近くでイスラエルの国境警察官ニッシム・トレダノを誘拐した。そしてイスラエルに対し、シェイク・アハメド・ヤシンの解放を要求。イスラエルはそれを拒絶した。二日後、トレダノの遺体が発見され、イスラエルはハマスに対し大規模な弾圧に乗り出した。ただちに、千六百人を超えるパレスチナ人が逮捕された。その後、イスラエルは、ハマス、イスラム聖戦機構、およびムスリム同胞団の幹部四一五人を密かに国外退去させることを決定した。そのなかにはまだ刑務所にいた私の父と三人の叔父もいた。

当時私はまだ十四歳だったし、家族の誰もこんなことが起きているとは知らなかった。しかし情報が漏れ、その断片をかき集めると詳細が判明した。多数の教師、宗教指導者、エンジニア、および民生委員たちが手錠をかけられ、目隠しをされて何台かのバスの中に押し込まれ、父もその中にいるらしいとのことだ。

その情報が伝わって数時間と経たないうちに、弁護士や人権保護団体が次々と請願書を提出した。午前五時、イスラエル高等裁判所で異議申し立てを審議する会議が始まったため、バスは一旦停車した。それから十四時間に及んだ討論の間ずっと、父と国外追放を宣告された人たちはバスに閉じ込められていた。目隠しをされ、手錠を掛けられたまま。食べ物も水もなく、トイレにも行けなかった。結局、裁判所は政府を支持し、バスは再び北に向けて走り始めた。後に知ったのだが、父たちは雪に覆われた南レバノンの無人地帯に運ばれた。厳しい冬のさなかに、彼らは避難所も食料品もないその地に放り出された。イスラエルもレバノンも、救援機関が食糧や医薬品を届けることを許そうとはしなかった。ベイルートのレバノン政府は、病人や負傷者を同地の病院に搬送することを拒否した。

十二月十八日、国連安全保障理事会は、国外追放者の「安全かつ速やかな帰還」を要求する決議案七九九号を採択した。イスラエルは拒否した。父が刑務所にいたとき、私たちはいつでも面会に行くことができたが、レバノンの国境は閉鎖されていたため、追放された父に会う手段はまったくなかった。二週間後、私たちは追放後初めて、テレビで父の姿を見た。どうやらハマスのメンバーは父のことを、同じくハマスの指導者であるアブデル・アズィズ・アル・ランティシに次ぐ第二の指導者、キャンプの事務総長と名付けたようだ。

以後、私たちは毎日、父の顔をひと目見られたらと願いながらニュースを見た。時折、拡声器で追放された者たちに指示を与えている父の姿が映し出された。春になると、父はようやく報道記者や救援組織のメンバーが撮った写真や手紙をなんとか送ってくれるようになった。やがて国外追放者たちは携帯電話をかけられるようになり、私たちは父と毎週数分間だけ話すことができた。

追放された人たちに世界中の同情が集まるようにしようと、メディアは彼らの家族にインタビューをした。私の妹タスニームがカメラに向かって「お父さん、お父さん！」と叫ぶ姿に、世界中が涙した。どういうわけか私たち家族は、非公式ながら、追放された家族を代表する存在となってしまった。それで、エルサレムにあるイスラエルの首相府前で行われたデモ行進を含め、すべての抗議活動に呼ばれた。父は私たちを非常に誇りに思うと言ってくれた。そして私たちは世界中の人々が、イスラエル人の仲裁者さえもが支援してくれることに、多少の慰めを得ていた。約半年後、追放された人のうち百一名が帰らせてもらえることになった。他の家族たちと同じく、私たちも父がその中に含まれていますようにと必死で願った。

しかし、父はその中にいなかった。

翌日、私たちは父についてのなんらかの情報を得ようと、レバノンから戻った英雄の何人かを訪ねた。しかし彼らは、父が元気にしているし、すぐに帰ってくるだろうと言うだけだった。さらに三ヶ月が過ぎてようやく、イスラエルは残りの追放者を帰宅させることに合意した。見通しが立ったことに、私たちは狂喜した。

指定された日に、残りの追放者たちが解放されることになっているラマッラ刑務所の外で、私たちはやきもきしながら待っていた。まず十人が出てきた。続いて二十人が。その中に父はいなかった。最後の男が通り過ぎると、兵士たちは「これで終わり、全部だ」と言った。父の影も形もなく、どこにいるのかもわからなかった。他の家族は喜びいっぱいで、愛する人とともに家に帰っていった。一方、私たちは、父がどこにいるのか見当もつかず、真夜中にぽつんと外に取り残されていた。私たちは落胆し、苛立ち、そして心配しながら家に帰った。なぜ父は、残りの人たちと一緒に解放されなかったのだろうか？　父は今どこにいるのか？

次の日、父の代理人が電話で、父を含む何人かの追放者は刑務所に戻されたと知らせてきた。彼はまた、今回の国外追放措置はイスラエルにとって明らかに逆効果となったと言った。追放されていた間、父やその他のパレスチナの指導者たちのことは世界中でニュースとなり、今回の処罰は行き過ぎであり、人権侵害であるとして世界の同情をかったのだ。父らはアラブ世界全域で運動の英雄と見なされ、それにより、以前よりはるかに重要で影響力のある存在となった。

この追放措置はイスラエルにとって、思いがけないもうひとつの大災厄となる影響をもたらした。追放されている間、囚人たちは自分たちの時間を利用して、ハマスと主要な政治的・準軍事的イスラム組織や、イスラム教シーア派政治組織であるヒズボラとの間に、かつてない関係を作り上げたのだ。この関係は歴史的にも、地政学的にも大きな分岐点となった。父や他のハマス幹部たちはしばしばメディアの目を盗んで密かにキャンプを抜け出し、ヒズボラやムスリム同胞団の指導者たちと接触していたのだ。こんなことはパレスチナの中にいては決してできなかった。

父たちがレバノンにいる間、ハマスの最も過激なメンバーはまだ自由の身で、以前にも増して急進的になっていった。これら先鋭化した新しい連中がハマスの内部で一時的に指導的な役割を果たしていたことで、ハマスとPLOの溝が広がった。

その頃、イスラエルとヤセル・アラファトが秘密裏に交渉に入った。その結果が、一九九三年のオスロ合意である。九月九日、アラファトはイスラエルの首相イツハク・ラビンに書簡を送り、その中で公式に「イスラエル国が平和と安全のうちに存在する権利」を認め、「テロや他の暴力行為の行使を放棄」するとした。

その後、ラビンは正式にPLOを「パレスチナ人の正式代表」と認め、ビル・クリントン米大統領は、アメリカのPLOとの接触禁止を解除した。九月十三日、ホワイトハウスで握手をするアラファトとラビンの写真を、全世界が驚きをもって見つめた。その時の世論調査によると、ヨルダン川西岸とガザ地区のパレスチナ人の大多数が、暫定自治に関する原則宣言(DOP)としても知られるオスロ合意の合意事項を支持していた。この文書に基づきパレスチナ暫定自治政府(PA)が設立され、ガザとエリコからのイスラエル軍の撤退が命じられ、両地域での自治権が認められた。こうしてチュニジアで亡命生活を余儀なくされていたアラファトとPLOの帰還への扉が開かれた。

しかし、私の父はDOPに反対だった。父はイスラエルもPLOも信頼しておらず、それゆえ和平プロセスにもまったく信頼を置いていなかったのだ。ハマスの他の指導者たちの反対理由は人それぞれで、和平協定で活動停止となる危険を理由とする者もいると、父は説明した。平和共存はハマスの終焉を意味するのだ。彼らの見解では、自分たちの組織は平和的な社会環境では目標を達成できないのだ。他の抵抗グループも、紛争の継続に利害関係があった。目的や利害がてんでんばらばらなところで、平和を達成することなどできるはずがない。

そんなわけで襲撃は続いた。

・九月二十四日、イスラエル人男性がバスラ近くの果樹園で、ハマスのフェダイーンに刺殺される。
・ユダの荒野での二人のイスラエル人の死について、パレスチナ解放人民戦線とイスラム聖戦機構が二週間後に犯行声明を出す。
・さらにその二週間後、ハマスがガザ地区のユダヤ人入植地の側で、ＩＤＦ兵士二人を射殺。

しかし、これらの殺人事件のどれも、世界を騒がせるニュースとなることはなかった。だが、一九九四年二月二十五日金曜日に起きた「ヘブロン虐殺」事件は違った。

ユダヤ教のプリム祭とイスラム教の神聖な月ラマダンのさなか、アメリカ生まれのユダヤ人医師バルーフ・ゴールドステインがヘブロンの、アル・ハラム・アル・イブラヒミ・モスクに入っていった。ヘブロンは、同地の言い伝えによると、アダムとイブ、アブラハムとサラ、イサクとリベカ、ヤコブとレアが埋葬された地である。ゴールドステインはいきなり銃を撃ち始め、礼拝に来ていた二十九人のパレスチナ人を殺害し、百人以上を負傷させたのち、悲憤慷慨したパレスチナの群集に殴り殺された。

その聖なる場所から血まみれの死体が次々と運び出されていくのを、私たちはテレビカメラのレンズを通して見ていた。私はショックだった。すべてがスローモーションのように見えた。一瞬、私の心臓はそれまで一度も経験したことのない激しい怒り、驚愕するほどの怒りに高鳴った。やがてその怒りが引いたかと思うと、次の瞬間、深い悲しみに私は凍りついた。それから突然激高し――その後また感覚が麻痺した。このように感じたのは私一人ではなかった。占領地にいるすべての人の感情が、妙に現実離れしたリズムで上下し、私たちは疲れ果ててしまった。

ゴールドステインがイスラエル軍の軍服を着ていたこと、軍人の数が通常より少なかったことから、パレスチナ人は彼がエルサレムの政府（イスラエル政府のこと）に送り込まれたか、少なくとも後ろ盾があったと確信した。私たちにとって、好戦的な兵士もクレイジーな入植者もすべて同じだ。ハマスは今や恐ろしい決意をあらわにしていた。この裏切り行為、この残虐行為に報復することしか考えられなくなった。

四月六日、アフラで自動車爆破装置によりバスが破壊され、八人が死亡、四十四人が負傷した。ハマスはそれがヘブロンに対する報復であると言った。同じ日、ハマスがアシドッドの近くのバス停を攻撃、その際二人のイスラエル人が射殺され、さらに四人が負傷した。

一週間後、初めての自爆攻撃にイスラエルは衝撃を受けた。これは歴史に残る、恐怖の一線が越えられたことを意味する。一九九四年四月十三日――この日、レバノンに追放された父がようやく釈放された――水曜日の朝、二十一歳のアマル・サラ・ディアブ・アマルナがイスラエルの中心部、ハイファとテルアビブの間にあるハデラのバスターミナルに立っていた。彼は金物類と約二キログラムの自家製過酸化アセトン爆弾が入ったバッグを持っていた。九時三十分、テルアビブ行きのバスに乗り込む。それからバスが停留所を離れてから十分後、彼はバッグを床に置き、爆発させた。

爆弾の破片がバスの乗客に突き刺さり、六人が死亡、三十人が負傷した。救助隊員が現場に到着したちょうどそのとき、二番目のパイプ爆弾が爆発した。これはヘブロンに対する「五回の報復のうちの二回目」である、とハマスは後に文書で発表した。

私はハマスを誇りに思い、今回の攻撃をイスラエルの占領に対する大勝利だと考えていた。当時私は十五歳で、世の中のすべてを白か黒かで見ていた。この世には良い人と悪い人がいる。そして悪い者は当然の報いを受けなければならない。釘と鋼球が詰まった二キログラムの爆弾が人間の体に対してどんなことができるかを知り、私はそれがイスラエル社会への明確なメッセージになることを望んでいた。

そしてそうなった。

自爆攻撃が起きるたびに、ザカ（ＺＡＫＡ災害救援隊）の名で知られる正統派ユダヤ教徒のボランティア団体のメンバーが、黄色い蛍光色のベストを身に着けて現場に駆けつける。非ユダヤ人のものも自爆者自身のものも含めて、血液と遺体の各部位を回収し、ヤッフォにある犯罪科学捜査センターに運ぶのが彼らの仕事だ。同センターでは身元確認の目的で、病理学研究者が残された遺体の部位を集めて繋ぎ合わせる作業を行う。部位と部位を繋ぎ合わせるのにＤＮＡ鑑定だけが頼りということも少なくない。

家族はまず地元の病院に行き、収容されている負傷者の中に愛する人が見つからないとヤッフォに案内される。そこではみな、悲嘆のあまりに茫然となっていた。

病理学者たちは、遺体を見ないほうがいい、愛する人の生前の姿を記憶にとどめておくほうがいい、としばしば忠告していた。しかし、残されたものがたとえ足一本だけだったとしても、ほとんどの家族が、最後に一度遺体に触れることを望んだ。

ユダヤ教の戒律では、死者は亡くなったその日に全身を埋葬すると定めているので、たいていはまず残された遺体の大きな部位が埋葬された。小さい欠片はＤＮＡ鑑定で身元が確認された後に追って埋葬される。それは悲嘆に暮れる遺族の心の傷口を更に広げてしまうのだ。

ハデラが最初の爆弾攻撃であるとされているが、それは実際は三回目の試みで、ハマスの爆弾製造者ヤヒヤ・アヤッシュがその技術を完成させる間に行われた試行錯誤段階のものだった。アヤッシュはビルザイト大学でエンジニアリングを専攻する学生だった。過激なイスラム教徒でもなければ、熱狂的な民族主義者でもなかった。かつて別の国で勉強する許可を求め、イスラエル政府にその要望を拒否されたことがあり、単にそれだけの理由で憤っていた。そこで彼は爆弾を製造し、パレスチナ人の英雄となり、イスラエルの最重要指名手配犯の一人となった。

結局アヤッシュは、失敗に終わった二回の試みと、四月六日と十三日の爆破を含む五回以上の爆破で少なくとも三十九人を死に追いやった。また彼はハッサン・サラメなど、ほかの友人たちに爆弾の作り方を教えていた。

湾岸戦争の間、ヤセル・アラファトはサダム・フセインのクウェート侵攻を支持し、米国と、米国主導の連合軍を支持したアラブ諸国の双方から疎んじられた。そんなわけで、米国は経済支援の相手をPLOからハマスに移し始めた。

しかし、アラファトはオスロ協定の成功により再びトップの座に返り咲いた。そして翌年、彼はイスラエル首相イツハク・ラビン、同外務大臣シモン・ペレスとともにノーベル平和賞を受賞した。

オスロ協定はアラファトに、ヨルダン川西岸とガザ地区にパレスチナ暫定自治政府の設立を求めている。そのため、一九九四年七月一日、彼はエジプトのラファ国境検問所からガザに入り、そこに腰を落ち着けた。

「民族統一……」と彼は、祝福する群衆に向かって語った。「それこそがわれわれの盾、民族の盾である。統一、統一、一致団結だ」（注3）

しかし、パレスチナの地は一致団結とはほど遠かった。

ハマスとその支持者はアラファトが密かにイスラエル側と接触し、パレスチナ人が民族自決を求めてこれ以上戦うことはしないと約束したことに怒っていた。私たちの仲間は、まだイスラエルの刑務所にいる。私たちはパレスチナ人国家を持っていない。私たちの自治権が及ぶのは、ヨルダン川西岸のエリコ——何もない小さな町だ——とガザ地区——海岸沿いにあるすし詰め状態の大きな難民キャンプ——だけだった。

そして今、アラファトはイスラエル人と同じテーブルにつき、握手している。

「これまで流されたパレスチナ人の血はどうなるのだ？」と私たちは互いに言い合った。「彼はそれを、そんなに軽く考えていたのか？」

一方パレスチナ暫定自治政府は、少なくともガザとエリコを取り戻してくれたではないかと認めるパレスチナ人もいた。ハマスは私たちに何をしてくれた？　パレスチナの小さな村一つ、奪還していないではないか？

彼らの言うこともっともだった。しかし、ハマスはアラファトを信用していなかった。その一番大きな理由は、イスラエル以前はパレスチナ領であった土地を取り戻す代わりに、イスラエルの中にパレスチナ人国家をつくることで満足しようとしていたことである。

「あなた方は私たちにどうしろと言うのか？」アラファトと彼のスポークスマンは突き上げをくうといつも、そう言い返した。

「数十年の間、私たちはイスラエルと戦い、勝ち目がないと思い知った。私たちはヨルダンからもレバノンからも追い出され、ついには千マイル以上も離れたチュニジアまで行った。国際社会は私たちに批判的だった。私たちは無力だった。ソビエト連邦が崩壊し、米国は唯一の大国となった。そして、その米国はイスラエルを支持している。私たちは、一九六七年の六日戦争以前に所有していたものをすべて取り戻し、自治を行う機会を与えられた。そして、それを得たのだ」

ガザ到着から数ヶ月してアラファトは初めて、ラマッラを訪れた。私の父は、数十人の宗教、政治、および財界の指導者たちとともに歓迎の列に加わっていた。PLO議長がシェイク・ハッサン・ユーセフのところまで来ると、彼の手に口づけし、父を政治指導者としてのみならず宗教指導者とも認めた。

翌年にかけて、父と他のハマス幹部は、パレスチナ暫定自治政府とハマスの和解と協調を図って、ガザでアラファトと頻繁に会合を持った。しかし、ハマスが最終的に和平プロセスへの参加を拒否した時点で、話し合いは失敗に終わった。いまだ両者の考え方と目標は、和解に至るには隔たりがあまりに大きかった。

ハマスは正真正銘のテロ集団に変貌を遂げた。そのメンバーの多くがイスラムの梯子を登って、最上段に到達したのだ。父のような穏健派の政治指導者は過激派に対して、お前達のしていることは間違いだと言おうとはしなかった。言えなかったのだ。何を根拠に間違っていると言えるだろうか？　過激派は、コーランを全面的に後ろ盾にしていた。

そのため、父自身は一人として殺したことはなかったが、襲撃に同調した。そしてイスラエル側は、武闘派の過激な若者を逮捕することができないと、父のような捕まえやすい目標を追いまわすのだ。父がハマスの幹部なので、これらの襲撃の首謀者と見て、父を投獄すれば襲撃を止めさせられると考えたのだろう。しかし彼らは、ハマスが本当は誰なのか、どういうものなのかを見抜く努力を怠った。そしてハマスが大方の人が考えているのとはちがって、序列と規則のある組織ではないことを理解し始めるまでに、多くの苦難の年月を要するのだ。ハマスは影法師なのだ。まぼろしの観念なのだ。観念を破壊することはできない。できるのは刺激することだけだ。ハマスは扁形動物のようなものだ。その頭を切り落としても、別のところから生えてくるのだ。

問題は、ハマスの中核をなす前提と目的が幻想であったということだ。シリア、レバノン、イラク、ヨルダン、エジプトは、イスラエルを海に追い落とし、その土地をパレスチナ人国家にしようと何度も試み、そのつど失敗していた。サダム・フセインと彼のスカッドミサイルも失敗した。数百万人のパレスチナ難民が、半世紀以上前に失った家や農場や土地を取り戻すためには、イスラエルは現実に土地交換をしなくてはならないだろう。けれどそんなことは決して起こらないのだから、ハマスはギリシャ神話のシジフォスのようなものだ。シジフォスは切り立った山の頂に大きな石を押し上げるよう命じられ、頂まであとほんの一息というところで転がり落ちてしまう。目標を達成することなく、永遠にこの作業を繰り返すよう運命づけられているのだ。

しかしながら、ハマスの使命は遂行不可能であるとわかっている人たちですら、アラーがある日イスラエルを倒してくれるという信念にしがみついているのだ。

イスラエルにとってPLOの民族主義者たちは、単に政治的な解決を必要とする政治問題だった。ハマスはパレスチナ問題をイスラム化し、宗教問題にしてしまった。そして、この問題は宗教的解決によってしか解決され得ないのだ。つまりそれは、私たちがその土地はアラーのものであると信じているがゆえに絶対に解決されない問題だということである。以上で議論終了だ。したがって、ハマスにとって究極の問題はイスラエルの政策ではない。民族国家イスラエルの存在そのものなのだ。

父はどうしたのか？　父もまたテロリストになったのか？　ある日の午後、女性と子どもを含む多くの市民を殺害した自爆攻撃（もしくはハマスの人間の中には「殉教」と、呼ぶ者もいた）を報じる新聞の見出しを読んだ。父のやさしい人柄と、そのような事件を起こす組織の幹部という顔。その二つは私の頭の中では相容れないものだった。私はこの記事を父に見せて、このような行為をどう思うかを尋ねた。

「あるとき、家を出ると外に虫がいた。その虫を殺すべきかどうか、私は二度考えた。そして殺すことはできなかった」これが父の答えだった。

その遠回しな答えは、父個人としてはこのような理不尽な殺害に関与することは決してできないと、父なりの言い回しで表現したものだった。しかし、イスラエルの一般市民は虫ケラではない。

たしかに、父は爆弾を作っていないし、それを自爆攻撃の実行犯に紐で縛りつけることも、標的を選ぶこともしていない。しかし何年か後、新約聖書の中のある物語に遭遇したとき、父の答えについて考えるようになった。それは、ステパノという名前の無垢な若者が石打ちにされた話で、そこには、「サウロは、ステパノを殺すことに賛成していた」(『使徒行伝』第八章一節)とある。

私は父を心から愛していたし、父の人柄や姿勢をとても尊敬していた。しかし父は明らかに、虫一匹傷つける気になれない男で、自分の手を血で汚すことはしないが、他の誰かが人間を爆破して肉片にするのはかまわないとする、合理的な解釈に行き着いたのだ。

そのとき、私の父に対する考え方ははるかに複雑なものになった。

# 9章——拳銃　一九九五年冬～一九九六年春

オスロ合意の後、国際社会は、パレスチナ暫定自治政府がハマスを制御することを期待した。一九九五年十一月四日の土曜日、私がテレビを見ていると、番組の途中で、ニュース速報が飛び込んできた。イツハク・ラビンがテルアビブのキングススクエアで行われていた平和集会のさなか、銃撃されたのだ。どうやら重態らしい。数時間後、当局は彼が死亡したと発表した。

「ワォ！」と私は思わず声を上げた。「パレスチナの勢力の中には、イスラエルの首相を暗殺するパワーをまだ持っているところがあったのだ！　とっくにこうなっていてよかったはずだ」私は彼の死がＰＬＯに打撃を与え、ＰＬＯがイスラエルと交わした合意事項に水を差すと思うとごきげんだった。

そのとき電話が鳴った。その声で私はすぐに、誰がかけてきたのかわかった。ヤセル・アラファトだった。彼は父と話したいという。

父が電話で話しているのを私は聞いていた。口数は多くなかったが、父は感じよく、丁寧に応じていた。そして、アラファトの言うことすべてにほとんど同意するばかりだった。

「わかりました。それでは」と父は言った。

それから父は私のほうを振り向いて言った。「アラファトは、ハマスが首相の死を祝ったりしないようにしてほしいと言ってきた。彼の暗殺はアラファトにとって非常に大きな損失だ。ラビンはPLOと和平交渉に入ることで、政治家としてあれだけの度胸を示せたのだから」

後に知ったのだが、ラビンは結局パレスチナ人に殺されたのではなかった。そうではなく、法律を学ぶイスラエル人の学生に背中を撃たれたのだ。この情報にハマスの多くはがっかりした。私自身は、ユダヤ人の狂信者がハマスと同じ目標を持っていたことを面白いと思っていた。

この暗殺に世界は苛立ち、国際社会はパレスチナの地をしっかり治めるよう、アラファトにいっそう圧力をかけた。そこで彼はハマスの厳重な一斉取り締まりに乗り出した。パレスチナ暫定自治政府の警察が私たちの家に来て、父に準備をするように言った。そしてアラファトの収容施設に押し込んだ。警察はその間ずっと、父に最大限の敬意を払い、丁寧に接していた。

とはいえ、パレスチナ人がパレスチナ人を投獄するのは初めてのことだった。非常に不快なことだった。しかし、少なくとも父は丁重な扱いを受けていた。他の大多数とは違って快適な部屋が与えられた。そしてアラファトはあらゆる問題を話し合うため、何度も父のもとを訪れた。

間もなく、ハマスの幹部は全員、数千人のハマスメンバーとともに、パレスチナの刑務所に収容された。その多くが情報を聞き出すために拷問を受けた。なかには死んだ者もいた。しかし、逮捕を免れた者は逃亡し、イスラエルへの攻撃を続けた。

今や、私の憎悪は多方面に向けられていた。パレスチナ暫定自治政府とヤセル・アラファトを憎み、イスラエルを憎み、そして非宗教的なパレスチナ人を憎んだ。アラファトとPLOのような神を信じない連中が、イスラエル人——コーランが豚や猿にたとえているイスラエル人に大勝利を手渡す間に、アラーとその民を愛する私の父がなぜ、こんな重い犠牲を払わされなくてはならないのか？　国際社会はイスラエルを称賛した。イスラエルが存在する権利をテロリストを捕えて認めさせたからだ。

私は十七歳で、高校卒業まで後一ヶ月を残すのみだった。私が刑務所に父を訪ねたり、家から食物や、父がより快適に過ごせるようにするものを持って行ったりしたとき、いつも父はこう言って私を励ましてくれた。「お前がやるべきことはただひとつ、学校の試験に合格することだ。学業に集中しなさい。私のことは心配ない。このことで何か差し障りが生じるようなことにはなってほしくないんだ」しかし、私にとって人生はもはや何の意味もなくなっていた。ハマスの軍事部門に加わり、イスラエルとパレスチナ暫定自治政府に復讐することしか、考えられなかった。私はこれまでの人生で見てきたことすべてを思い返した。私たちのすべての苦闘と犠牲は、こんな形で、イスラエルとの安っぽい和平で終わるのか？　もし私が戦って死んだなら、少なくとも私は殉教者として死に、天国に行けるだろう。

父が私に憎むということを教えたことは決してなかったが、私はそんなふうに思わずにはいられなかった。父は占領との戦いに情熱を傾けていたし、もし核爆弾を持っていたならば、イスラエルの民に核攻撃をしかけよと命じるのをためらったとは思わなかった。しかし他のハマスの人種差別主義の指導者とは違い、決してユダヤ民族そのものに反発していたわけではない。父は政治よりもコーランの神のほうにはるかに関心を抱いていたのである。アラーは私たちにユダヤ人を根絶する責務を与え、父もそのことには疑問を持っていなかった。父個人としてはユダヤ人に対してなんら含むところはなかったが。

「アラーの神を大切にしているかい?」と、私が訪ねていくたびに、父は聞いた。「今日はお祈りをしたか? アラーの名を呼んだかい? アラーとともにいたかい?」と。

「良いムジャハディードになってほしい」とは決して言わなかった。長男である私への忠告はいつも、「母を助け、アラーの神を愛し、人々に対して優しく接してほしい」だった。

私が理解できなかったのは、どうして父は自分を逮捕するために何度も何度もやって来る兵士に対してすら同情的で寛大なのかということだ。父は彼らに子どもに対してするように接していた。私が食物を持ってPAの収容施設に行くと、父はよく監視員も誘って、母が特別に作った肉や米の料理を一緒に食べた。そして数ヶ月後には、PAの監視員までもが父を敬愛するようになっていた。私にとって、父を愛するのは容易なことだったが、父はなかなか理解しがたい人でもあった。

怒りと復讐心でいっぱいだった私は、銃を探し始めた。この頃には既に、パレスチナ領内で武器を入手することは可能になっていたが非常に高価で、私は一文無しの学生だった。

エルサレムの隣村出身のクラスメート、イブラヒム・キスワニも私と同じことを考えていて、必要な金は調達できると言った。重砲を買うのには足りないが、安いライフル銃や拳銃なら買える額の金だ。私は従兄弟のユーセフ・ダウードに、武器を手に入れられるところを知っているか尋ねた。

ユーセフとはそれほど親しいわけではなかったが、彼には私にはないコネクションがあることを知っていた。

「ナブルスに助けになってくれそうな友人が二、三人いる」と彼は言った。「銃でどうしたいんだ?」

「どこのうちも護身用の武器を備えている」私は嘘をついた。「僕も家族を守るために一つ欲しい」

まあ、まったくの嘘というわけではない。イブラヒムが住んでいる村では実際、すべての家庭が自衛のために武器を所有していたし、彼は私にとって兄弟のような存在だった。

復讐心とともに、私は銃を持つティーンエイジャーはかっこいいという思いもあった。もはや学校にはあまり関心がなかった。こんなむちゃくちゃな国で学校に行って何になる?

ある日の午後、ついに従兄弟のユーセフから電話がかかってきた。

「よし、ナブルスに行くぞ。俺はPAの治安部隊で働いている男を知っている。彼なら武器をいくつか調達してくれるだろう」彼は言った。

私たちがナブルスに着くと、一人の男が小さな家の玄関先で私たちを迎え、家の中に入れてくれた。そこで彼はスウェーデン・カール・グスタフM45サブマシンガンと、そのエジプト版であるポートサイドを見せてくれた。それから彼は私たちを人里離れた山の中に連れて行き、使い方を教えてくれた。試してみたいかどうか聞かれたとき、私の心臓は高鳴った。それまで一度も機関銃なんて撃ったことがなかったからだ。私は突然怖くなった。

「いいえ、あなたを信用していますから」私は言った。その男から私はサブマシンガン二挺と拳銃一挺を購入し車のドアの中に隠すと、上から黒コショウを振りかけた。検問所でイスラエルの犬に嗅ぎつけられないようにするためだ。

車を運転してラマッラに戻る間に、イブラヒムに電話をした。

「モノを手に入れたぞ！」

「本当か？」

「本当だ」

イスラエル人が私たちの会話を逐一盗聴している危険は十分にあったので、銃とか武器といった言葉は使わないほうがよいとわかっていた。私たちはイブラヒムが「モノ」を取りに来る日時を決めると、おやすみ、と言って急いで電話を切った。

一九九六年の春のことだった。私は十八歳になったところだった。そして、武器を手にしていた。

ある夜、イブラヒムが電話をかけてきた。声の調子から、彼がかんかんに怒っていることはいやでもわかった。

「この銃は作動しないぞ！」彼が電話の向こうで叫んだ。

「何を言っているんだ」私は言い返した。この会話を誰にも聞かれてませんようにと願いながら。

「この銃は作動しないんだ！」と彼は繰り返した。「俺たちは騙されたんだ！」

「今は話せない」と私は彼に言った。

「わかった。でも今夜会いたい」

彼が私の家に着くとすぐに、叱りつけた。

「お前、気は確かか？　電話であんなことを言うなんて」

「わかってるよ。でも銃が作動しないんだ。拳銃は大丈夫だけど、サブマシンガンは弾が出ない」

「わかった。銃が作動しないんだな。で、お前は使い方を知っているのか？」

自分でやっていることはわかっていると彼は言い切ったので、私がなんとかすると言った。二週間後に卒業試験が控えているので、本当はそんな時間はなかった。しかし、事を進めるために、うまく作動しない銃をユーセフに返す手はずを整えた。

「とんだ災難だ」ユーセフに会うと、私は言った。「拳銃は作動するけど、マシンガンはだめだ。ナブルスの友人に電話して、せめて金は返ってくるようにしてくれ」やってみると、彼は約束した。

次の日、弟のソハイブに血の気が引くようなことを伝えられた。

「昨日の夜、イスラエルの治安部隊が兄さんを探して家に来たよ」心配から、緊張を漂わせた声で言った。

まっ先に頭に浮かんだのは、まだ誰も殺していない！　という思いだった。私は怖かった。しかし、自分がイスラエルにとって危険な存在になったかのようで、少々偉くなったようにも感じた。次に父のもとへ行ったとき、父はすでにイスラエル人が私を探していることを知っていた。

「どういうことだ？」と厳しい声で尋ねた。正直に話すと、父はひどく怒った。しかしその怒る様子から、父はむしろ私に失望し、心配していることがはっきり伝わってきた。

「これはとんでもないことだぞ」と父は私に警告した。「なぜこんなことに足を突っ込んだのだ？お前がしなくてはならないのは母さんや弟たちや妹たちの世話をすることで、イスラエル人から逃げることではない。わからないのか？　彼らはお前を撃つぞ」

私は家に帰ると、服と教科書をかき集め、何人かのムスリム同胞団の学生に、自分が試験を受けて学校を卒業するまで、かくまってほしいと頼んだ。

私が危険な状況にあることを、イブラヒムが理解していないことは明らかだった。彼は私に電話をかけ続けていたし、ときには私の父の携帯電話にもかけてきた。

「いったい何ごとだ？　お前、どうなっているんだ？　あの金は全部お前に渡した。返してもらわないと」

私が治安部隊が家に来たことを話すと、彼は電話で不用意な言葉を叫び始めた。私はすぐに電話を切った。彼がこれ以上自分自身を、もしくは私を危険に巻き込まないうちに。しかし翌日、ＩＤＦが彼の住まいに現れて家捜しし、拳銃を発見した。彼らは直ちに彼を逮捕した。

私は呆然となった。信頼すべきでない人を信頼してしまったのだ。父は刑務所にいる。そして私に失望している。母は私のことをひどく心配している。私は試験があって勉強しなければならない。そして、イスラエルに指名手配されていた。

これ以上に最悪の事態があり得るだろうか？

# 10章——暗黒の夜　一九九六年

用心してはいたが、私はイスラエルの治安部隊に捕まってしまった。彼らはイブラヒムと私の会話を盗聴していたのだ。そしていま、私は手錠をかけられ、目隠しをされて、ＩＤＦのジープの後部に詰め込まれ、ライフルの殴打をできるだけかわそうとしている。

ジープはゆっくりと停まった。何時間も走っていたように感じた。兵士が腕をつかんで私を立たせ、階段を引きずって上がった。手錠が私の手首に深く食い込んで、手の感覚はなくなっていた。周りのあちこちで、人々が動きまわる音とヘブライ語で叫ぶ声が聞こえた。

小さな部屋に連れて行かれ、目隠しと手錠を外された。ライトの光に目を細めながら、自分がいる場所を確認しようとした。部屋は、隅に小さな机が置いてあるだけで、がらんとしていた。兵士たちは私に次は何を用意しているのだろう。尋問？　さらなる暴行？　拷問？　たいして考える間もなく二、三分後に、若い兵士がドアを開けた。彼は鼻にピアスをしていて、ロシア訛りがあった。ジープの後部で私に暴行を加えた兵士の一人だ。彼は私の腕をつかむと、長い曲がりくねった廊下を通って、また別の部屋へ連れていった。古い机の上に、血圧測定に使用するカフとモニター、コンピューター、そして小さなテレビが置かれていた。部屋に入ると、強烈な悪臭が鼻孔を満たした。息がつまって、また吐きそうになった。

白衣を着た男が背後から入ってきた。彼は疲れて、浮かない表情をしていた。殴られて二倍に腫れあがっている私の顔と目を見て驚いたようだった。しかし彼が私の健康を心配していたのかどうかは定かではない。私を診たこの医師よりも、ずっとやさしく動物を手当てしている獣医を見たことがあった。

警察の制服を着た刑務官が入ってきた。彼はくるりと私の向きを変えると後ろ手に手錠をかけ、深緑色の頭巾を私の顔にすっぽりとかぶせた。私は悪臭の元がわかった。その頭巾は一度も洗ったことのないような臭いを放っていた。それは磨いていない歯と、何百人もの囚人の口臭だった。私は吐き気を催し、息を止めようとした。しかし、大きく息を吸うたびに、その汚い布を口に吸いこんでしまうのだ。私はうろたえ、この頭巾から解放されなければ窒息してしまいそうだった。

刑務官がボディチェックをし、ベルトと靴ひもも含め、すべてを私から剝ぎ取った。それから彼は頭巾をつかむと、私を引っ張って廊下を抜けていった。右へ曲がり、左へ曲がる。もう一度左。右。再び右。どこにいるのか、どこへ連れていかれるのかわからなかった。

ようやく止まった。そして彼が鍵を手探りする音が聞こえた。そして分厚くて重そうなドアを開けた。「階段だ」と彼が言った。それで私は足で探りながら数段下りた。布袋越しに、パトカーのルーフについている点滅ライトのような光が見えた。

刑務官が頭巾を外すと、カーテンに向かって立っていた。右側に、頭巾の入ったかごがあった。数分待たされた後、カーテンの向こう側から、入れという声がした。刑務官は私の足首に足かせを掛けると、別の頭巾を頭からかぶせた。それから頭巾の正面をつかむと、私を引っ張ってカーテンを通り抜けた。

通気口から冷気が流れ込み、どこか遠くから爆音のような響きが聞こえてきた。両側の壁に当たりながら歩いてきたので、おそらく非常に狭い廊下を歩いて来たに違いない。めまいを感じ疲れ果ててしまった。ようやく止まった。刑務官がドアを開けると、私を中へ押し込んだ。それから布袋を外すと、後ろの重いドアをロックして立ち去った。

私はもう一度辺りを見回した。その独房は約六フィート四方で、ちょうど小さなマットレスと毛布が二枚置ける程度であった。私の前にこの独房にいた人は、一枚の毛布を丸めて枕にしていたようだ。私はマットレスの上に座った。それはねっとりとしていて、毛布は布袋のように臭っていた。私はシャツの襟で鼻を覆ったが、その服も嘔吐の臭いがしていた。暗い電球が一つ、天井からぶら下がっていたが、スイッチは見あたらなかった。ドアにある小さな穴が、唯一の窓であった。空気はじっとりとしていて、床は湿っていて、カビがコンクリートを覆っていた。そして、虫がそこいらじゅうで群れをなしていた。すべてのものが不潔で、腐っており、気持ち悪かった。

何をしたらよいかわからず、ただ長い間そこに座っていた。トイレに行きたくなったので、隅にあった錆びたトイレを使おうと立ち上がった。私は水を流すハンドルを押した瞬間、押してしまったことを後悔した。汚物は穴の下に吸い込まれていく代わりに、床に溢れてマットレスを濡らしてしまった。

私は唯一乾いている部屋の角に座って考えた。こんな部屋で寝なきゃならないなんて！　目はズキズキと燃えるように痛かった。この部屋の臭いを嗅がずに呼吸することは困難だった。独房は耐えられないほど暑く、汗でびっしょりになった衣服が体にくっついた。

わが家でヤギの乳を少し飲んで以来、私は何も食べたり飲んだりしていなかった。それも今や、シャツとズボンの上で酸化していた。壁から水道管が出ていたので、水が出ると思いハンドルを回した。しかし茶色のドロッとした液体が出てきた。

いま何時だろう？　彼らは一晩中私をここに置いておくつもりだろうか？

頭がズキズキした。でも眠れないだろうとわかっていた。私にできるただ一つの事はアラーの神に祈ることであった。

私を守ってください。一刻も早く、無事に家族の許へ連れ戻してください、と私は願った。

厚いスチールドアを通り抜けて、喧《やかま》しい音楽が遠くのほうから聞こえてきた。何度も何度も同じテープを繰り返している。私は時間を計ろうと、心の中で数を数えていた。

何度も、レナード・コーエンが歌っていた……

やつらは、わたしに退屈な二十年という刑を言い渡した
体制を内側から変革しようとしたためだ
わたしは今やってくる
わたしは、いまから、やつらへの報復のために向かうのだ
われわれは、まずマンハッタンをやる、次はベルリンだ（注4）

遠くのほうで、ドアを開け閉めする音が何度も聞こえてきた。音はゆっくりと近づいてきた。誰かが私の独房のドアを開け、青い色のトレイを中へ押し入れた後、ドアをバタンと閉めた。それは、トイレから溢れ出した汚水の上に置かれていた。ゆで卵一個とパン一切れ、酸っぱい匂いのヨーグルトがスプーン約一杯分、それとオリーブ三つの食事であった。水の入ったプラスチック容器があったが、それを口に近づけた瞬間、おかしな臭いがした。少しだけ飲んだが、残りは手を洗うために使った。トレイの上にあった物すべてを食べたが、まだ空腹だった。これは朝食だろうか？　いったい何時だ？　午後だろうか。

ここに来てどれくらい経つのだろうか、と考えていると、ドアが開いた。誰かが……、いや何かが……、そこに立っていた。人間だろうか？　彼は背が低く、七十五歳くらいであった。猫背

の類人猿のように見えた。彼はロシア訛りで怒鳴りつけると、悪態をつき、神を冒瀆し、私の顔につばを吐きかけた。こんな醜いものは想像したこともない。

見たところ、この「何か」は刑務官のようであった。なぜなら私に、別の臭い布袋を押し付け、それをかぶるように命令してきたからである。それから、彼は布袋の正面をつかむと、廊下へと私を乱暴に引きずり出した。彼は事務所のドアを開け、私を中へ押し込んだ。そして私を無理やり低いプラスチックの椅子の上に座らせた。それは小学校の教室にあるような、小さな子ども用の椅子のようだった。椅子は床にしっかりと固定されていた。

彼は椅子の足の間に私の一方の腕を置き、もう一方の腕は外側にして手錠をかけた。それから私の足に足かせをかけた。小さな椅子は傾いてしまい、前のめりになった。独房とは違い、この部屋は凍るように冷たかった。空調が零度に設定されているに違いないと思った。

私はそこに何時間も座っていた。寒さで震えが止まらず、体はつらい体勢で曲がったまま、楽になろうにも少しも体を動かすことができず、この不潔な布袋を通してできるだけ浅く息を吸うようにしていた。空腹で疲れ果てていたし、私の目はまだ内出血で腫れあがっていた。

ドアが開き、誰かが私の頭巾を剝ぎ取った。それが兵士でも刑務官でもなく、一般人だったので驚いた。彼は机の端に腰かけた。私の頭は、ほぼ彼の膝の高さにあった。

「名前は?」

「モサブ・ハッサン・ユーセフ」

「いまどこにいるかわかるか?」

「いいえ」

彼は首を左右に振って言った。「ここを〝暗黒の夜〟と呼ぶ者もいれば、〝処刑場〟と呼ぶ者もいる。モサブ、お前は大変なことになっているんだぞ」と言った。

私は、男の頭の後ろにある壁のシミを見つめ、どんな感情も顔に出さないよう努めた。

「お前の父親はPAの刑務所でどうしてるんだ?」と彼は尋ねた。「イスラエルの刑務所より楽しいかな?」

なおも答えることを拒否しながら、椅子の上でわずかに身動きした。

「知っているか? お前はいま、父親が最初に逮捕されたときに連れてこられた場所にいるんだ」

ということは、私がいるのは西エルサレムのマスコビエ拘置所だ。父が以前、ここの話をしてくれたことがあった。そこはかつて、天地創造以来の約六千年の歴史を背景とするロシア正教会の教会堂であった。イスラエル政府はそこを、高度な防護処置を施した警察本部、事務所、およびシン・ベットの取り調べセンターを含む施設に作り変えたのであった。

古代の養兎場だった深い地下は、刑務所として使われている。黒く、シミだらけで暗い、映画の中のネズミが這いまわる中世の地下牢のようなマスコビエの評判は、ひどく不愉快なものだった。

いま私は、父が耐え抜いた刑罰を受けているのだ。こいつらはみんな、かつて父を殴り、拷問した連中なのだ。彼らは父にてこずった。だから父をよく知っているのだ。父がついに口を割らなかったことも。父は強いままだった。よりいっそう強くなっただけだった。

「なぜお前がここにいるのか言ってみろ」

「わからない」もちろん、あの作動すらしない銃を買ったためにここにいるのだということは承知していた。背中がかっと熱くなった。尋問していた男が私のあごを持ち上げた。

「お前の父親のようにタフになりたいのか？　この部屋の外に何が待っているか知らないだろう。ハマスについて、知っていることを話せ！　どんな秘密を知ってるんだ？　イスラム学生運動について話せ！　全部を吐け！」

彼は、私がそんな危険な存在だと本当に思っているのだろうか？　信じられない。いや、おそらく彼にとっては、私が思っている以上に危険なのだ。彼にしてみれば、私はシェイク・ハッサン・ユーセフの息子であり、武器を購入しようとしたという事実は、疑う根拠としては十分だ。

この連中はかつて父を投獄し、拷問し、いま私を拷問しようとしている。彼らは、こんなことで私にイスラエルが存在する権利を認めさせられると本気で思っているのだろうか？　私の見解はまったく異なる。私たちパレスチナ人は自由を獲得するため、私たちの土地を獲得するために懸命に闘っているのだ。

私が質問に答えないので、男は拳で机をどんと叩いた。もう一度、彼は私のあごを持ち上げた。

「俺は家に帰って、家族と夜を過ごす。お前はここでせいぜい楽しんでろ」

その後もずっとぶざまな格好で前のめりになったまま、私は何時間もその小さな椅子に座っていた。

ようやく刑務官がやってきて、手錠と足かせの錠をはずすと、別の頭巾を頭からかぶせ、再び私を引っ張って廊下を戻っていった。レナード・コーエンの歌声はますます大きくなっていた。私たちが立ち止まると、座れと刑務官が私に向かって吠えた。いまや音楽は耳をつんざくばかりだ。もう一度私は低い椅子に座らされ、手と足を鎖でつながれた。椅子は「われわれは、まずマンハッタンをやる、次はベルリンだ！」の容赦ないリズムに合わせて振動していた。

寒さと無理な姿勢のせいで筋肉は痙攣を起こしていた。私は頭巾の悪臭を味わっていた。しかし今回は、明らかに私一人ではなかった。レナード・コーエンを突き抜けて、他の人たちがひどい苦痛に上げる叫び声が聞こえた。

「そこに誰かいるのか？」私は油で汚れた頭巾を通して叫んだ。

「誰だ？」すぐ近くの声が音楽の中で大声で叫んだ。

「モサブだ」

「どれくらいここにいる？」

「二日」

それから二、三分彼は何も言わなかった。

「俺は三週間この椅子に座っている」ようやく彼が言った。「眠らせてもらえるのは週に四時間だけだ」

私は唖然とした。その言葉だけは聞きたくなかった。別の男が、私とほぼ同じ時期に逮捕されたと言った。部屋には全部で二十名ほどいるようだ。

会話は突如中断された。誰かが私の後頭部を叩いたのだ――。頭に激痛が走り、頭巾の中でまばたきして涙をこらえた。

「しゃべるな！」刑務官が叫んだ。

一分が一時間にも感じられたが、一時間がどれくらいだったかすら思い出せなかった。私の世界は止まってしまったのだ。外では人々が朝起きて仕事に行き、家族の許へ帰宅している。級友たちは卒業試験に向けて勉強している。母は料理をし、掃除をし、弟や妹たちを抱きしめてキスしている。

しかしこの部屋ではみな座っている。動く者はいない。

われわれは、まずマンハッタンをやる、次はベルリンだ
われわれは、まずマンハッタンをやる、次はベルリンだ
われわれは、まずマンハッタンをやる、次はベルリンだ……

声を上げて泣いている男も何人かいたが、私は泣くまいと決めていた。父は一度も泣かなかっ

たと確信していた。父は強い。父は屈服しない。

「ショテル《刑務官》！　ショテル《刑務官》！」一人の男が大声で叫んだ。音楽がうるさすぎて、誰も答えない。しばらくしてようやく、刑務官がやって来た。

「何か用か？」

「トイレに行きたい。トイレに行かないと！」

「今はだめだ。トイレの時間ではない」そう言って彼は立ち去った。

「ショテル！　ショテル！」その男は金切り声を上げた。

三十分後、刑務官が戻ってきた。その男は自分を制しきれなくなっていた。刑務官は彼をののしりながら鎖を外し、彼を引っ張っていった。数分後、彼を連れて戻り、再び小さな椅子に鎖でつないで立ち去った。

「ショテル！　ショテル！」別の男が叫んだ。

私は疲れ果てて、胃がしくしくしていた。首も痛い。自分の頭の重さをまったく実感していなかった。すぐ脇の壁にもたれかかろうとしたが、まどろみかけたとき刑務官が来て、私の頭をぶん殴って起こした。私たちを眠らせないことと静かにさせること。それだけが彼の仕事のようだ。私は答えを間違ったために天使のムンカーとナキールによって生き埋めにされ、拷問されているような気分だった。

刑務官が動き回るのが聞こえたとき、朝になったに違いないと思った。彼は一人また一人と手錠と足かせを外していき、人々を連れ出した。数分後には彼らを連れて戻り、再び小さな椅子に鎖でつなぐと、次の人のところへ行った。ついに彼は私のところに来た。

彼は私の鎖の錠をはずすと頭巾をつかみ、私を引っ張って廊下を通っていった。独房のドアを開け、入れと言った。頭巾が取り除かれると、目の前にあの猫背の類人猿のような刑務官が朝食を手にして立っていた。卵、パン、ヨーグルト、オリーブがのった青いトレイを、足で私のほうに押しやった。悪臭を放つ三センチほどの水が床を覆っていて、トレイの中に飛び散った。私はそれを食べるくらいなら空腹に苦しむほうがましだと思った。

「トイレと食事の時間は二分だ」と彼は言った。

私がしたかったのは、伸びをして、横になり、ちょうど二分間眠ることだった。しかし私はただそこに立っていた。そして時が過ぎていった。

「来い！　こっちへ来い！」

パンを一口かじる間もなく、刑務官に再び頭から布袋をかぶせられ、廊下を通って連れ戻され、小さな椅子に鎖でつながれた。

われわれは、まずマンハッタンをやる、次はベルリンだ……

# 11章——オファー　一九九六年

一日中ドアが開いたり閉じたりしていた。囚人たちは臭い頭巾をつかまれて、尋問官から別の尋問官へと引きまわされる。手錠を外され、かけられ、尋問され、殴られる。ときどき、尋問官は囚人を激しく揺さぶった。ほんの十回かそこら揺さぶられただけで、たいてい気を失った。手錠を外され、かけられ、尋問される。ドアが開いて、閉じる。

毎朝、私たちは二分間で青い色のトレイの朝食をとり、それから何時間か後には、二分間でオレンジ色のトレイの夕食をとった。来る日も来る日も。青い色の朝食トレイ。オレンジ色の夕食トレイ。すぐに私は食事の時間を待ちこがれるようになっていた。食べたかったからではない。ただ直立できる機会だったからだ。

夜、みんなが食べ物を与えられた後、ドアの開け閉めは止む。尋問官たちは帰宅する。勤務時間終了。そして、果てしない夜が始まる。泣き声、呻き声、叫び声。その声はもはや、人間のものとは思えなかった。中には自分が何を言っているかもわかっていない者もいた。イスラム教徒はアラーに力を請い願って、コーランを何節か朗唱した。私も祈ったが、何の力ももらわなかった。愚鈍なイブラヒムと、役立たずの拳銃と、父の携帯電話への愚かしい通話のことを考えた。

私は父のことを考えた。投獄されていた間、父が懸命に耐えたことすべてを身をもって知り胸が痛んだ。私は父の人柄をよく知っている。拷問され、辱められているときでさえ、自身の運命を静かに喜んで受け入れていただろう。おそらく、暴行を加えるよう命じられた看守たちとさえも親しくなったに違いない。人としての彼らに純粋に興味を持ち、家族のことや彼らの生い立ち、趣味について尋ねただろう。

父は謙虚と愛と献身のお手本のような人だ。身長はわずか一七〇センチくらいだけれども、私の知る誰よりも、はるかに抜きん出て優れた人格だった。私は父のようになりたいと熱望していたが、まだまだはるかに仰ぎ見る存在だった。

ある日の午後、私の日課が不意に中断された。看守が独房に入ってきて、椅子から私を解放したのだ。夕食にはまだ早すぎるとわかっていたが、私は何も尋ねなかった。どこか別の場所へ行けるだけで嬉しかった。その椅子から離されるのであれば、行き先が地獄であっても。

私は小さなオフィスに連れて行かれ、再び鎖でつながれた。だが、今回つながれたのは通常の大きさの椅子だった。シン・ベットの役人が部屋に入ってきて、私を上から下まで見回した。痛みは以前ほどひどくなかったが、顔にはまだ兵士にライフルの銃床で殴られた痕が残っていた。

「調子はどうですか？」とその役人が尋ねた。「目はどうしたのですか？」

「殴られました」

「誰に？」

「私をここに連れて来た兵士たちです」

「それは許されないことだ。法律に反します。調べて、なぜこのようなことになったかを解明しましょう」

彼は自信に溢れており、親切に、丁寧に私に接した。これは私の口を割らせるためのゲームだろうかと思った。

「もうすぐ試験がありますね。なぜここにいるのですか？」

「わかりません」

「もちろん、わかっているでしょう。あなたはばかではないし、われわれもばかではない。私はロアイと言います。あなた方の住む地域のシン・ベットの隊長です。あなたの家族のことも、ご近所のこともすべて知っています。もちろん、あなたのこともすべて」

彼は本当にすべてを知っていた。私たちの近隣一帯について責任を負っているようだった。彼は、誰がどこで働いているか、誰が学校に行っているか、そこで何を勉強しているか、誰の妻が最近出産したか、知っていた。その赤ん坊の体重までも。何もかも知っていたのだ。

「あなたには選ぶ権利があります。今日あなたとこうして話をするために、私ははるばるここまで来ました。他の尋問官たちはあまりいい感じではなかったでしょう」

その言外の意味を読み取ろうと、私は彼の顔をしっかりと見つめた。色白で金髪のその男は、これまで聞いたことがないような物静かな話し方をした。表情は柔和で、私に対する気遣いさえ少し見せた。これはイスラエルの戦略の一部だろうかと私は思った。囚人を暴行したかと思うと、次の瞬間には優しく扱うのは。

「何を知りたいのですか？」と、私は尋ねた。

「いいですか、あなたはなぜここに連れてこられたかを知っている。あなたが知っていることを洗いざらいしゃべらなくてはいけません」

「何のことを言っているのかまったくわかりません」

「わかりました。わかりやすくしましょう」

机の後ろのホワイトボードに、彼は三つの単語を書いた。「ハマス、武器、組織」

「さあ、ハマスについて話してください。ハマスについて何を知っていますか？　あなたとハマスの関係は？」

「知りません」

「彼らが持っている武器について何か知ってますか？　どこから調達したか、どのようにして入手したか」

「いいえ」

「イスラム青年運動について何か知っていますか？」

「いいえ」

「わかりました。あなた次第なのですがね。何と言うか、あなたは間違った道を選択している
……何か食べ物を持ってきましょうか？」

「いいえ。何もいりません」

ロアイは部屋を出ていき、数分後に湯気の立つチキンと米の料理とスープを持って戻ってきた。おいしそうな匂いに、不本意にも私のお腹が鳴ってしまった。尋問官たち用の食事であることは間違いなかった。

「どうぞ食べてください、モサブ。タフ・ガイを気取らないこと。いいから少し食べてリラックスして。私はあなたのお父さんをずいぶん前から知っているのですよ。あなたのお父さんは素晴らしい人だ。彼は狂信者ではない。それで私たちは、どうしてあなたが自分からこんな厄介事を招いたのかわからないのです。あなたを拷問したくないけれども、あなたはイスラエルに敵対しているのです。そこを理解してもらわないと。イスラエルは小さな国ですし、自分たちの身は自分たちで守らなくてはいけない。イスラエルの市民に危害を加える者は、誰であろうと許すわけにはいきません。私たちは生まれてからずっと、たっぷり苦しんできました。ですから、イスラエルの市民を傷つけようとする者は容赦しないのです」

「私は一度も、イスラエル人を傷つけたことはありません。そちらが私たちを傷つけたのです。

あなたたちは私の父を逮捕しました」

「はい。彼はよい人です。でも、イスラエルに敵対しています。人々にイスラエルと戦うよう促しています。だから私たちは、彼を投獄しなくてはならなかったのです」

ロアイが、私を危険人物であると本当に信じているのだとわかった。私は、イスラエルの刑務所に入ったことのある他の人たちと話したことがあって、パレスチナ人がいつも私のように手荒に扱われているわけではないことを知っていた。誰もがこんなに長時間、尋問されてはいないことも。

このとき私はまだ、自分とほぼ同じ時期にハッサン・サラメが逮捕されていたことを知らなかった。

サラメは、爆弾製造のプロであるヤヒヤ・アヤッシュ暗殺に対する報復攻撃を何度も繰り返していた。そして、私が父の携帯電話でイブラヒムと武器のことについて話しているのを聞いたシン・ベットは、私が単独で動いているのではないとにらんだのだ。実際、彼らは、私がハマスのアル＝カッサムの新兵に採用されたと確信していた。

ついにロアイは言った。「申し出をするのはこれが最後です。私はもう行きます。やることがたくさんあるのでね。あなたと私は、いますぐこの状況を解決できます。私たちは事を丸くおさめることができる。あなたはこれ以上尋問を受けなくてすむんです。あなたはまだ子どもだ。助けが必要です」

確かに私は危険人物でありたいと願っていたし、危険な考えを持っていた。しかし明らかに、過激派には向いていない。あの小さなプラスチックの椅子と悪臭を放つ頭巾にもうんざりだ。イスラエルの諜報機関は、私を過分なまでに信用してくれている。そこで私は、洗いざらい話すことにした。イスラエル人を殺すために武器を求めたことを除いて。武器を買ったのは、家族を守りたいという友人のためということにした。

「ということは、いま武器があるということですね」

「はい、武器はあります」

「で、その武器はどこにあるんですか？」

それが私の家にあればよかったのに、と私は思った。そうすれば喜んでイスラエル人に渡せたからだ。しかしこうなっては従兄弟を巻き込まざるを得なかった。

「わかりました。実は、このこととはまったく関係のない人がその武器を持っているんです」

「それは誰ですか？」

「従兄弟のユーセフです。彼はアメリカ人と結婚して、赤ん坊が生まれたばかりです」彼の家族のことを斟酌して、武器を回収しに行くだけであることを望んだ。だが、物事、そうそう簡単にはいかないものだ。

二日後、私は独房の壁の向こうで誰かがうろたえているのが聞こえた。そこで、独房と独房を繋ぐ錆びたパイプのほうに身をかがめた。

「おい、誰かいるのか?」と声をかけた。

沈黙。

すると……

「モサブか?」

何だ?! 私は耳を疑った。従兄弟じゃないか!

「ユーセフか? お前なのか?」

彼の声を聞いて気が動転した。心臓がドキドキし始めた。ユーセフだ! しかし、彼は私に悪態をつき始めた。

「どうしてこんなことをするんだ? 俺には家族がいるのに……」

私は涙が出てきた。投獄されて以来、話し相手がほしくてたまらなかった。いま家族の一員が壁のすぐ向こう側にいるというのに、その彼は私を怒鳴りつけている。そのとき、はたと思いあたった。イスラエル人が聞いている。私のすぐ隣にユーセフを入れたのは、私たちの会話を聞いて、私が正直に話しているかどうか確かめるためだ。それは私には都合がよかった。私はユーセフに、家族を守るために銃がほしいのだと話していたので、心配なかった。

シン・ベットは、私の話が本当だったとわかると、私を別の独房に移した。また独りになった。自分はどれほど従兄弟の人生を狂わせ、どれほど自分の家族を傷つけたか、そして、十二年間の学業を無駄にしてしまったかを考えた。すべて、イブラヒムのような間抜けを信頼してしまったせいだ！

私は人との接触を断たれたまま、何週間もその独房に入れられていた。看守がドアの下から食事を滑り込ませたが、いつもひと言も口をきかなかった。私はレナード・コーエンの歌でさえも恋しくなってきた。読むものは何もないし、時間の経過を知る手掛かりは、毎日替わるがわる渡される、色のついた食事トレイだけだった。考えることと祈ること以外、何もすることがなかった。

ある日ついに、私は再びオフィスに連れて行かれた。そこには再びロアイが待っていた。

「モサブ、あなたが私たちに協力する決心をしてくれたら、あなたがこれ以上刑務所で過ごさないですむようできるかぎりのことをするよ」

一瞬希望が見えた。私が彼らに協力すると思わせることができれば、ここから出してもらえるだろう。

私たちはちょっと世間話をした。それから彼が言った。

「もし私たちと仕事をしないかと提案したら、どうしますか？　イスラエルの指導者とパレスチナの指導者はいまや席をともにしているのですよ。彼らは長い間戦ってきたけれども、その果てには握手をし、夕食をともにしているのですよ」

「イスラム教はあなた方と仕事をすることを禁じています」

「モサブ、いつかはあなたのお父さんだって来て、私たちと席をともにし、話をするでしょう。

そのときは、私たちも彼と話をします。一緒に働いて、人々に平和をもたらそうじゃありませんか」

「これが平和をもたらすというのですか？　占領を終わらせることが、私たちに平和をもたらすのです」

「いや、変化を起こしたいと望む勇気ある人たちによって平和をもたらすのです」

「私はそうは思わない。やってみる価値もない」

「協力者として殺されることを恐れているのですか？」

「そうじゃない。散々苦しみを味わわされたあげく、あなたたちと友人のように一緒に座って話すことなど決してできません。まして一緒に仕事をするなんて。そんなことは許されない。それは私が信じるものすべてに反します」

私はまだ周りのすべてを嫌悪していた。占領。ＰＡ。自分はただ何かを破壊したい一心で過激になった。でもその衝動が、私を混乱に陥れることになった。いま私はイスラエルの刑務所の中にいて、いまこの男は私に仕事の話を持ちかけている。イエスと答えれば、私は現世においても、来世においても、恐ろしい代償を払わなくてはならないとわかっていた。

「わかりました。考えてみます」と、私は答えていた。

私は独房に戻り、ロアイの申し出について考えた。イスラエル人のために働くことに同意して「二重スパイ」となった人々の話を聞いたことがある。彼らは取引相手を殺し、武器を隠匿し、あらゆる機会をとらえてイスラエルになおいっそう深刻な打撃を与えた。私が「はい」と言えば、ロアイはおそらく私を釈放するだろう。今度は私に、本物の武器を持つ機会すら与えてくれるだろう。そうしたらその武器で、ヤツを殺してやる。

憎しみの炎が私の中で燃えていた。私にあんなひどい暴力をふるった兵士にも仕返ししてやりたかった。イスラエルに復讐したかった。その代償はいとわない。たとえ自分の生命で払うことになろうとも。

しかし、シン・ベットのために働くことは、武器を購入すること以上に大きな危険を伴うだろう。おそらくこんな話は忘れて、刑務所での刑期を終えて家に帰り、勉強し、母のそばにいて、弟や妹の世話をすべきなのだ。

翌日また、看守にオフィスへと連れていかれた。数分後、ロアイが入ってきた。

「こんにちは。今日はまたいちだんと調子がよさそうだね。何か飲みますか?」

私たちは古くからの友人のように座ってコーヒーを飲んだ。

「私が殺されたら?」と私は尋ねた。本当は、殺されることなど気にしてなかった。こちらが本気だと思わせたかっただけだ。

「いいかい、モサブ」とロアイが言った。「私は十八年間シン・ベットにいるが、スパイだとバレたのはたった一人しかいない。あなた方がスパイだから殺されたと思っている連中はすべて、私たちとはまったく関係がなかったのだよ。彼らは家族がなく、疑われるようなことをしたから疑われ、殺されたのだ。あなたのことは誰にもわからないでしょう。私たちが保護しますから、誰にもばれません。私たちがあなたを護り、お世話しますよ」

しばらく私は彼を見つめた。

「わかりました」と私は言った。「やります。すぐ釈放してもらえますか？」

「素晴らしい」とロアイは満面の笑みをたたえて言った。「あいにく、すぐ釈放というわけにはいきませんが。あなたとあなたの従兄弟が逮捕されたのは、サラメが捕らえられた直後だったのです。その記事はアル・クッズ（パレスチナの主要な新聞）の一面に載りました。あなたたちは爆弾の製造に関与していたから逮捕されたのだと、誰もが思っているでしょう。いますぐあなたを釈放したら疑われるでしょうし、私たちの協力者であることがバレる可能性もあります。あなたを護る一番よい方法は、刑務所に送ることです。そんなに長い間ではないので、心配しないで。囚人の交換や釈放で合意があるでしょうから、それを利用してあなたを外に出します。外に出たら、きっとハマスがあなたの面倒を見てくれるでしょう。なんといっても、あなたはシェイク・ハッサン・ユーセフの息子なのですから。釈放されたら、また会いましょう」

私は再び独房に戻され、さらに二～三週間そこにいた。マスコビエを出るのが待ち遠しかった。ある朝ついに看守がやって来て、出かける時間だと言った。彼は私に手錠をかけたが、今回は前でだった。悪臭のする頭巾もかぶせられなかった。そして四十五日ぶりに、太陽を拝み、外の空気に触れた。私は深呼吸をして、肺いっぱいに空気を吸い込んだ。そよ風が顔に心地よかった。

私はフォードのバンの後部に乗り込み、今回は座席に座った。暑い夏の日で、手錠でつながれた金属のベンチは火ぶくれができそうなほど熱かったが気にならなかった。私は解放感にひたった！

二時間後に、メギドの刑務所に到着したが、入所許可をもらうまで、さらに一時間ほどバンで待たされた。ようやく中に入ると、刑務所の医師が私を診療し、健康だと告げた。まともな石けんでシャワーを浴び、清潔な衣服と洗面用品をもらった。昼食には、数週間ぶりに温かい食べものを食べた。

どの組織に加入しているかと尋ねられた。

「ハマス」と答えた。

イスラエルの刑務所では、各組織が自分たちの組織の人間を管理することが許されていた。そうすれば、囚人同士のもめごとも減るし、派閥間の対立も深まると見込んでのことだった。囚人たちが怒りの矛先を別の派閥に向ければ、イスラエル人と闘うエネルギーが減ずるだろうと考えたのだ。

刑務所では、新入りの囚人はみな、加入組織を明言するよう求められる。とにかくどれかを選ばなくてはならないのだ。ハマス、ファタハ、イスラム聖戦機構、パレスチナ解放人民戦線（ＰＦＬＰ）、パレスチナ解放民主戦線（ＤＦＬＰ）、あるいはその他何であれ。どこにも入っていないと言うことだけはできなかった。本当にどこことも関わりのない囚人は、組織を選ぶために数日間を与えられた。メギドでは、ハマスが刑務所内全体を管理していた。ハマスはそこで最大最強の組織だった。ハマスがルールを決め、他もそれに従っていた。

私が入所すると、囚人たちは温かく迎え、私の背中を軽く叩いて仲間に加わることを祝ってくれた。夕方、私たちは互いに身の上話をしていた。しかし、しばらくすると私は、何かおかしいと感じ始めた。その中の一人、囚人のリーダー的存在であるらしい男が、私にたくさんの質問を浴びせていた。多すぎるほどの質問を。彼はアミール（アラブの首長）であり、刑務所内のハマスのリーダーだったが、私は彼をまったく信用しなかった。「バード」（すなわち刑務所内のスパイ）について多くの話を聞いていた。

私は思った。彼がシン・ベットのスパイなら、なぜ彼は私を信頼しないのか？　いまや私も仲間うちだろうに、と。私は危ない橋は渡らないことにして、拘置所で尋問官に話したこと以外は一切話さなかった。

メギド刑務所で祈り、断食をし、コーランの朗誦をして日々を送った。そして二週間が過ぎたとき新しい囚人が何人か入ってきた。私は彼らに、アミールには警戒するように言った。「気をつけろよ」と私は言った。「あの男とその仲間はバードじゃないかという気がするんだ」

新入りたちは即刻、私の疑念をアミールに話し、翌日、私はマスコビエに送り返された。次の日の朝、私はオフィスに連れていかれた。

「メギドへの旅はどうでしたか？」とロアイが尋ねた。

「なかなかよかったですよ」私は皮肉っぽく言った。

「誰もが初対面で相手をバードと見抜けるわけではないのですよ。いまは休みなさい。少ししたらあなたを送り返して、もうしばらくあちらで過ごしてもらいますよ。そしてそのうち私たちは一緒にやることになります」

そうとも、そのうち俺がお前の頭を撃ち抜いてやるぞ。立ち去る彼を見ながら思った。こんな過激な思いを持っている自分が誇らしかった。

私は拘置所でさらに二十五日を過ごしたが、今回は従兄弟のユーセフを含め、三人の囚人と同房だった。私たちはおしゃべりをしたり、身の上話をしたりして時を過ごした。一人の男は、どうやって人を殺したかを話した。別の男は、自爆攻撃の実行犯たちを送り出したことを自慢した。誰の話も興味深かった。私たちは祈り、歌い、楽しく過ごそうとした。目下置かれている現実の状況から気をそらすことができれば何でもよかった。そこは人間のいる場所ではなかった。

ようやく、私たちは従兄弟を除いて全員、メギドに送られた。しかし今回私たちが連れていかれたのはバードがいる側ではなかった。本当の刑務所へと向かわされたのだ。そしてこれから物事は、これまでとまったく違う道をたどることになる。

# 12章——823番　一九九六年

私たちの到着は、臭いでわかった。

三ヶ月間、鋏も剃刀もなく、私たちの髪と顎鬚は伸び放題になっていた。服は不潔だった。拘置所の悪臭が抜けるまで、二週間ほどかかった。ごしごし洗っても無駄だった。徐々に消えるのを待つしかなかった。

ほとんどの囚人は、まずミヴァールで刑に服する。ミヴァールというのは、収容人数のもっと多い大規模な収容施設に入る前に送り込まれる場所のことだ。しかしなかには、一般の収容者と一緒にするのは危険と見なされ、何年もこのミヴァールで過ごす者もいた。そういう連中は、当然だが、みなハマスのメンバーだった。何人かの男が私に気づいて歓迎しにきた。

シェイク・ハッサンの息子として、私はどこに行っても顔を知られていた。父が王なら、私は王子……正統な跡継ぎである。そしてそのように扱われてきた。

「一ヶ月前にあなたがここにいると聞きました。あなたの伯父さんがここにいますよ。そのうち会いにくるでしょう」

昼食は温かく、腹を満たす量はあったが、「バード」と一緒にいたときに食べたものほどおいしくはなかった。それでも私は幸せだった。刑務所の中にいるのに、解放感があった。ひとりでいるときは、シン・ベットのことを考えていた。彼らのために働くと約束したが、向こうからは何も言ってこない。どうやって連絡を取り合うのか、実際にはどんな仕事を一緒にするのか、一切説明を受けていなかった。どのように振る舞えばよいのか助言ひとつくれず、ほったらかしたままなのだ。私は途方に暮れた。自分が何者なのかもわからなくなっていた。私は騙されたのではないかと疑った。

そのミヴァールは八号と九号室という、二つの大きな居住場所にわかれていて、どちらも寝台が一列に並んでいた。居住場所はL字形で、それぞれ二十人の囚人が収容されていた。L字の角の部分は彩色されたコンクリートの床の運動場になっており、そこには赤十字から寄贈された、壊れた卓球台が置かれていた。私たちは一日に二度、運動のためにそこに出された。

私のベッドは九号室の一番奥で、すぐ隣は浴室だ。そこには共同のトイレとシャワーが二つずつあった。トイレはどちらも床に穴が開けてあるだけで、そこに立つか、しゃがむかして用を足したら、バケツで水をぶっかけた。そこは暑くて、じめじめしていて、とんでもなく臭かった。

実際、居住場所全体がそうだった。病気で咳をしている者もいれば、一度もシャワーを浴びない者もいた。みんな口臭がひどかった。換気扇が弱く、タバコの煙が充満していた。その上、換気をする窓もなかった。

私たちは夜明け前の礼拝に備えて、毎朝四時に起こされた。そしてみんなが寝起き特有の顔をして、換気扇も通気孔もないところにいる者特有の臭いを放ちながら、タオルを手に列に並ぶ。その後ウドゥの時間となる。ウドゥというのはイスラム教の清めの儀式で、まず両手を手首まで洗い、口をすすぎ、水の匂いを嗅いで鼻孔をすすぐ。それから両手で顔を額から顎へ、耳から耳までこすり、腕を肘まで洗い、濡れた手で額から後ろに首まで一度拭う。最後に指を濡らして、両耳の内側と外側を拭い、首のまわりも拭い、それから両足を足首まで洗う。私たちはこれをあと二回繰り返す。

四時半、みながウドゥを終えると、立派な顎鬚の体の大きなイマームがアザーンを朗誦した。それから、彼はアル・ファティハ（コーランの冒頭の章）を読み、私たちは四のラカート（直礼、立礼、座礼、祈りの繰り返し）を行った。

囚人のほとんどは、ハマスかイスラム聖戦機構に属するイスラム教徒だったので、とにかくこれが私たちの日課だった。しかし、非宗教的な組織や共産主義組織のメンバーも、礼拝を行わなくても、同じ時間に起床しなければならなかった。彼らにとってはそれが苦痛だったのだ。

十五年の刑期をほぼ半分終えていたある男は、イスラム教の日課にうんざりしており、朝起こすのが大変だった。何人かの囚人が小突いたり、殴ったり、「起きろ！」と大声で怒鳴ったりした。ついには、頭に水をかけたりもした。私は彼に同情した。浄め、祈り、朗誦をひととおり行うのに約一時間を要した。それが済むと、みな寝床に戻る。話し声はしない。静寂。

私はいつも再度寝つくことがなかなかできず、七時頃になってようやくまどろんだ。そして再び寝入った頃、誰かが「アダッド！　アダッド！（番号！　番号！）」と叫んで、もうすぐ点呼の時間であることを知らせる。

点呼をとるイスラエル兵は丸腰なので、私たちは彼に背中を向けて寝台に座らされた。点呼はわずか五分で終わり、それからまた眠りに戻ることを許された。

八時半、アミールが大きな声で「ジャルサ！　ジャルサ！」と言った。ジャルサとは一日二回、ハマスとイスラム聖戦機構が行うミーティングだ。天もまた、私たちが数時間続けて眠ることを禁じているようだ。これは本当に迷惑だった。またもや、九時のジャルサに備えてみながトイレの前に列をなす。

その日一回目のハマスのジャルサでは、コーランを読むための規則を勉強した。私は父からこれらすべてを習っていたが、ほとんどの囚人はまったく知らなかった。二回目のジャルサでは毎日、刑務所内での私たちの規律、新入りの発表、外で進行中のことなど、ハマスに関連することがとりあげられた。機密事項でも計画でもない、ごく一般的なニュースだ。

ジャルサの後はいつも、トイレとは反対側の部屋の隅にあるテレビを見て過ごすことが多かった。ある朝、アニメを見ているとコマーシャルが始まった。

ドーン！

大きな木製のボードがテレビ画面の前にぶら下がった。

私は飛び上がって、あたりを見回した。

「何だ?!」

ボードが天井から、太いロープで吊るされていた。部屋の隅で、囚人の一人がロープの端をしっかりと握っている。彼の仕事はどうやら、目に毒と思われるものが映し出されたら、私たちを守るためにテレビ画面の前にボードを落とすことらしい。

「なんでボードを落としたんだ？」と、私は聞いた。

「お前を守るためだ」と、その男はぶっきらぼうに答えた。

「守る？　何から？」

「コマーシャルの中の女性だ」と、ボードを落とした男は説明した。「彼女は頭にスカーフをかぶっていなかった」

私はアミールのほうに振り返った。「本気でこんなことを？」

「もちろんだ」とアミールは言った。

「だけど、みんな家にはテレビがあるし、家ではこんなことはしないでしょう。どうしてここではこんなことを？」

「刑務所にいるということは、並々ならぬ難題をはらんでいるのだ」彼は説明した。「ここには女性はいない。テレビに映し出されるものすべてが、囚人にとって問題の種となり、私たちが望まない関係を生まないとも限らない。だからこれは規則だ。これがわれわれの考え方だ」

もちろん、みながこのような見方をしていたわけではない。結局のところ、何を見せてもらえるかは大方、ロープを握る人間次第だった。その男がヘブロン出身であれば、たとえアニメでも登場人物の女性がスカーフをしていないとボードを落とす。自由なラマッラの出身であれば、もっといろいろ見ることができる。私たちは交替でロープを持つことになっていたが、私はそんなばかげたことに関わるのを断った。

昼食の後は、正午過ぎの祈りで、その後はまた静かな時が流れた。囚人のほとんどはこの間に昼寝をした。私はいつも本を読んでいた。そして夕方になると、少し歩いたり、話をしたりするために運動場に入ることが許された。

刑務所内の生活は、ハマスの男たちにとってかなり退屈だった。私たちはカードゲームをすることさえ許されていなかった。読書はコーランもしくはイスラム関連の本に限られていた。他の派閥の人間は、私たちより多くの自由を与えられていた。

ある日の午後、ようやく従兄弟のユーセフが現れた。私は、彼に会えてとてもうれしかった。イスラエル人がバリカンを貸してくれたので、拘置所のあの臭いを取り除くために彼の髪を刈った。

ユーセフはハマスではない。社会主義者だった。彼はアラーを信じてはいなかったが、神をまったく信じていないわけではなかった。それで、パレスチナ解放民主戦線（DFLP）のグループに入るのが適当であるとされた。イスラム教国を求めて戦っていたハマスやイスラム聖戦機構とは異なり、DFLPはパレスチナ人国家を求めて戦っていた。

ユーセフが到着した数日後、伯父のイブラヒム・アブ・サレムが訪ねてきた。彼は公式に何かの罪で告発されていたわけではなく、二年間行政管理下に置かれていた。彼はイスラエルの治安にとって危険な人物とされていたため、そこに長い間いるだろうと思われた。ハマスのVIPとして、伯父のイブラヒムはミヴァール刑務所と実際の捕虜収容所との間を、隅から隅まで自由に移動することが許されていた。そこで、甥が元気かどうか確認がてら、ミヴァールに衣服を少し持ってきたのだ。そんな心配する素振りは、父が刑務所に入っていたとき、私を殴り、私たちの家族を見捨てた男にはにつかわしくなかった。

イブラヒム・アブ・サレムは身長が約一八〇センチぐらいだが、実際より大きく見えた。でっぷりとした腹は食べ物への執着心の表れであり、そのせいで陽気な美食家といった風情だった。しかし、私は彼をもっとよく知っていた。私の伯父イブラヒムは卑劣で自己中心的な人物で、嘘つきで偽善者。父とは正反対だった。

それでも、メギドの壁の中では、伯父のイブラヒムは王様のような扱いを受けていた。その年齢と教える能力、大学での仕事、そして彼の政治上・学術上の業績から、囚人はみな、派閥に関係なく彼を尊敬していた。通常、指導者たちは彼の訪問の機会を利用して、彼に講義を頼んでいた。

イブラヒムの講義にはみな喜んで耳を傾けた。それは講義というよりも、エンタテインメントのようだった。彼は人々を笑わせるのが好きで、イスラム教について講義をするときは、誰もが理解できる簡単な言葉を使った。

しかし、この日は誰も笑っていなかった。代わりに目を見開き、しんとして、イブラヒムが協力者について、また協力者はどのように家族を欺き、困らせ、パレスチナの人々に敵対するかについて厳しい口調で語るのを聞いていた。その口ぶりから、彼が私に向かって「モサブ、私に何か隠していることがあるなら、今のうちに話しておいたほうがいいぞ」と言っているように感じた。

もちろん私は何も話さなかった。たとえイブラヒムが私とシン・ベットの関係について疑念を抱いていたとしても、シェイク・ハッサン・ユーセフの息子に向かってそんなことをあからさまに言う度胸はなかっただろう。

彼は去る前に言った。「必要なものがあれば、私に言いなさい。お前が私の近くにいられるようにはからおう」

それは一九九六年の夏のことだった。私は弱冠十八歳だったが、ほんの数ヶ月でもういくつもの人生を生きたような気分だった。伯父の訪問の二、三週間後、囚人の代表である、シャウィーシュ（責任者）が九号室に入って来て、「８２３！」と大声で呼んだ。自分の番号を聞いた私は、驚いて顔を上げた。続けて彼は三つ四つ他の番号を呼び、荷物をまとめるよう私たちに言った。

ミヴァールから砂漠へと踏み出すと、ドラゴンの息のような熱風に打たれ、一瞬目がくらんだ。できる限り遠くを見ようと背伸びをしたが、大きな茶色のテントの屋根以外には何も見えなかった。私たちは第一セクション、第二セクション、第三セクションをぞろぞろと通り過ぎていった。新入りを見ようと、数百人の囚人が高い鉄網フェンス目がけて走ってきた。私たちが第五セクションに到達すると、ゲートが開かれた。五十人以上が私たちを取り囲み、抱きしめ、握手した。

私たちは管理棟のテントに連れていかれ、再び所属する組織を尋ねられた。その後、私はハマスのテントへ連れていかれ、首長の出迎えを受け、握手をした。

「ようこそ」と、彼は言った。「お会いできて光栄です。私たちはあなたを非常に誇りに思っています。すぐにあなたのベッドを用意して、タオルやその他必要なものを持ってきます」それから、彼は刑務所でお決まりのセリフを言った。「くつろいで、滞在をお楽しみください」

各セクションには十二のテントがあり、各テントには二十のベッドと兵舎用小型トランクがあった。セクションは最大収容人数が約二百四十名。長方形の額縁の形で、レーザーワイヤーで仕切られていた。第五セクションは四つに分割されていた。レーザーワイヤーが乗っている壁が南北を、低いフェンスが東西を二等分していた。

第一象限と第二象限（右上と左上）にはそれぞれ三つのテントがあり、ハマスが使用していた。第三象限（右下）には四つのテントがあり、それぞれハマス、ファタハ、ＤＦＬＰとＰＦＬＰの混成と、イスラム聖戦機構が使用していた。そして、第四象限（左下）には二つのテントがあり、一つをファタハが、もう一つをDFLPとPFLPの混成が使用した。

第四象限にはまた、キッチン、トイレ、シャワー室、シャウィーシュと調理人たちの居場所、ウドゥのための洗面所があった。私たちは第二象限の空地に礼拝のために整列した。そしてもちろん、すべてのコーナーには見張り塔があった。第五セクションの正門は第三象限と第四象限の間のフェンスに設けられていた。

もう一つ詳しい話をすると、東西に走るフェンスには、第一象限と第三象限、第二象限と第四象限を行き来するゲートがあった。その二つのゲートは点呼のとき以外は、ほとんど一日中開いていた。したがって、この二つのゲートを閉めれば、係官はセクションを一度に半分に区切ることができた。

私は第一象限の上の角にあるハマスのテントの、右側の三番目の寝台を割り当てられた。最初の点呼の後、みなと座って話をしていると、遠くから「バリードヤ ムジャヒディーン！ バリード！（自由の戦士たちからの手紙だ！ 手紙だ！）」と叫ぶ声が聞こえてきた。

それは隣のセクションのサワイェドの声で、みなが顔を上げた。サワイェドは、刑務所内のハマス治安部門の一員で、セクションからセクションへとメッセージを配達していた。サワイェドというのはアラビア語で「投手」の意味だ。

その叫び声に男が数人、テントから走り出て手を差し上げ、空を見上げた。それが合図だったかのように、ボールがどこからともなく飛んできて、彼らの手の中に吸い込まれた。こうして私たちのセクションのハマスのリーダーは、他のセクションのリーダーからの暗号化された指令や情報を受け取っていた。刑務所内のパレスチナ人の組織はいずれも、これをコミュニケーションの手段としていた。各人が自分のコードネームを持っていて、コードネームが叫ばれると、該当する「キャッチャー」が落下する場所に走っていくのである。

ボールは水で柔らかくしたパンで作られていた。メッセージを中に入れてから、生地をソフトボールのサイズに丸め、乾燥させて固める。当然、腕のいいピッチャーとキャッチャーだけが「郵便配達人」に選ばれた。

興奮は高まったとたん、一瞬にしておさまった。そして昼食の時間になった。

# 13章——誰も信じるな 一九九六年

長い間地下に閉じ込められた後で見た空の、なんと素晴らしいことか。もう何年もの間、星を見ていないような気がした。収容所の巨大なライトで光は薄ぼんやりとしてはいたものの、星は美しかった。しかし星が見られるのは、点呼を受け、眠りにつくためにテントに向かう間の時間だけだった。そしてそれは、私にとってはとてもややこしい時間でもあった。

私の番号は823番。囚人は番号順に宿舎を割り当てられていた。ということは私は第三象限のハマスのテントに入れられるはずである。ところがそのテントが満員だったため、第一象限の角のテントを割り当てられた。

しかし、点呼の時間には、第三象限の所定の場所に立っていなければならなかった。そうすれば看守は点呼表を単純に上から下へ追っていける。宿舎の調整で別の場所に割り当てたことなど、わざわざ記憶しておく必要がない。

点呼の場面は、いつも同じだった。

M16アサルトライフルを構えた二十五人の兵士が、第一象限に入り、テントからテントへと移動していく。私たちはみなテントの側面に顔を向け、兵士に背中を向けて立つ。撃たれるのを恐れて、誰も動こうとしない。

第一象限が終わると、兵士は第二象限に移動する。そこまで終わるとフェンスのゲートを二つとも閉めるので、第一象限もしくは第二象限から第三象限もしくは第四象限へ入り込み、いるべきところにいない囚人になりかわることは誰にもできない。

第五セクションでの最初の夜、私は何か怪しげなことが起きているのに気づいた。私が最初、第三象限の所定の場所にいたとき、隣にぐったりした顔の囚人が立った。今にも死にそうなほど、ひどい顔つきだった。頭は剃られ、明らかに消耗しきっていた。彼は決して目を合わせようとはしなかった。私はいぶかった。この男は誰だろう、何があったんだろうと。

第一象限の点呼が終わって、兵士たちが第二象限に移動したとき、誰かがその男をつかんでテントから引きずり出し、別の囚人が私の隣に立った。後で知ったのだが、第一象限と第三象限の間のフェンスの一部に穴が開けられていて、囚人を交換することができたのだ。

どうやら、点呼に来た兵士に坊主頭のこの男を誰もが見せたくないと思っているらしい。しかし、なぜだ？

その夜、ベッドで横になっていると、遠くから誰かのうなり声が聞こえてきた。大変な苦痛を味わっていることは明らかだった。しかしそれは長くは続かなかった。そして私はすぐに眠りに落ちていた。

朝がくるのはいつもあまりにも早く、夜明け前の礼拝のために起こされて初めて、朝がきたことを知るのだった。第五セクションの二百四十名の囚人のうち、百四十名が起きて、トイレを使うために並んで立つ。トイレは六つ。といっても実際はそれぞれが仕切り板で囲まれた小さな場所にある六つの穴だ。ウドゥのための洗面台が八つ。時間は三十分。

その後、礼拝のために整列する。日課はミヴァールでのそれとほとんど同じだった。でも、こちらの囚人の数は十二倍だ。しかしこれだけの人数がいるのに、何事もたいへん円滑に進行するというのが私の受けた印象だった。誰ひとりミスをおかさないようなのだ。それは不気味ですらあった。

誰もが怯えているように見えた。ひとりとして規則を破ろうとはしない。ひとりもトイレに長居をしようとはしない。ひとりも、取り調べ中の囚人やイスラエル兵と目を合わせようとはしない。そしてひとりも、フェンスのすぐそばに立とうとはしない。

だが、そのわけはすぐにわかった。イスラエル当局の監視の目をかいくぐってハマスは独自に囚人を取り仕切り、採点をしていたのだ。規則を破ると、赤点がつけられた。赤点が一定数たまると、刑務所内のハマスの治安部門で、にこりともせず冗談ひとつ言わないいかめしい連中のマジッドに申し開きをしなくてはならない。

普段、マジッドを目にすることはほとんどない。彼らは情報の収集に忙しいからだ。セクションからセクションへと投げられるメッセージボールは、マジッドとマジッドのやりとりだったのだ。

ある日、私がベッドに座っていると、マジッドがやってきて、「全員このテントから出ろ！」と叫んだ。誰もひとことも口をきかない。テントは数秒で空っぽになった。彼らは空っぽになったテントに一人の男を連れ込んでフラップを閉じ、二人の見張りを立てた。誰かがテレビをつけた。大音量で。別の男たちは歌を歌ったり、騒音を立てたりし始めた。

テントの中で何が行われているのか、私は知らなかったが、人間のあんな叫び声を聞いたのは初めてだった。こんな目にあわされるなんて、彼はいったい何をしたのだろうかと思った。拷問は三十分くらい続いた。それから、二人のマジッドが彼を連れ出し、別のテントへ連れて行った。そこでまた拷問が始まった。

私たちがテントから出されていたとき、私はラマッラに近い村の出身のアケル・ソロアーという友人と話をしていた。

「テントの中で何をしているんだ？」と尋ねた。

「ああ、あいつは悪い奴だ」彼はあっさりと言った。

「悪い奴だってことはわかる。でも、あの連中は彼に何をしているんだ？　彼は何をしたんだ？」

「刑務所では何もしてないよ」とアケルは言った。「でもヘブロンにいたとき、ハマスのメンバーの情報をイスラエル人に漏らしたんだ。それもたくさんしゃべったらしい。それでときどき拷問されるんだ」

「どんなふうに？」

「たいていは爪の下に針を刺したり、素肌に食事のときのプラスチックトレイをのせて溶かしたり。体毛を焼くこともあるよ。膝の後ろに大きな棒をくくりつけて、何時間もしゃがめないようにして、眠らせなかったり」

これでわかった。どうしてみんなが規則に反しないよう神経質になっているのか、こちらに来てすぐに見たあの坊主頭の男に何があったのかが。マジッドはイスラエルへの協力者を憎悪しているのだ。そしてそうでないと証明できるまで、私たちは協力者、すなわちイスラエルのスパイであるとの嫌疑をかけられているのだ。

イスラエルがハマスの細胞組織を割り出し、そのメンバーを投獄することに成功していた。それでマジッドはハマスの組織内にスパイがうようよしているに違いないと考え、スパイをあぶり出そうとしていた。彼らは、私たちの一挙手一投足を監視していた。私たちの振る舞いをチェックし、発する言葉すべてに耳をそばだてていた。そして点数をつけていたのだ。私たちには誰がマジッドかはわかったが、彼らの手先が誰かはわからなかった。こちらが友人だと思っている誰かがマジッドの仕事をしているかもしれず、そうなると私は明日にも取り調べを受けることになりかねない。

最良の策はできるだけ人と交わらず、信頼している相手にも用心を怠らないことだ。収容所内の疑心と裏切りの雰囲気を嗅ぎ取ったとたん、私の生活は劇的に変化した。自分がまったく別の収容所にいるかのように感じた。自由に動き、自由に話し、誰かを信用して心を通わせたり、面倒を見ることができない収容所になった。間違いをおかしたり、遅刻したり、起こされても寝ていたり、ジャルサの最中に居眠りをしたりすることを恐れるようになった。

もしマジッドから協力者であるとの〝有罪宣告〟を受けたら、その人の人生は終わる。その人の家族の人生も終わる。子どもも妻も誰もがみなその人を見捨てる。協力者であるというレッテルを貼られる以上に悪い評判はない。一九九三年から九六年までの間に少なくとも、百五十人が協力者の嫌疑をかけられ、イスラエルの収容所内でハマスの取り調べを受けた。そして約十六人が殺された。

私は字がきれいで非常に速く書くことができたので、マジッドに書記になってくれないかと頼まれた。私が扱う情報は極秘事項であると彼らは言った。だから、情報をいっさい漏らすなと警告された。

私は囚人に関する書類を書き写す日々を送った。私たちは、この情報が収容所の事務官の目に触れないよう、細心の注意を払った。名前は決して使わず、コード番号だけを用いた。できる限り薄い用紙に書いていたが、ファイルの中味はお粗末きわまりないポルノのようだった。ある男たちは自分の母親と性行為をしたと白状した。またある男は牛と性行為をしたと言った。別の男は自分の娘と性行為をした。さらに別の男は隣人と性行為をし、それを隠しカメラで撮影して、写真をイスラエル人に渡した。報告書によると、イスラエル人が隣の女にその写真を見せ、彼女がイスラエルのスパイとして働くことを拒んだら家族に送りつけると脅したという。そこで彼らは性行為を続け、情報を収集し、また別の人と性行為をしてそれを撮影し、ついには村全体がイスラエル人のために働いているように見えるまでになった。そしてこれが、私が書き写すように言われた一番最初のファイルだった。

どうかしているとしか思えなかった。ファイルをいくつも書き写しているうちに、拷問されている容疑者は、本人が知る由もないことを聞かれ、拷問する側が聞きたがっていると思ったことを答えているのだと気づいた。彼らが拷問からのがれるためだけに、何でも言っているのは明らかだった。また、奇妙な尋問のいくつかは、収監されているマジッドが性的妄想を楽しむためだけのものとしか思えなかった。

そしてある日、友人のアケル・ソロアーが彼らの犠牲者のひとりとなった。彼はハマスの細胞組織のメンバーで、何度も拘束されていたが、なぜか都市部出身のハマスの連中には受けがよくなかった。アケルは素朴な農夫だった。彼の話し方や食べ方が他の連中には滑稽に見えるようで、彼らはそこにつけこんだ。アケルは連中のために料理や掃除をして、信頼と敬意を得ようと精一杯頑張った。しかし、連中はアケルが恐れから奉仕していると考えて、アケルをゴミのように扱った。

そして、アケルには恐れる理由があった。彼の両親は亡くなっていた。あとに残してきたのは妹だけだ。そのせいで彼はひどく気弱になっていた。なぜならそれは、彼を拷問しても復讐する者は誰もいないということだからだ。加えて、彼と同じ細胞組織の友人がマジッドに拷問され、アケルの名前を口にしてしまったのだ。私は彼が気の毒でならなかった。しかし、どうすれば彼を助けられるというのだ？　私は何の力もない、当惑している少年でしかなかった。私が同様の目に遭わずにすんでいる理由はただ一つ、シェイク・ハッサン・ユーセフが父親だからなのである。

一ヶ月に一度、家族との面会が許されていた。イスラエルの収容所の食事だけでは物足りないどころではなかったので、家族はいつも、手料理や身の回りの品を持ってきてくれた。アケルと私は同じ地域の出身なので、私たちの家族は同じ日にやって来た。

長い申請手続きの後、赤十字は各地域ごとに家族を集めてバスに乗せた。メギドまでは車で二時間しかかからない。しかし、バスは検問所に来るたびに停車しなければならず、そのたびに乗客全員が調べを受けなければならないので、私の家族は正午前に収容所に到着するためには、朝の四時に家を出なくてはならなかった。

ある日、アケルは楽しみにしていた妹の訪問の後、差し入れの食べ物の入った鞄を提げて第五セクションに戻ってきた。喜びのあまり、何が待ち受けているか考えもせずに。伯父のイブラヒムが講義のために来ていた。これはいつも、よくない徴候だった。私はもう気づいていた。イブラヒムがしばしばみなを集めて説教をするのは、マジッドが誰かを尋問するのを隠すためだと。

今回その〝誰か〟はアケルだった。マジッドは妹からの差し入れを取り上げ、彼をテントに連れ込んだ。彼はカーテンの奥に消え、この上ない悪夢が始まった。

私は伯父をじっと見た。なぜ止めないのだ？　彼は収容所で何度もアケルと一緒になっていた。二人は共に苦しんだ。アケルは伯父のために料理を作り、伯父の世話をした。伯父はこの男をよく知っている。アケルは田舎者の貧乏で寡黙な農夫、伯父は都会人だからなのか？

理由は何であれ、イブラヒム・アブ・サレムはマジッドと一緒に座り、笑いながら、アケルの妹が獄につながれた兄のために持ってきた食べ物を食べていた。その近くでは、仲間であるハマスのメンバー――アラブ人、仲間のパレスチナ人、仲間のイスラム教徒がアケルの爪の下に針を突き刺していた。

その後、数週間の間にアケルを見たのはほんの数回だった。髪と顎鬚は剃られ、目はじっと地面を見つめていた。彼は痩せこけて、死を目前にした老人のように見えた。

その後、私は彼のファイルを渡されて書き写した。彼は村の女性全員に加え、ロバや他の動物とも性行為をしたと白状していた。私はそれがすべて嘘だとわかっていたが、書き写した。その写しをマジッドは彼の村に送った。彼の妹は彼と絶縁した。村人たちは彼を遠ざけた。

私にとってマジッドは、どんな協力者よりも悪質だった。しかし、収容所内の組織での活動のなかでは権力と影響力を持ってもいた。そこで私は、自分の目的を達成するために、彼らを利用できるかもしれないと考えた。

アナス・ラスラスがマジッドのリーダーだった。彼の父親はヨルダン川西岸の大学の教授で、伯父のイブラヒムの親しい友人だった。私がメギドに来てすぐ、収容所の環境に慣れ、うまくやっていくコツを私に教えてやってくれと、伯父はアナスに頼んだ。アナスはヘブロンの出身で四十歳ぐらい。厳格な秘密主義者で非常に頭がきれ、とても危険な男だった。収容所の外にいるときはいつも、シン・ベットに監視されていた。友人はほとんどおらず、拷問に加わることは決してなかった。だから私は彼を尊敬し、信頼さえするようになっていた。

私はイスラエルの協力者になることに同意したこと、それは二重スパイになって高性能の武器を手に入れ、内側からイスラエル人を殺すためであることを話し、手を貸してもらえるかどうか尋ねた。

「調べて確認する必要がある」と彼は言った。「この話を誰かにするつもりはないが、様子を見るつもりだ」

「様子を見るって、どういう意味ですか？　私に協力してくれるんですか、くれないんですか？」

この男を信頼した私がばかだった。彼は私に力を貸そうとするどころか、ただちに伯父のイブラヒムとマジッドのメンバーに私の計画を話したのだ。

翌朝、伯父が私に会いにきた。

「おまえは自分が何をしているのかわかっているのか？」

「そんなにカッカしないでください。まだ何も起きちゃいませんよ。私には計画があるのです。

伯父さんはそれに関わらなくていいですから」

「モサブ、それは危険すぎる。お前自身の評判にとっても、お前の父さんや家族全員の評判のためにも。こういうことは、お前のやることではない。他の人間がやることだ」

伯父は私に質問を浴びせはじめた。シン・ベットは収容所内で接触してきたのか？　特定のイスラエル人やら治安部隊の連中と会ったのか？　何を言われたのか？　何を話したのか？　伯父が質問すればするほど、私は腹が立ってきた。ついに面と向かって怒りを爆発させた。

「あなたは宗教のことに専念して、治安のことはほっといたらどうですか！　あの連中はいわれなく人を拷問している。自分たちのしていることが全然わかっていない。もう他に言うことは何もありません。私は自分のやりたいことをやります。あなたは、あなたのやりたいことをやってください」

こちらに分がないことはわかっていた。父のおかげで拷問されたり尋問されたりすることはないとかなり確信していたが、伯父のイブラヒムはまちがいなく、私が真実を話しているかどうかを疑っていた。

この時点では、私自身、(真実を話したのかどうか) どちらなのか確信がなかった。

あのマジッドを信じた自分が愚かであったことはわかる。イスラエル人を信頼したのも同じくらい愚かだったのではないか？　彼らは私にまだ何も言ってこない。接触してもこない。これは私と彼らとのゲームなのだろうか？

テントに戻ると、自分が心も感情も、閉ざし始めているのを感じた。もう誰も信じない。他の囚人は、私の様子がおかしいと気づいていたが、その理由は知らなかった。マジッドは、私が彼らに話したことは内密にしていたが、私から決して目を離さなかった。誰もが私を疑っていた。同様に、こちらもみなを疑っていた。私たちはみな、放し飼いにされていたが、他に行き場はなかった。逃げる場所も、隠れる場所もなかった。

時間がだらだらと過ぎていった。疑念が募った。毎日、絶叫が聞こえてくる。毎晩、拷問が行われている。ハマスは身内を拷問しているのだ！　どんなに望んでも、これを正当化するすべは見つけられなかった。

間もなく、さらに悪いことになった。一人ではなく、三人が同時に拷問を受けるようになったのだ。ある朝の四時、一人の男がセクションを走り抜け、外周のフェンスをよじ登って越え、二十秒ほどで収容所の外に出た。レーザーワイヤーで彼の服も体もずたずたになっていた。監視塔のイスラエル人の見張りが機関銃を構えて狙いを定めた。

「撃たないでくれ！」と男は金切り声で叫んだ。「撃たないでくれ！　脱走しようとしているんじゃない。奴らから逃げようとしているんだ！」そう言って、フェンス越しにあえぎながら彼を睨みつけているマジッドを指差した。兵士の一団がゲートから走り出て男を地面に投げとばし、身体検査をして連れ去った。

これがハマスなのか？　これがイスラムなのか？

# 14章——暴動　一九九六年〜一九九七年

父は私にとって、イスラムそのものだった。

もし父をアラーの秤にかけたら、私がそれまでに出会ったどのイスラム教徒よりも重いだろう。父は決して礼拝を欠かさなかった。夜遅く、疲れて帰宅しても、深夜、コーランの神に祈り、哀れみを乞う声が聞こえてきた。父は謙虚で愛情深く、寛大な人だ——母に対しても、私たち子どもに対しても、父の知らない人たちにすらも。

イスラム教の弁証者である以上に、父はイスラム教徒のあるべき姿を体現した生活を送っていた。全世界を征服し、奴隷にすることを信者に要求するイスラムの残酷な側面ではなく、美しい側面を映していた。

しかし私の服役後十年以上にわたり、私は父が内面の葛藤と闘っているのを見ることになるのだ。一方で父は、入植者や兵士、罪のない女性や子どもを殺すイスラム教徒を間違っていると思ってはいなかった。アラーにそうする権限を与えられていると信じていた。その一方で、彼らがしていることを自分ではできなかった。父の魂の中の何かがそれを拒絶していた。父は、自身に対しては正しいと理由づけできなかったことを、他者に対しては無理な理屈をつけて正当化したのだ。

しかし子どもの頃、私は父の高潔な面だけを見て、それが父の信念の賜物であると思い込んでいた。私は父のようになりたかったので、父の信じるものを何の疑いも持たずに信じていた。当時まだ知らなかったのだが、たとえどれだけアラーの秤にかけたとしても、私たちの正義も良き行いもすべて、神にとってはただの汚いボロ布のようなものなのだ。

そうであってもなお、私がメギドで見たイスラム教徒は父とは似ても似つかない連中だった。彼らは、自分たちがアラーよりも偉大であるかのように人々を裁いた。スカーフをつけていない女優を見せないようにするためにテレビ画面を隠す、卑劣で狭量な人間だった。赤点を多くつけた人たちを拷問する頑迷な偽善者だった。しかも、最も立場が弱く無防備な人たちにばかり、どんどん赤点をつけていったとしか思えない。有力な後ろ盾のある囚人は、お目こぼしされ、大手を振って歩ける——シェイク・ハッサン・ユーセフの息子であれば、イスラエルの協力者だと告白しても。

私はこのとき初めて、いままでずっと信じてきたことに疑問を持ち始めた。

「823番！」

いよいよ私の裁判だ。私はもう六ヶ月間収容所にいた。ＩＤＦに車でエルサレムに連れて行かれ、検察は裁判官に十六ヶ月の刑を求刑した。

十六ヶ月だって！　シン・ベットの隊長は、収容所にはほんのしばらく入るだけだと約束したではないか！　そんな厳しい刑罰に相当する、どんなことを私がしたというのか？　確かに私はばかげた考えから、銃を何挺か購入した。しかしそれらはまったく作動しない役立たずだったのだ！

「十六ヶ月……」

法廷は、既に服役した期間を差し引き、私は残る十ヶ月の刑期を終えるため、メギドに送り返された。

「わかりました」私はアラーに語りかけた。「あと十ヶ月服役することはできます。でもあそこは勘弁してください！　あんな地獄は！」しかし、不平を言える相手はひとりもいなかった。当然ながら、私を雇ってすぐに見捨てたイスラエル治安当局の御仁にも言えはしない。

少なくとも一ヶ月に一度は家族に会えた。母は四週間に一度、へとへとになりながらメギドに来てくれた。一度に三人だけ同伴を許されていたので、弟や妹たちは交代でやって来た。そして毎回、母は焼きたての、おいしいホウレンソウの小さいパイとバクラワを持ってきてくれた。私の家族は、決して訪問を欠かすことはなかった。

フェンスの中やカーテンの奥で起こっていることを話すことはできないにしても、家族の顔を見るだけで、私はとても心が安らいだ。そして家族も私の顔を見ると、少しは苦しみが和らぐようだった。私は幼い弟や妹たちにとっては父親のような存在だった。彼らのために料理をし、後片づけをして掃除をし、風呂に入れて着替えさせ、学校の送り迎えをしていた。そして収容所の中にいても、弟妹にとって私はレジスタンスの英雄だった。彼らは私のことを非常に誇りに思っていた。

ある日の面会の際、母は父がＰＡに釈放されたことを教えてくれた。そして帰宅して間もなく、サウジアラビアに向けて出発した、と母は言った。私は父が常々ハッジ、すなわちメッカ巡礼を望んでいたことを知っていた。ハッジはイスラム教の第五の行とされ、体力的、金銭的に可能なイスラム教徒はみな、一生に一度は行うことが求められている。毎年二百万人以上がハッジに出る。

しかし結局父は、それを実現できなかった。イスラエルとヨルダンの国境にあるアレンビー橋を渡ろうとしているとき、父は再び逮捕されたのだ。今度はイスラエル人に。

ある日の午後、メギドのハマス一派は、つまらない要求をまとめたリストを収容所の事務官に渡して、二十四時間以内に交渉に臨むよう求め、応じなければ暴動を起こすと脅した。

もちろん、収容所の事務官は暴動など望んでいなかった。暴動は囚人が撃たれて終わるかもしれず、もしそうなれば赤十字や人権保護団体が大騒ぎし、エルサレムの政府の官僚はその対応に追われることになる。そんなことはご免だった。暴動は双方にとって損なシナリオだった。そこでイスラエル側は、シャウィーシュと会うことにした。彼は私たちのセクションの住人だった。

「そうはいかない」と収容所の事務官は彼に言った。「もう少し時間をくれ。そうしたら何かの策を講ずる」

「だめだ」と彼は言い張った。「二十四時間だけだ」

もちろんイスラエル側は、譲歩して弱さを見せることはできない。それに正直なところ、私はこの騒動はいったい何のためなのかわからなかった。ここで私はみじめな思いをしていたが、聞くところでは、他の施設に比べるとメギドは五つ星の収容所だった。その要求はばかげているし、無意味だった——電話の通話時間を増やせ、面会時間を長くしろ、といった類の要求なのだ。

私たちは丸一日、太陽が空を横切るのを待った。そして、時間切れとなると、ハマスが暴動を起こす準備をするよう命じた。

「何をすればいいのですか?」と私たちは尋ねた。

「破壊的、暴力的でありさえすればいい！　アスファルトをはがして、その破片を兵士たちに投げろ。石けんも投げろ。熱湯を浴びせてやれ。持ち上げられるものは何でも投げろ！」

なかには、バケツを水で満たす者もいた。兵士がガス缶を投げてきたら、つかんでバケツに入れられるように。私たちは運動場のアスファルトをはがし始めた。突然サイレンが鳴り響き、非常に険悪な空気となった。暴動を鎮圧するべく装備をした数百人の兵士が、収容所の各所に展開し、外側を囲むフェンスを挟んでこちらに銃口を向けた。

これは狂気の沙汰だ。その思いだけが私の脳裏を駆け巡っていた。何でこんなことをしているんだ？　と私は思った。どうかしてる！　頭のおかしいシャウィーシュのせいではないか？　私が臆病だからではなく、これはまったく無意味なことだった。イスラエル側は武装し、防御も整っている。一方こちらはアスファルトのかたまりを投げようとしているのだ。

ハマスが合図をし、すべてのセクションの囚人が木材、アスファルト、そして石けんを投げ始めた。すぐさま黒いガス缶百個が投げ込まれ、爆発し、濃い白い霧が収容所に充満した。私は何も見えなかった。その悪臭ときたら、言葉で表せないほどだった。周りにいた連中はみな、地面に倒れ込み、新鮮な空気を求めてあえいでいた。

それはわずか三分間の出来事だった。しかもそれはまだ序の口だった。

兵士たちは、黄色いガスを吐き出す大きなパイプをこちらに向けた。しかし、そのガスは催涙ガスとは違い、空気中に漂うものではなかった。空気より重く、地面にへばりついて酸素をすべて押しやってしまった。囚人たちは次々と気絶していった。

私が息を吸おうとしたそのとき、火の手が上がった。

第三象限のイスラム聖戦機構のテントが燃えていた。あっという間に、炎は高さ六メートルにも達した。テントは石油基材の防水加工が施されていたため、ガソリン漬けにされたかのように燃えた。木の支柱と枠、マットレス、小型トランク——すべてが炎上した。火は風に煽られて、DFLP、PFLP、ファタハのテントにまで広がった。そして十秒後には、それらも地獄の業火にのみ込まれた。

燃えさかる火は、たちどころに私たちの行く手をさえぎった。テントの大きな切れ端が火の粉を巻きあげながら空中に舞い上がりレーザーワイヤーを越えていった。私たちは兵士に取り囲まれた。炎の中に飛び込む以外、逃げ道はなかった。

私たちは走った。

私はタオルで顔を覆い、キッチンのほうへと走った。燃えているテントと壁の間は三メートルほどしかなかった。そこを私たち二百人以上がいっぺんに通り抜けようとし、兵士はそのセクションに黄色いガスを送り込み続けていた。

数分もしないうちに、第五セクションの半分は焼失した。わずかばかりの私の所持品もすべて。一切が灰燼に帰した。

多くの囚人が負傷した。奇跡的に死者は出なかった。救急車が来て負傷者をかき集めた。暴動の後、テントが燃えてしまった人たちは配置替えされた。私は第二象限にあるハマスのテントの真ん中に移動した。

メギドの暴動でいいことが一つだけあった。それはハマスの指導者らによる拷問がやんだことだ。監視は続いたが、ほんの少し気が楽になり、ほんの少し警戒心を解くことができた。私は信頼できそうな友人が数人できた。しかし大抵は何もせず、何時間もひとりでぶらぶらしていた。来る日も、来る日も。

「823番!」

一九九七年九月一日、収容所の事務官が、私が拘束されたときに持っていたわずかな現金と所持品を返してくれた。そして、私は手錠をかけられてバンに乗せられた。兵士たちはパレスチナの領域に入って最初の検問所、ヨルダン川西岸のジェニン検問所に乗りつけた。彼らはバンのドアを開けると、私の手錠を外した。

「どこへでも行っていいぞ」と一人が言った。それから彼らは来た方向に走り去り、私は一人道端に取り残された。

信じられなかった。外を歩くだけで素晴らしかった。母と弟や妹たちに会いたくてたまらない。家までまだ車で二時間ほどのところにいたが、先を急ぎたくはなかった。自由を堪能したかったのだ。

数マイルをぶらぶらと歩きながら、自由な空気を胸いっぱいに、心地よい静けさを両耳に満たした。再び人間らしさを取り戻し始めると、町の中心部へ向かうためにタクシーをひろった。それからタクシーを乗り換えてナブルスまで行き、さらにラマッラ、そしてわが家へと向かった。

タクシーでラマッラの道を走り、見慣れた店や人々を眺めながら、すぐにでもタクシーから飛び降りて、その中に飛び込みたい衝動に駆られた。家の前でタクシーから降りようとしたとき、戸口に立っている母の姿が見えた。母が大声で私を呼んだとき、母の頬には涙がはらはらとこぼれていた。母は車に駆け寄り、私の首に抱きついた。そして私をしっかりと抱きしめて、背中、肩、顔、頭をぽんぽんと叩きながら、一年半近くこらえてきた痛みのすべてを流し去った。

「お前の帰りを指折り数えて待っていたのよ」と母は言った。「二度と会えないかもしれないと心配したのよ。でもモサブ、お前を私たちはとても誇りに思っているわ。お前は本物のヒーローよ」

父がそうだったように、私は自分がくぐり抜けてきたことを母や弟妹たちには決して言えなかった。それは彼らにはつらすぎることだろう。彼らにとって私は、イスラエルの収容所の他のヒーローと一緒にいたヒーローなのだ。そして今、私は帰ってきた。彼らからすれば、私にとって良い人生経験、通過儀礼のようなものなのだ。母は銃について知っていただろうか？　知っていた。母はそれを愚かなことだと思っていただろうか？　おそらく。しかし、それもすべて抵抗という見出しの項目に入れられ、正当化されてしまうのだ。

家族は私の帰還を一日中祝っておいしい御馳走を食べ、冗談を言い、楽しい時を過ごした。一緒にいるときはいつもしていたように。まるで私がずっと一緒にいたかのように。その後数日間、喜びを分かち合うために、私の友人や父の友人がたくさんやって来た。

私は数週間は、家の近辺を離れず、愛情をいっぱいに受け、母の料理をたらふく食べた。その後、外に出ていき、恋しかった景色、音、匂いのすべてを満喫した。夕方には友人たちと町へ繰り出した。メイズ・アル・リームでフェラフェルを食べ、キット・カットで店主のバッサム・フリとコーヒーを飲んだ。賑やかな通りを歩き、友人と話をしながら、平和とささやかな自由を心ゆくまで楽しんだ。

父がPAの収容所から釈放された後イスラエル人に拘束されるまでの間に、母はまたもや身ごもった。これは両親にとって大変な驚きだった。七年前に妹のアンハルが生まれた後、子どもはもうつくらないつもりだったからだ。私が家に帰ってきた頃には、母は妊娠約六ヶ月で、お腹の子どもはどんどん大きくなっていった。そして母は足首を骨折してしまった。発育中の未来の弟が母のカルシウムをたくさん吸収するので、骨折はなかなか治らなかった。車椅子がなかったので、母が出かけるときはいつも私が介添えしなくてはならなかった。母は痛みに苦しみ、その様子を見ると、私は胸が張り裂けそうになった。そこで運転免許を取った。おかげで私たちは車でお使いに出たり食料品の買い出しに出かけたりできるようになった。そしてナセルが生まれた。彼にミルクを飲ませたり、風呂に入れたり、オムツを替えたりするのは私の役目だった。生まれて間もない弟は、私を父親だと思っていた。

言うまでもなく、私は高校の卒業試験に落ち、卒業することができなかった。私たちはみな、収容所で試験を受けさせてもらったのだが、私だけが落ちてしまった。なぜなのかいまもまったくわからない。教育省から担当者が収容所に来て、テストの前に全員に答えを書いた紙を配ったのだから。考えられないことだった。六十歳のある男は字が読めず、誰かに答えを記入してもらわなくてはならなかった。そんな彼ですら合格したのだ！　私も答えを持っていた。その上、十二年間学校に通い、試験問題には慣れていた。しかしふたを開けてみると、私ひとりを除いて全員合格だった。考えられることはただ一つ、アラーが私を合格させたくなくて、インチキをしたのだ。

それで私は家に帰ったとき、ラマッラのカトリック系の学校、アル・アハリアの夜間クラスに通い始めた。学生の大半は伝統的なイスラム教徒だったが、そこが町で最もよい学校だから通っていたのだ。夜間クラスに入ったおかげで日中は地元のチェッカーズ・ハンバーガーショップで働いて家計を助けることができた。

私は試験で六十四パーセントしか取れなかったが、合格するにはそれで十分だった。勉強内容にあまり興味が持てなかったので、たいして頑張らなかったのだ。それでも私は気にしなかった。とりあえず修了できて嬉しかった。

# 15章——ダマスカス・ロード　一九九七年〜一九九九年

釈放から二ヶ月後、私の携帯電話が鳴った。

「おめでとう」とアラビア語で言った。

そのアクセントで誰だかわかった。〝信頼できる〟シン・ベットの隊長ロアイだ。

「君に会いたい」とロアイは言った。「電話で長話はできない。会えるかい？」

「もちろん」

電話番号とパスワードを教えられ、いくつか指示を受けた。まるで自分が本物のスパイになったような気分だった。彼は私がある場所に行き、それからまた別の場所へ行き、そこから彼に電話をするようにと言った。

指図どおりに動いて電話をかけると、さらに指示を与えられた。二十分ほど歩いたところで横に車が止まり、中の男に乗るように言われたので、乗り込んだ。ボディチェックを受け、床に伏せるように言われ、毛布をかけられた。

車は一時間ほど走ってやっと停車した。その間、誰も口をきかなかった。私たちは誰かの家のガレージの中にいた。そこが軍事基地でも、拘置所でもなかったのでほっとした。後に知ったのだが、そこはイスラエル人入植地の一つにある政府の建物だった。到着するとすぐにまたボディチェックを受けた。今回は先ほどよりずっと入念にチェックされた。その後、しゃれた家具が置かれたリビングルームに通された。そこでしばらく座っているとロアイが入ってきた。彼は私と握手をし、私を抱きしめた。

「元気でしたか？ 収容所での経験はどうでしたか？」

元気ではあったが、あまりいいものではなかったこと、そしてほんのしばらくいるだけだと言われたわりには長かった、と付け加えた。

「すまなかったね。でも君を守るためには、ああしなければならなかったんだ」

私は二重スパイになるとマジッドに話したことに思いを巡らしていた。ロアイはそれを知っているだろうか。私は自分を守るためには正直に話したほうがいいと考えた。

「ご存じですか？」と言った。「あそこでは囚人同士で拷問しているんです。私は、あなた方のために働くことに同意したことを話すしかありませんでした。恐かったんです。あそこで何が行われているか、あなたは一切警告してくれませんでした。同胞に警戒する必要があるなんて、ひとことも言わなかった。あなたに訓練を受けたわけでもない。私は震え上がってしまいました。

それで私は、イスラエルの協力者になると約束した、そうすれば二重スパイになって、あなた方を殺せるからだと話したのです」

ロアイは驚いた顔をしたが、怒ってはいなかった。シン・ベットは収容所内での拷問を許せるはずはないが、確かに把握していた。そして、なぜ私が恐れたかをわかってくれたようだ。

彼は上司に電話をして、私が言ったことをすべて話した。イスラエルにとってハマスのメンバーを雇うのは非常に難しいことだからなのか、私がシェイク・ハッサン・ユーセフの息子なので特に利用価値が高いからなのか、その話はそれっきりになった。

彼らイスラエル人は、私が想像していたような人たちではまったくなかった。

ロアイは私に数百ドルを差し出し、それで自分の服を買いに行って、身なりに気を配り、人生を楽しみなさい、と言った。

「また改めて連絡する」と彼は言った。

何だって？　極秘任務はないのか？　暗号は？　銃は？　札束を渡して抱きしめるだけ？　まったくわけがわからなかった。

私たちは二週間後に再び会った。今回はエルサレムの中心部にあるシン・ベットの建物の一つでだった。シン・ベットの建物はどこも調度品が整えられ、警報装置と防護設備を備えていた。そして何が行われているか、隣人ですら気づかないほど秘密が保たれていた。ほとんどの部屋は会合に使われていた。私は部屋から部屋へ一人で移動することは許されなかった。それは私が信用されていないからではなく、他のシン・ベットのメンバーに私を見られたくなかったからだ。これもまた安全対策のひとつだったのだ。

この二回目の会合では、シン・ベットのメンバーたちは私に対して終始好意的だった。彼らはアラビア語を流暢に話し、私のこと、私の家族のこと、そして私たちの文化のことをよく理解していた。私は何の情報も持っておらず、彼らは何も要求してこなかった。私たちはたいてい日常生活の話しかしなかった。

これはまったく意外だった。彼らが私に何をさせたいのか知りたかった。刑務所で読んだファイルのせいで、もしかしたら妹や隣人と性行為をして、それをビデオに撮って持ってこいなどと言われるのではないかと少々恐れてもいた。だがそういうことはまったくなかった。

二回目の会合の後、ロアイは前回の二倍の金をくれた。この一ヶ月で、私は彼から約八百ドルもらった。それは当時二十歳だった私にはそう簡単には稼げない、ものすごい大金だった。しかもシン・ベットからはまだ何の見返りも要求されていなかった。実際には、シン・ベットの工作員としての最初の数ヶ月間に、私は教えられた以上のことを学んでいたのである。

訓練は基本的な約束事を覚えることから始まった。私は姦通をしてはならなかった。秘密が露見しかねない――あるいは大火傷をしかねないからだ。実際、いかなる女性とも婚姻外のどのような関係も結ぶなと言われたのだ。仕事をしている間は、相手がパレスチナ人であろうとイスラエル人であろうとも関係を持ってはいけない、と。もし守れなければ、お払い箱になる。それから二重スパイの話はもうこれ以上誰にもするな、と言われた。

彼らと会うたびに、私は人生について、正義について、そして身の保全について、より多くを学んでいった。シン・ベットは、私を叩きのめして悪事を働かせようとしていたわけではない。実際は私を鍛え上げ、より強く、より賢くしようと最善を尽くしているように見えた。

時が経つにつれ、シン・ベットを殺害するという自分の計画に疑問を持ち始めた。彼らはとてもいい人たちだ。私のことをとてもよく気にかけてくれている。

「なぜ彼らを殺したいのだ？」

自分がもはやそんなことは望んでいないことに気づき、驚いた。

占領はまだ終わっていない。アル・ビーレの墓地は今日もイスラエル兵に殺されたパレスチナの男、女、子どもたちの遺体で溢れている。それに、私は刑務所に連れて行かれる途中で受けた暴力も、あの小さな椅子に鎖でつながれていた日々も忘れてはいない。

しかし、メギドの拷問テントから聞こえてくる叫び声や、レーザーワイヤーのフェンスで傷だらけのボロボロになりながらもハマスの拷問から逃れようとした男のことも忘れてはいなかった。私はいま、思慮分別を身につけつつある。そして私の良き導き手は誰なのか？　私の敵ではないか！　でも、本当に彼らは敵なのか？　あるいは、私を利用するために親切にしているだけではないのか？　私はますます混乱していた。

ある会合のときに、ロアイが言った。

「君は私たちとともに仕事をしているのだから、君のお父さんを釈放することを検討しているんだ。そうすれば君はお父さんのそばにいて、パレスチナ領内で進行中のことをつぶさに知ることができるだろう」そんなことが可能なのかどうかわからなかったが、父を取り戻せると思うと嬉しかった。

後年、父と私は互いの体験について意見を交換した。父は自分の受けた苦しみについて詳しく話そうとはしなかったが、メギドにいた間に不正をいくつかただしたことを私に知ってほしかったようだ。父はミヴァールでテレビを見ていたら、誰かがボードを落として画面を隠したときのことを話してくれた。

「そんなボードで画面を隠すなら、もうテレビなど見ない」と父は首長に言った。彼らはボードを引き上げ、以後そういうことはなくなった。そして捕虜収容所に移ってからは、ハマスの拷問に終止符を打つことさえできたのだ。父はマジッドに拷問された人たちのファイルをすべて提出させてじっくりと読み、協力者との疑いをかけられた人たちの少なくとも六十パーセントは無実であると判断した。そうして彼らが白状したとされるでたらめな話を、家族や村の人たちに伝えられたことを確かめた。無実とされたひとりがアケル・ソロアーだった。

父がアケルの村に送った無罪の証明書は、アケルの経験した苦しみを消し去ることはできなかったものの、少なくとも彼は村で平穏無事に暮らすことができるようになったのである。

父が刑務所から釈放されると、伯父のイブラヒムが訪ねてきた。父は彼にも、自分がメギドでの拷問を終わらせたこと、マジッドに人生と家族を滅茶苦茶にされた人の大半が無実だったことを伝えておきたくて話した。イブラヒムはショックを受けているようなふりをした。そして父がアケルの件に触れると、伯父は、自分はアケルを守ろうとして、アケルが協力者であるはずがないとマジッドに伝えたと言った。

「アラーの神は讃むべきかな。神は彼を救い給うたのだ！」とイブラヒムは言った。

私は彼の偽善的な態度に我慢できず、部屋を出た。

父はまた、メギドにいた間に、私がマジッドに話した二重スパイの話を聞いたと教えてくれた。しかし、父は私のことを怒ってはいなかった。そもそも彼らにそんな話をすること自体、愚かなことだ、とだけ言った。

「わかってますよ、父さん」と私は言った。「約束します。もう心配させるようなことはしませんから。自分の面倒は自分で見ますから」

「それを聞けてよかった」と父は言った。「ただ、これからはもっと気をつけなさい。お前以上に信頼している人間はいないのだから」

その月の下旬、ロアイに会ったときに言われた。「いよいよ始めてもらうよ。君のすることがある」

ついにきた、と思った。

「君の任務は、大学に行って学士号を取ることだ」

そう言って彼は大金の入った封筒を私に手渡した。

「それで学費とその他の経費を賄うことができる」と彼は言った。「もっと必要なら、知らせてくれ」

信じられなかった。しかし、向こうにしてみれば、それは理に適っている。私を学校の内と外の両方で教育することは、彼らにとって有益な投資なのだ。国の安全に関わるのだから、無学で将来性のない人間と仕事をするのは決して賢明なことではない。負け犬と見なされることは私にとっても危険だった。パレスチナ領内の巷では、負け犬だけがイスラエル人に協力するというのが通説だからである。明らかにこの通説は間違っている。なぜなら負け犬は、シン・ベットに何も提供できないからだ。

そこで私はビルザイト大学に入学の申請をしたのだが、高校の成績が低すぎたため、入学を許されなかった。特別な事情があって刑務所にいたと説明し、自分は優秀な若者で、良い学生になると主張した。しかし、大学は特別扱いはしなかった。唯一選択可能なのは、通信制のアル・カッズ大学に入学し、自宅で学ぶことだった。

今回は良い成績だった。以前より私は少しは賢くなり、はるかに学習意欲が高かった。それは誰に感謝すべきなのか？　私の敵である。

シン・ベットの私のトレーナーたちに会うといつもこう言われた。「何か必要なものがあれば、いつでも言ってくれ。身の浄めも、礼拝もしていい。心配しなくていいよ」私に出される飲食物はイスラム法に抵触しないものだった。トレーナーたちは、私が不快に思うようなことはしないように、とても気を遣っていた。彼らは短パンを穿《は》かなかった。机の上に足を乗せて座って、私に足を向けるようなことはしなかった。彼らは常にとても礼儀正しかった。だからこそ、私はもっと彼らから学びたいと考えたのだ。彼らは軍人マシンのような振る舞いはしなかった。彼らは人間であり、私を人として扱ってくれた。彼らと会うたびに、私の世界観を支える土台が少しずつ崩れていった。

私たちの文化——父ではなく——は、ＩＤＦやイスラエル人は敵であると教えてきた。父は兵士を兵士として見てはいなかった。兵士としての義務であると信じることを遂行している、一人の人間として見ていた。父にとって問題だったのはその人間ではなく、人間に動機を与えて行動に駆り立てる思想なのである。

ロアイは私が今までに出会ったどのパレスチナ人よりも、父に似ていた。アラーを信じてはいなかったが、とにかく私を大事にしてくれた。

そうなると、今や私の敵は誰なのか？

私はシン・ベットに、メギドで行われていた拷問について話した。それについてはすべて把握していると彼は言った。四人一人ひとりの行動、言ったこと、すべてが記録されていた。パンをボールにした中に詰めた秘密のメッセージのことも、拷問テントのことも、フェンスの穴のことも知っていた。

「なぜあなた方はそれを止めないのですか？」
「まず第一に、私たちにはああいう心理を変えることはできない。ハマスに互いを愛することを教えるのは私たちの仕事ではない。『おい、身内を拷問するな。殺し合いはやめろ』と口をはさめば、万事それでよしとなるわけではない。第二に、ハマスをイスラエルが外側から崩壊させるよりも自壊させるほうが早い」

私が今まで知っていた世界はどんどん崩れていき、ようやく私が理解し始めた別の世界が現れてきた。シン・ベットと会うたびに、私は何か新しいこと、人生その他について何かを学んだ。単調な反復で思考を麻痺させる、食べ物をろくに与えない、睡眠をとらせないといったことで洗脳しているのではない。イスラエル人が教えてくれたことは、同胞から聞いたどんなことよりも論理的かつ客観的だった。

父はいつも刑務所にいたので、このようなことは父からはまったく教わらなかった。それに正直にいえば、そういうことは父自身あまりよく知らず、だから私に教えることはできなかったと思う。

エルサレムの旧市街を囲む城壁には、古代からの七つの門がある。そのうち最も華麗なのがダマスコ門（ダマスカス・ゲート）で、これは約五百年前、スレイマン大帝によって建設され、北側の城壁の中間辺りに位置する。重要なことは、それは歴史的にイスラム教地区とキリスト教地区の合流地点であり、エルサレムの旧市街への入り口であるということだ。

紀元一世紀に、タルソ出身のサウロという名の男が、ダマスカスへ行く途中でスレイマン大帝より以前にあったダマスコ門を通過した。そこで彼はユダヤ教の新しい宗派を異端と考え、迫害を計画した。このとき迫害された人々は、後にキリスト教徒と呼ばれるようになる。その後、ある驚くべき出会いにより、サウロは目的地に到着するのを阻まれただけでなく、永久に彼の人生は変えられてしまったのであった。

これほどの歴史が浸み込んだ空気の漂うこの由緒ある場所で、私自身の人生を変える出会いがあったとしても、驚くことではないだろう。ある日、親友のジャマルと私は、ダマスコ門を歩いて通り去ぎようとしていた。そのとき、突然私に向かって呼びかける声がした。

「お名前は?」三十歳くらいの男がアラビア語で話しかけてきたが、明らかに彼はアラブ人ではなかった。「モサブです」

「モサブ、どこへ行くのですか?」

「家に帰るところです。私たちはラマッラに住んでいます」

「私はイギリスから来ました」彼は英語に切り換えて言った。彼は話を続けたが、訛りがひどく、何を言っているのかよくわからなかった。しばらくやりとりして、何かキリスト教に関係することと、西エルサレムのキングデービッド・ホテルの側にあるＹＭＣＡで、開かれている研究会か何かの話をしていることがわかった。

その場所なら知っていた。そのとき私は少し退屈していたので、キリスト教について学ぶのも面白いかもしれないと思った。イスラエル人からとても多くのことを学べたのだから、他の「異教徒」から何か貴重なことを教えてもらえるかもしれないと。加えて、名ばかりのイスラム教徒と狂信者、無神論者、教育のある人と無知な人、右翼や左翼、そしてユダヤ人という異教徒と付き合った後、私はもう選り好みはしなくなっていた。それにこの男は次の選挙でイエスに投票してくれなどと言っているのではなく、ただ一緒に来て話をしないかと誘っているだけの無邪気な人間だ。

「どう思う?」と私はジャマルに聞いた。「行ってみようか」

ジャマルと私は幼馴染みだ。一緒に学校に通い、投石し、モスクの礼拝に参加した。ジャマルは身長約一九〇センチでハンサムで無口な男だった。彼のほうから会話を始めることはめったにない、とても聞き上手だった。そして私たちは喧嘩をしたことがなかった。ただの一度も。

一緒に成長してきただけでなく、私たちはメギドの刑務所でも一緒だった。ジャマルは暴動の間に燃えてしまった第五セクションから、私の従兄弟ユーセフとともに第六セクションに移り、その後釈放された。

しかし、刑務所が彼を変えてしまった。彼は礼拝も、モスクに行くこともやめてしまい、煙草を吸い始めた。ふさぎ込み、ほとんど一日中、家でただ座ってテレビを見ていた。刑務所にいる間、私には少なくともすがることのできる信仰があった。しかしジャマルは、非宗教的でイスラムを実践しない家庭で育ったので、信仰心が薄く、心のバランスを保つことができなかった。

ジャマルは私を見た。そして彼が聖書の研究会に行きたがっているのがわかった。彼は明らかに興味を持っていて、私と同じように退屈していた。しかし、彼の中の何かが抵抗した。

「ひとりで行ってこいよ」と彼は言った。「家に帰ったら電話をくれ」

その夜、古い建物の中には約五十人が集まっていた。ほとんどが私と同じ年格好の学生で、民族と宗教はばらばらだった。二、三人が、英語のプレゼンテーションをアラビア語とヘブライ語に訳していた。

家に帰ってから、ジャマルに電話をした。

「どうだった?」と彼は聞いた。

「すばらしかったよ」と私は答えた。「アラビア語と英語で書かれた新約聖書をもらったよ。未知の人たち、未知の文化。面白かった」

「それはよくわからないけど。モサブ」とジャマルは言った。「君がキリスト教徒のグループと一緒にいるところを見つかったら、大変なことになるぞ」

ジャマルの言うことはよくわかったが、私はあまり心配していなかった。父にはいつも、広い心を持って、信仰に関係なく人々を愛するように、と言われていた。私は膝の上の聖書に目をやった。父は五千冊もの膨大な蔵書を持っていたが、その中には聖書もあった。私は子どもの頃、ソロモンの雅歌の愛の詩句を読んだことがあるが、それだけだった。でも、この新約聖書は贈り物だ。アラブ文化では、贈り物は尊重され、大切にされる。だから、とにかく読んでみることにした。

私は最初から読み始めた。山上の垂訓の箇所を読んだとき、こう思った。ワーオ、このイエスって男は本当に感動的だ！　彼の言うことはみんな素晴らしい。

私は夢中になって読んだ。どの節も、これまでの私の人生の深い傷に触れるようだった。メッセージは簡単なのに、なぜか私の魂を癒し、希望を与える力を持っていた。

それから、私はこの部分を読んだ。『「隣り人を愛し、敵を憎め」と言われていたことは、あなたがたの聞いているところである。しかし、わたしはあなたがたに言う。敵を愛し、迫害する者のために祈れ。こうして、天にいますあなたがたの父の子となるためである。」（『マタイによる福音書』五章四十三—四十五節）。

これだ！　この言葉に私は雷に打たれたようになった。こんなことはかつて一度も耳にしたことがない。でも、これこそが今までの人生でずっと私が求め続けていた言葉だった。

ここ数年、私の敵は誰なのかを知ろうとしてもがいてきた。イスラム教とパレスチナの外に敵を探していたのだ。しかし突如として悟った。イスラエル人は私の敵ではない、と。ハマスも、伯父のイブラヒムも、M16の銃床で私を殴った連中も、拘置所にいた猿のような看守も敵ではない。敵は国籍や、宗教、肌の色で決まるのではない。私たちすべての人に共通する敵が存在するのだ。強欲、傲慢、そして悪意と悪魔の支配する心の闇である。

であれば、私は誰をも愛することができるのだ。唯一の真の敵は私の中にいるのだ。

もしも、イエスの言葉と思想を読んだのが五年前だったら、「バカか！」と聖書をゴミ箱に捨てていただろう。しかし、頭のおかしい肉屋の隣人、父が刑務所にいたときに私を殴った宗教指導者や親戚、そしてメギドで過ごした日々――これらすべての経験は、この真実の言葉と美に備えるためにあったのだ。私は、「ああ、この人は何という英知を持っているのだろう！」と思うばかりだった。

イエスは、「人をさばくな。自分がさばかれないためである。」（『マタイによる福音書』七章一節）と言っている。アラーとはまったく違う！　イスラムの神は裁く神であり、アラブ社会はアラーの教えに従っている。

イエスは律法学者とパリサイ人の偽善を非難した。私は伯父のことが頭に浮かび、あるとき伯父が特別な催しに招待されて出かけ、一番良い席を与えられなかったことにひどく憤慨したことを思い出した。それはまるでイエスが伯父のイブラヒムやイスラム教の家長、イマーム全員に向かって話しているかのようだった。

イエスが聖書で語っていることはすべて、私にはすんなり理解できた。圧倒されて、私は泣き始めた。

神はイスラエルが敵ではないことを私に教えるためにシン・ベットを遣わし、そして今、残りの疑問に対する答えを、この小さな新約聖書という形で私の両手に置いてくれたのである。しかし、私が聖書を理解するのにはまだ長い道のりがあった。イスラム教徒は、ユダヤ教のトーラー（旧約聖書）とキリスト教の新約聖書も、神の書物として信じるように教えられる。だがまた、後の人々が聖書を書き換えて、信頼できないものにしてしまったとも教えられる。ムハンマドは、コーランこそが人間にとって最後にして誤謬のない神の言葉であると言った。そこで私はまず、聖書が書き換えられたという信念を捨てなくてはならない。次に、私の人生にイスラム教とキリスト教の二つの書物を共存させる方法を考え出さなくてはならない。相容れないものを、相容れるようにするのだ。容易なことではない。

同時に、私はイエスの教えを信じる一方で、まだイエスと神とが結びつかなかった。とはいえ、私の生活の規範は突然劇的に変化した。コーランではなく、聖書の影響を受けているのだから。

私は新約聖書を読み続け、聖書の研究会に通い続けた。教会での礼拝に出席し、こう思った。これはラマッラで知っていたキリスト教ではない。これは本物だ。以前私が知っていたキリスト教徒は、伝統的なイスラム教徒とちっとも変わらなかった。彼らは宗教を信じていると主張するが、その信仰で生きてはいなかった。

私は聖書研究会の人たちと多くの時間を過ごすようになるにつれて、彼らとともにいることを心から楽しんでいる自分に気づいた。私たちは人生や、育った環境や、信仰について語り合い、楽しい時を過ごした。みなは私の育った文化や、イスラム教の伝統に常に大きな敬意を払ってくれた。そして彼らとともにいると、私は本当の自分でいられることに気づいた。私たちが苦しんでいるのは占領のせいではないと気づいたので、私は学んだことをぜひとも自分の文化に取り入れたくなった。私たちの問題は、軍隊や政治よりもずっと大きかったのである。

私は自問した。もしイスラエルが消滅したなら、パレスチナ人は一体どうするのだろうか？すべてが一九四八年以前に戻るだけでなく、すべてのユダヤ人が聖地を捨て、再びちりぢりになったなら？　そして初めて私は答えがわかった。

私たちはまだ戦っているだろう。瑣末なことをめぐって。スカーフをかぶらない女性のことをめぐって。誰が一番強くて重要か？　誰が規則を決め、誰が一番良い席に座るかをめぐって。

それは一九九九年末のことで、私は二十一歳だった。私の人生は変わり始め、知れば知るほど混乱した。

「神よ、創造主よ。私に真実を示してください」私は来る日も来る日も祈った。「私は混乱しています。道を見失っています。どの道を行けばよいのかわかりません」

# 16章——第二次インティファーダ　二〇〇〇年夏〜秋

かつてはパレスチナ人の間で、支配的勢力だったハマスだが、今や混乱をきわめていた。疲弊した組織の因縁のライバルが、今は完全に主導権を握っている。

ＰＡは陰謀や取引によって、イスラエルの強力な力をもってしてもできなかったことをやり遂げた。ハマスの軍事部門を崩壊させ、その幹部と戦闘員を投獄したのだ。ハマスのメンバーたちは釈放された後でさえ、家に帰ってＰＡや占領政策に反対する以外には何もできなかった。若いフェダイーンたちは疲れ果てていた。彼らの指導部は分裂し、根深い相互不信に陥っていた。

父は再び自分の生活に戻り、モスクと難民キャンプでの仕事に復帰した。父はもはやハマス指導者としてではなく、アラーの名において発言をした。私たちはそれぞれ投獄されていたせいで何年も離れ離れになっていたが、再び父とともに出かけて二人で時を過ごすことができて嬉しかった。私は人生やイスラム教について、父と語り合える日を心待ちにしていたのだ。

ずっと聖書を読み、キリスト教について学ぶことに時を費やしてきて、自分がイエスの語る、恩寵や愛、謙遜といった教理に、本当に惹きつけられていることに気づいた。驚くことに、私がこれまで知るなかで最も敬虔なイスラムである父に、人々が惹きつけられているのと同じような状況だったのだ。

私とシン・ベットとの関係はといえば、ハマスが事実上蚊帳《かや》の外におり、PAが事態を平穏に保っている今、私には何もすることがなさそうだった。私たちは今や友人同士だった。彼らが望むならばいつでも私をお役御免にすることが可能だし、こちらから別れを告げることもできた。

二〇〇〇年七月二十五日、ヤセル・アラファト、米国大統領ビル・クリントン、そしてイスラエルのエフード・バラク首相によるキャンプ・デービッドでの首脳会談が終了した。バラクはアラファトにパレスチナ新国家の首都として、ヨルダン川西岸の約九十パーセント、ガザ地区全域、それに東エルサレムを引き渡す提案をした。それに加え、パレスチナ人が失った財産を補償するための、新たな国際基金が設立されることになった。この「土地と引き換えの平和」の提案は、これまで長く苦しんできたパレスチナの人々にとって、願ってもない歴史的な機会であった。しかしそれでも、アラファトにとっては不十分だった。

ヤセル・アラファトは犠牲者の国際的シンボルとして、ケタ外れに裕福になった。彼にはその身分を放棄して、現実に機能する社会を築くという責任を負うつもりはなかった。それどころか、すべてのパレスチナ難民が一九六七年より以前に所有していた土地に戻るのを許されることを主張した。この条件をイスラエルは受け入れないだろうと確信しつつ。

バラクの提案をアラファトが拒絶したことが、パレスチナの人々にとって歴史的な大惨事を招く一因となったのだが、一方でこのパレスチナ指導者たちは、彼を米国の大統領をこけにしたヒーローとして、また一切妥協しない大物であり、全世界に対して断固たる態度で臨む指導者として支持したのだ。

アラファトはテレビに出演し、世界中は彼がパレスチナの人々への愛情や不衛生な難民キャンプに住む数百万の家族に対する悲痛な思いについて語るのを見た。私は父に同行して、アラファトとの会議にも出席しているいま、この男がどれほどメディアの注目を浴びるのが好きかを目の当たりにするようになった。彼は、パレスチナのチェ・ゲバラのように、また王族や大統領や、総理大臣のような人間として描かれることを楽しんでいるようだった。

ヤセル・アラファトが、歴史書に記述のあるようなヒーローになりたがっていることは明らかだった。しかし私は、彼を見てよくこう思った。

そうだ、ヒーローとしてではなく、同胞を裏切った売国奴としてこの国の歴史に名を刻むがいい。貧しい者から略奪して私腹を肥やした逆ロビン・フッドのように。パレスチナ人の血でスポットライトの当たる役を買った、安っぽいヘボ役者として。

イスラエルの諜報機関である私の連絡相手を通して見たアラファトというのも、また面白かった。「この男は何をしているのだ?」ある日シン・ベットのトレーナーが私に言った。「大体われわれの指導者があんな条件を出すなんてこと自体、まったく考えられない。しかもそれに対してアラファトはノーと言うなんて」

実際、アラファトはその時点でパレスチナ民族の独立国家とともに、中東和平の鍵を手にしたのだ。しかし彼は、その鍵を投げ捨てたのだった。結果として、静かに腐敗した現状は続いた。しかし、静けさはそう長くは続かないだろう。アラファトのためにパレスチナ人の血が流されている間は、彼の利益は増えていくようだった。もう一度インティファーダが起きれば、確実に流血が起こり、再び欧米のニュースカメラが回るであろう。

各国の政府や報道機関の一般的な認識では、第二次インティファーダとして知られる流血暴動は、イスラエルが神殿の丘と呼ぶ場所を、アリエル・シャロンが訪れたことが引き金となって、パレスチナ人の怒りが自然に暴発したものであるとされている。しかしながらいつものように、この一般的認識は間違っている。

九月二十七日の夕方、父が私の部屋のドアをノックし、翌日の朝、夜明けの礼拝の後、マルワーン・バルグーティの家まで車で送ってくれないかと言った。

マルワーン・バルグーティはＰＬＯ最大の政治的派閥であるファタハの事務総長だった。彼は若いカリスマ的なパレスチナ人指導者で、パレスチナ人国家の建国を強固に主張し、ＰＡとアラファトの保安部隊の腐敗とまた人権侵害を糾糾してもいた。背が低く、いつもブルージーンズを穿いている気さくな男で、次期パレスチナ大統領になる人物として人気があった。

「どうしたんですか？」と私は父に尋ねた。

「明日シャロンがアル・アクサ・モスクを訪問する予定だ。ＰＡは、暴動を起こす好機であるととらえている」

アリエル・シャロンはリクード党の保守派の党首で、左寄りの労働党のエフード・バラク首相にとっては政敵であった。シャロンは、イスラエル政府において主導権を握るべくバラクに挑み、選挙戦で接戦を繰り広げている。

暴動？　本気か？　私の父を刑務所に入れたＰＡの指導部が、今は父に新たなインティファーダを起こすのに手を貸すよう言っている。この計画についてなぜ彼らが父に話を持ちかけたのかを推論することは、難しいことではないが、それは腹立たしいことであった。人々がＰＡを憎み、信頼していないのと同じくらい……いやそれ以上に、父を愛し、信頼していることを彼らは知っていたのだった。人々は、父が行くところどこへでもついて行くだろう。それがＰＡの指導部にはわかっていたのだ。

彼らはまた、ハマスがぼろぼろになったボクサーのように、リングのマットに沈んでいるのを知っていた。彼らは父に、その顔に水を吹きかけて、ボクサーを立ち上がらせ、次のラウンドに送り出してほしかったのだ。そうすれば、PAはもう一度、歓呼する群衆の前で、ハマスをノックアウトできるからだ。何年にもわたる闘争に疲れ果てていたハマスの指導者たちでさえもが、父に用心するように警告していた。

「アラファトは、われわれを自分の政治の溶鉱炉の燃料として使いたいだけなんだ。今度のインティファーダにあまり深入りしないでくれ」と彼らは父に言った。

しかし父は、このふりをしておく重要性を理解していた。少なくともPAとともに動いているように見せなければ、和平プロセスを混乱させたとして、PAはハマスを公然と非難するだろう。

私たちが何をするかにかかわらず、双方が痛み分けとなる状況にあるように思えて、私はこの計画をとても心配していた。しかし父はそれをする必要があることを知っていたので、翌朝父をマルワーン・バルグーティの家まで車で送り届けた。私たちはドアをノックしたが、すぐには応答がなかった。結局、マルワーンはまだベッドの中にいることがわかった。

象徴的だな、と私は思った。ファタハは父を自分たちの愚かな計画に巻き込んでおきながら、それを実行するのを手伝うためにベッドから起き上がることさえしないのだ。

「もういいよ、父さん」と私は父に言った。「起こさないでおきましょう。車に乗ってください、エルサレムまで連れていきますから」

もちろんパレスチナの車のほとんどがエルサレムに入ることを許可されていないとすれば、父をシャロンの訪問場所に連れていくのは危険なことだ。たいてい、パレスチナ人の運転手はイスラエルの警察に捕まると、罰金を科される。しかしそれが私たちであれば、おそらくその場で逮捕されるだろう。私は非常に用心深くならざるを得ず、わき道に沿って走った。必要とあらば、シン・ベットの人脈が私を保護してくれるだろうと信じながら。

アル・アクサ・モスクと岩のドーム――イスラエル人の言う神殿の丘――は粗石上に建てられている。そこはまた、二つのユダヤ教の古代神殿の跡でもある。その神殿の一つは紀元前十世紀に建てられたソロモン神殿、もう一つはキリストの時代にヘロデ大王の建てた神殿である。したがって、この一四〇平方キロメートルの岩だらけの地は地球上で最も危険をはらんでいる、と評した人がいるのもわけがある。そこは世界の偉大な三つの一神教の聖地なのである。しかし科学的、歴史的見地からも、筋金入りの無神論者にとってすらも、考古学的に非常に重要性の高い場所なのである。

シャロンがこの地を訪問する何週間も前に、イスラム・ワクフ――そこを管理しているイスラムの権威筋――は、イスラエル考古学庁による考古学的管理に対抗し、神殿の丘全体を閉鎖した。その後、その場所に新しい地下モスクを建設するために、大型土木機器を持ち込んだ。イスラエルの夕方のニュースには、そこで作業したり出入りしたりするブルドーザーやパワーショベル、ダンプカーの映像が映し出された。数週間以上にわたり、ダンプカーは、神殿の丘の約一万三千トンの瓦礫を街のゴミ収集車に載せた。現場からのニュース中継は、瓦礫の中から回収した考古学的な遺物の残骸を掲げて、信じられないという面持ちで首を振る考古学者たちの姿を映し出した。残骸の中には、第一神殿、第二神殿の時代にさかのぼるものもあった。

多くのイスラエル人の目には、その目的がユダヤ人の過去の痕跡や遺物、そして記憶をすべて消し去ることによって、一四〇平方キロメートルの全体を完全にイスラム教徒の場所に変えてしまうことであるのは明々白々であった。これはその地の歴史の証人である考古学的発見物を、すべて破壊することでもあった。

シャロンの訪問は、イスラエルの有権者に対して、無言の、しかし明確なメッセージを伝えるために計画されたのである。「私はこの無用な破壊をやめさせる」というメッセージを。この訪問の計画段階でシャロン側は、モスクに足を踏み入れない限りその訪問は問題ではないとするパレスチナ暫定自治政府の治安局長、ジブリル・ラジョブからのお墨付きを得ていた。

父と私は、シャロンが到着する数分前に現場に到着した。静かな朝だった。百人ほどのパレスチナ人が礼拝に来ていた。シャロンはリクード党の代表議員団と約千人の機動隊とともに、通常の観光客が見学する時間に到着した。シャロンは来て辺りを見回し、そして去っていった。彼は何も言わなかった。モスクには一歩たりとも足を踏み入れなかった。

私は拍子抜けした。ラマッラへ戻る道すがら、父に、一体どういうことなのか尋ねた。

「どうしたんですか?」と私は言った。「インティファーダは始まりませんでしたね」

「まだだ」と父は答えた。「しかし、イスラム学生運動の活動家数人に声をかけて、抗議するために私とここで会うように言ってある」

「エルサレムでは何も起こらなかったから、今度はラマッラでデモを起こすというのですか？　そんなのどうかしてますよ」と私は父に言った。

「われわれはやらなくてはならないことをやる。アル・アクサはわれわれのモスクで、シャロンには用はない。これは許せない」

父は私を納得させようとしているのだろうか、それとも自分自身を納得させるためだろうか、と私は考えた。

ラマッラでのデモは、自然発火した劇的で壮観なものでは決してなかった。まだ早い時間帯だったので、人々はいつものように町を歩いていて、デモをしている学生とハマスの男たちのことを、何をしているのだろうという目で見ていた。そしてデモをしているほうも、自分たちが何に対してデモを起こしているのかさえわかっていない様子だった。

何人かの男がハンドマイクを握って立ち、スピーチをしていた。彼らの周りに集まったパレスチナ人の小さな一団はときたま思い出したように繰り返し、唱和したり叫んだりしていた。その間、本気で気にかけている人は一人もいないようだった。当時、パレスチナ人居住区はしごく平穏だった。単に占領がなされているというだけで、イスラエル兵の姿も風景の一部となっていた。パレスチナ人は、イスラエルの職場で働き、学校に行くことも許されていた。ラマッラの街は夜の娯楽も享受していた。だからその男たちが、何でわいわいやっているのかわかるはずがなかった。

　私が見た限りでは、このデモも拍子抜けだった。そこで私は聖書研究会の何人かの友人に電話をし、湖でキャンプでもしようとガリラヤ湖へ向かった。

　その間ニュースが一切届かないところにいたので、私は翌朝、シャロンの訪問場所の近くで多くのパレスチナ人のデモ参加者が投石を開始し、イスラエルの機動隊と衝突したことを知らなかった。人々の投げる石はやがて火炎瓶に、さらにはカラシニコフの銃弾へとエスカレートしていった。デモ隊を散らすため、機動隊はゴム弾で応戦。実弾が使われたとの報道もあった。デモ隊参加者の四人が死亡し、約二百人が負傷した。また機動隊員も十四人が負傷した。そしてこのすべてが、PAの計算どおりだった。

　翌日、シン・ベットから電話があった。

「どこにいるんだ?」

「ガリラヤ湖で友人たちとキャンプをしています」

「ガリラヤ湖だって?　おい君、頭は大丈夫か!」ロアイは笑い出した。「本当に信じられない奴だな」と彼は言った。「西岸地区全域がめちゃくちゃな状況になっているのに、君はキリスト教徒のお友達と遊んでいるってわけだ」

　そしてロアイは私に何が起こっているのか話してくれた。私はすぐさま車に飛び乗り、ただちに家に向かった。

ヤセル・アラファトとPAの指導者たちは、新たなインティファーダを開始することを決定していた。彼らは何ヶ月もその計画を練っていたのだ。アラファトとバラクがキャンプ・デービッドでクリントン大統領と会談したときは、すでに彼らは火ぶたを切るための口実を待ち構えていたのだ。そしてシャロンの訪問は、まさにその口実を与えた。こうして数回のフライングの後、アル・アクサ・インティファーダが本格的に始まり、西岸地区とガザでくすぶっていた怒りの火種が再び燃え上がった。特にガザで激しかった。

結果として、ファタハの開始したデモは、当時十二歳のモハンメド・アル・デューラ少年が死亡する事態に発展し、世界中のテレビで放映された。少年と彼の父ジャマルは十字砲火にあい、コンクリートの円柱の後ろに隠れた。少年は流れ弾に当たり、父親の腕の中で亡くなった。この悲痛な場面の一部始終が、フランスの公共テレビに雇われていたパレスチナ人カメラマンによって撮影された。数時間もしないうちにそのビデオクリップは地球を一周し、イスラエルの占領に対する何百万人もの憤りをかきたてた。

しかしその後数ヶ月間、この出来事を巡って国際的な論議が白熱していた。実際には、パレスチナ側の発砲によってその少年は死亡したと証言する人々が何人かいたのだ。しかし大多数はイスラエルを非難し続けた。あるいは、その映像が巧みなやらせだ、と主張する者さえ出てきた。その一連の映像には、実際に少年が撃たれた場面も、少年の遺体すらも映っていなかったので、多くの人がPLOによるプロパガンダではないか、と疑った。もしそれが事実なら、実に見事な効果を上げたわけだ。

　真実はどうであれ、父が中心的な指導者となっているこの闘いの真っ最中に、私は突然自分の立場に対する複雑な心境を抱いた。この闘いのリーダーは、誰でもない、自分の父親だ。しかし、彼自身も闘いをどう引っ張るべきか、何のためなのかを完全にはわかっていないのだ。父は自分が何を導いているのか、またそれが自分をどこに導くのかを、まったくわかっていなかった。実際、父はもめごとを起こすためにアラファトとファタハに単に利用され、操られているだけで、それによって、ＰＡに交渉を有効に導く材料と資金集めのネタを提供したのである。

　その間、検問所では再び次々と死者が出ていた。イスラエル側もパレスチナ側も見境なく発砲しあい、子どもたちが殺された。来る日も来る日も血が流され、嘆き悲しんだ様子で目に涙を浮かべたヤセル・アラファトが、もみ手をしながら欧米のニュースカメラの前に立ち、自分はこの暴力沙汰に一切関与していないと語った。代わりに、私の父と、マルワーン・バルグーティ、そして難民キャンプの住民に責任をなすりつけたのである。アラファトはその暴動を鎮静化するために、全力を尽くしていたと世界に確信させた。しかし同時に、最悪の事態への引き金にアラファトの指はしっかり掛かっていたのだ。

　しかしすぐにアラファトは、恐ろしい怪物ジニー（イスラム神話の精霊ジン、ディズニー映画でランプをこすると出てくる大男）を解き放ってしまったことに気づいた。パレスチナの人々の心を激しく揺り動かし、掻き立てた。そうすることが彼の目的にかなっていたからだ。しかし、すぐに完全にコントロール不能な状態となってしまった。パレスチナ人たちはＩＤＦの兵士が、自分の父親や母親やその子どもに発砲するのを見て、怒り狂い、ＰＡのみならず、誰の言うことも聞かなくなってしまったのだ。

アラファトはダウンしたボクサーをまた立たせてやったが、そのボクサーは自分が想像していたよりもタフであることに気づいた。街はハマスにとって、自分の庭のようなものだった。ボクサーはそこで戦いを開始し、そここそ彼が最強でいられるところだった。

イスラエルとの和平？　キャンプ・デービッド？　オスロ？　エルサレムの半分？　いい加減にしてくれ！　歩み寄りの雰囲気など、白熱した闘争という溶鉱炉の中で雲散霧消してしまったのだ。パレスチナ人はかつての、全か無かという心理に戻ってしまった。そして今、その炎を煽っているのはアラファトというよりも、ハマスのほうだった。

目には目を。暴力はエスカレートした。日ごとに、双方の不満のリストは膨れ上がり、それぞれの貯め込まれていた悲しみが溢れ出した。

・二〇〇〇年十月八日、ユダヤ人の暴徒たちがナザレのパレスチナ人を攻撃。アラブ人二人が殺害され、十数名が負傷。ティベリアでユダヤ人が二百年前に建てられたモスクを破壊。
・十月十二日、パレスチナの暴徒たちがラマッラでイスラエル兵二人を殺害。イスラエルは報復としてガザ、ラマッラ、エリコ、およびナブルスを爆撃。

・十一月二日、エルサレムのマハネー・ユダ市場の近くで自動車爆弾によりイスラエル人二人が殺害され、十名が負傷。
・十一月五日、アル・アクサ・インティファーダが三十八日目に入る。これまでのパレスチナ人死者は百五十人を超える。
・十一月十一日、イスラエルのヘリコプターが、ハマス活動家の車に仕掛けた爆破装置を爆発させる。
・十一月二十日、道路脇の爆弾が爆発。バスに乗っていた二人のイスラエル人が死亡、その他五人の子どもを含む九人が負傷した。（注5）

私は自分が目にしていることが信じられなかった。とどまるところを知らない狂気の沙汰を止めるために、何かをしなくてはならない。

シン・ベットとともに、仕事を始めるときがきていた。そして私は一心に取り組んだ。

# 17章 スパイ活動 二〇〇〇年〜二〇〇一年

私がこれから明かそうとしていることは、これまで、イスラエル諜報機関のほんの一握りの人間以外は誰も知らないことである。この情報を公にするのは、これまで長い間、ずっと謎に包まれていた多くの重要な出来事に光が当てられると期待してのことだ。

この狂乱状態を止めるためにできる限りのことをしようと決心したその日、私はまずマルワーン・バルグーティとハマス指導者たちの活動や計画について、かたっぱしから調べ始めた。そして知ったことをすべてシン・ベットに伝え、シン・ベットはその指導者たちを見つけだすことに全力を挙げていた。

シン・ベット内で、私はグリーン・プリンスというコードネームを与えられた。「グリーン」はハマスの旗の色、「プリンス」は明らかに父の地位、ハマスの王である父のポジションからきている。こうして私は二十二歳にして、ハマスの軍事部門と政治部門に加え、その他のパレスチナの組織に潜入できる、シン・ベットで唯一のハマス・インサイダーとなった。

しかし、このすべての職責を私が背負ったわけではない。今はもうはっきりしていることだが、神が何らかの理由から私を、特にハマスとパレスチナ指導部の心臓部である、ヤセル・アラファトの会合に送り込み、さらにイスラエルの治安当局にも置いたのである。私はその任務のために特異な立場にあった。そして神が私と共にいてくださることを感じた。

あたり障りのない役回りは嫌だった。いま起きていることを、すべて把握したいと思った。第一次インティファーダのとき、私はその中心部にいて、周りは暴力で溢れていた。子どもの頃、サッカーをした墓地は遺体で埋め尽くされた。投石をした。夜間外出禁止令を破った。しかし同胞がなぜ暴力に走ったかは理解していなかった。そして今、私はなぜ同胞たちがまた同じことをしているのか知りたかった。理解する必要があった。

ヤセル・アラファトにとって暴動は、政治、金、そして権力の保持などの、すべてがかかっているようにみえた。アラファトは人を操る、パレスチナの人形遣いだった。カメラの前では、イスラエル内の民間人を攻撃しているとしてハマスを非難した。ハマスはPAもパレスチナの人々をも代表していない、と強く主張した。しかし汚れた仕事はハマスに平然と、ほとんど口をはさまずやらせて、国際社会の怒りをハマスに向けさせていた。アラファトは、老獪《ろうかい》な政治家だ。イスラエルはPAと組まなければ攻撃を止めることはできないことを、彼はよく知っていた。そして、攻撃の激しさが増せば増すほど、イスラエルが交渉のテーブルに着くのが早くなるのだ。

その間に、新しい一団が登場した。その一団はアル・アクサ殉教者旅団と名乗っていた。IDFの兵士と入植者が彼らの攻撃の対象だった。しかしその男たちが何者なのか、どこから来たのか誰も知らなかった。宗教が背景の団体らしいのだが、ハマスにもイスラム聖戦機構にもその一団を知る者はいなかった。PAやファタハから枝分かれした、国家主義者の一団でもなさそうだった。

シン・ベットも困惑していた。週に一、二度、入植者の車やバスが攻撃されたが、その正確さにおいては、イスラエル兵でさえかなわなかった。

ある日、ロアイが電話をしてきた。

「正体不明の男が数人、マヘル・オデーの許に出入りしているとの報告を受けた。そこで、彼らが何者なのか、オデーとはどういう関係なのか、君に探し出してもらう。これは君にしかできない」

マヘル・オデーは、シン・ベットにマークされているハマスの主要な指導者だ。ハマスの保安部門で監獄制度を仕切っており、刑務所で行われていた拷問は、彼の指示によることを私は知っていた。また、彼が多くの自爆攻撃を裏で動かしている首謀者であるとにらんでいた。オデーは徹底した秘密主義者で、そのためシン・ベットは彼の逮捕状を取るための証拠集めがほとんどできていなかった。

その日の夕方、私はラマッラの中心街を車で走っていた。イスラム教の断食日であるラマダンだったので、通りはどこも閑散としていた。すでに陽は沈み、みなが家でその日の断食を終える頃、私はマヘル・オデーのアパートから道を少し行ったところにある駐車場に車を停めた。私はこのような任務のための訓練を受けていたわけではないが、基本はわかっていた。映画であれば、男が容疑者の家のある道の反対側に停めた車の中で、珍奇なカメラなどのスパイ道具で監視を続けるところだろう。シン・ベットは洗練された最先端の機器を思いのままに使えたが、この任務のために私に与えられた道具といえば、車と私自身の眼だけだった。私はただひたすら、建物に目をこらし、出入りする人間を監視し続けた。

約三十分後、武装した男たちが何人か二階建ての建物から出てきて、イスラエルナンバーの真新しい緑のシボレーに乗り込んだ。目にしたすべてが奇妙だった。まず第一に、ハマスの、特に軍事部門のメンバーが、公然と武器を携帯することは決してない。第二に、マヘル・オデーのような男が武装した連中と付き合うことはない。

私はエンジンをかけた。シボレーの後ろに他の車が数台つくのを待った。緑色のシボレーを追って、ベテュニアへと延びる幹線道路に入った。ベテュニアには、両親が住んでいた。ふと気づくと車を見失っていた。

私は自分にも、そしてシン・ベットにも腹が立った。これは映画とは違うのだ。これは現実であり、現実の世界でスパイは活動をしていたら殺される危険性がある。もしこんな武装した男たちを尾行させたいなら、それも夜にさせたいのなら、何人か応援をよこすべきだ。これは、数人でする仕事で、たった一人でやることではない。こういう任務には偵察機などの、かっこいいハイテク機器が動員されるものだと思っていたが、ここにあるのは自分の体だけだ。運に恵まれるかもしれないし、銃弾を食らうかもしれない。今回は、何ももらうことはなかった。まるで百万ドルのビジネスチャンスを逃したような気分で家に帰った。

翌朝、目を覚ますと、その車を見つけてやろうと決心した。しかし、何時間も車を乗り回したものの、収穫は皆無。またイライラしてきたので、あきらめて洗車でもすることにした。すると、そこにいたのだ。洗車機の中にその車があったのだ。同じ緑のシボレーだ。同じ男。同じ銃。

これはついていたのか？　それとも神の御業《みわざ》か何かだろうか？

昼間だったので、彼らのことがよく見えた。それに昨日の夜よりもずっと近くにいた。彼らが身につけている高級なスーツ、ＡＫ－47（カラシニコフ一九四七年型自動小銃）、Ｍ16（米国製の自動小銃）ですぐにわかった。フォース17だ。一九七〇年代初めからずっと存続するエリート特殊部隊だ。アラファトの身辺を警備し、増え続ける熱狂的な彼のファンとアラファトの権力を脅かす連中両方から彼を護ってきた男たちだ。

しかし、何かがおかしい。マヘル・オデーのアパートで見た奴らと同じ連中であるはずがない。マヘル・オデーは銃を持った連中と何をしているんだ？　奴はアラファトとは何の関係もないではないか。わけがわからない。

彼らが去った後、私はその場にいた洗車場のオーナーに尋ねた。彼は私がハッサン・ユーセフの息子であると知っていたので、私の質問にまったく驚いた様子はなかった。そして彼らはフォース17で、ベテュニアに住んでいると教えてくれた。いよいよもって、私は混乱してきた。なぜ奴らはアラファトの邸宅ではなく、私の両親の家から二、三分のところに住んでいるんだ？

洗車場のオーナーから教えてもらった住所まで車を走らせると、そこにはあのシボレーが停まっていた。シン・ベットの本部に急いで戻り、見たことをすべてロアイに話した。彼はじっくりと耳を傾けていたが、彼のボスと私は口論になった。

「まったく筋が通らない」と彼は言った。「なぜアラファトの護衛が、邸宅の外に住んでいるんだ？　君の見間違いだろう」

「見間違いなんかじゃない！」私はきっぱりと言った。つじつまが合わない話であることはわかっているし、何を見たかはわかっているのに、うまく説明できない自分が腹立たしかった。すると彼は、見ていないことにする、と言った。

「根本的に何かがおかしい」と私は彼に言った。「あなたにとって筋が通っているかいないかは関係ない。見たものは見たんだ」

私がそんな言い方をしたので、彼は怒って部屋を飛び出していった。ロアイは私をなだめて、その話をもう一度、細大漏らさずしてくれないかと言った。そのシボレーの話は、どう考えてもシン・ベットが持っているアル・アクサ殉教者旅団についての情報と合わなかった。それはイスラエルの盗難車で、いま乗り回しているのはＰＡの連中だ。しかし、彼らと新しい組織がどう関係するのかわからなかった。

「緑のシボレーに間違いはないか？」と彼は尋ねた。「ＢＭＷではなくて？」と彼は尋ねた。

私はそれが緑のシボレーであると確信していたが、とにかくまたマヘル・オデーのアパートに行った。昨日と同じ場所にシボレーが停まっていた。しかし、アパートの側に白いシートをかぶった別の車があった。私はこっそり用心しながら建物の側に近づくと、車の後部のシートをめくった。そこにあったのは一九八二年型のシルバーのＢＭＷだった。

「よし、やったぞ！」私が見たものを携帯電話で伝えると、ロアイは電話口で叫んだ。

「どういうことですか？」

「アラファトの護衛だ！」

「それはどういう意味ですか？　私の情報はすべて間違いだったと思っていましたよ」私はいくぶん皮肉を込めて言った。

「いや、君は完全に正しかったよ。そのＢＭＷは、ここ数ヶ月間にヨルダン川西岸であった銃撃事件のすべてでつかわれているんだ」

彼は続けて、この情報が突破口を開いたことを説明してくれた。それは、アル・アクサ殉教者旅団のメンバーは、ヤセル・アラファト自身の護衛にほかならないことを示す、最初の証拠だからだ。ということは、旅団は、アラファトに払われている米国の納税者の金とアラファトが世界中から受けている寄付金から直接、資金を得ていることになる。このつながりがわかったことが、大きな一歩となり、罪のない民間人を殺害する一連の恐ろしい爆発事件に終止符を打つことができるのだ。

私がシン・ベットに提供した証拠は後に、国連安全保障理事会の場において、アラファトに不利な情報として用いられるのである（注6）。いま、私たちがしなければならないのは、この新しい組織のメンバーを捕まえることだった。イスラエル人が好んで言うように、「蛇の頭を切り落とす」ことだ。

アル・アクサ殉教者旅団の最も危険なメンバーは、リーダーのアハマド・グハンドーと、その副官の一人であるムハネド・アブ・ハラワであることがわかった。彼らはすでに十二人の人を殺害していた。彼らを廃業に追い込むのは、それほど難しい仕事とは思えなかった。こちらは、彼らが何者でどこに住んでいるのかをつかんでいるのだ。そしてここが非常に重要なところなのだが、こちらが把握していることを向こうは知らないのだ。

ＩＤＦはアパートの周りに無人偵察機を飛ばし、情報を集めた。二日後、アル・アクサ殉教者旅団はまたイスラエル国内で襲撃を行った。イスラエル人は反撃を始めた。重量六十五トンのメルカバ戦車の百二十ミリ砲から、二十発の砲弾がアル・アクサ殉教者旅団の建物に撃ち込まれた。残念ながら、連中がそこにいるかどうか、誰も無人偵察機を確認しなかった。連中はそこにはいなかった。

もっとまずかったのは、こちらが彼らをマークしていることを知られてしまったことだ。意外なことではないが、彼らはヤセル・アラファトの邸宅に避難した。われわれは、彼らがそこにいることがわかっているのに、当時はそこに立ち入り、彼らを捕えることは政治的に不可能だった。いまや、彼らの攻撃はより頻繁に、より過激になった。

アハマド・グハンドーがリーダーだったので、彼は指名手配リストのトップに載った。彼がアラファトの邸宅内に移動してからは、彼を仕留めることは無理だと考えた。そして結局、われわれは彼を仕留めることができなかった。彼を仕留めたのは彼自身だった。

ある日私は、アル・ビーレにある古い墓地の近くを歩いていて、軍隊の葬儀に遭遇した。

「誰が亡くなったのですか？」私は好奇心から尋ねた。

「北から来た人です。あなたなら彼を知っているかもしれませんよ」と男は言った。

「その人の名前は？」

「アハマド・グハンドーです」

私は懸命に衝撃を抑えながら、さりげなく聞いた。「何があったのですか？　その名前には聞き覚えがあるような気がします」

「自分の銃に弾丸が入っていることを知らなかったのです。それで、自分の頭を撃ち抜いてしまったんです。脳が天井にまで飛び散ったそうです」

私はロアイに電話をした。

「アハマド・グハンドーに別れを言ってやってください。奴は死にました」

「君が殺《や》ったのか？」
「私に銃をくれましたか？　私は殺してません。彼は自分で撃ったんです。奴は消えました」
ロアイは信じることができなかった。
「奴は死にました。今、彼の葬式に参列しています」

アル・アクサ・インティファーダの最初の年、私は父が行く先々へついて行った。長男であるとともに、私は父の弟子でもあり、ボディガードでもあった。そしてまた側近であり、生徒であり、友人だった。父は私のすべてだった。男としてどうあるべきかの模範だった。私たちの考え方が同じでないことは明らかだったが、父が正しい心の持ち主で、その動機は純粋であることを私は知っていた。父のイスラム教徒への愛情と、アラーへの献身が薄れることは決してなかった。父は同胞の平和を切望し、その実現に向かって働き続け、人生を賭けてきたのだ。

この二回目の蜂起は、西岸地区が主な舞台だった。ガザではデモはほとんどなかった。モハンメド・アル・デューラ少年の死は、その火に油を注いだ。しかし、ヨルダン川西岸でその火を煽り、地獄の業火にしたのは、ハマスだった。

すべての村、町、都市で、怒り狂った群衆がイスラエル兵と衝突した。検問所は、どこも血まみれの戦場と化した。数日の間で、大切な友人や身内の誰かを埋葬しなかった人はほとんどいなかった。

その間、パレスチナ各派閥の幹部、それもよく知られたトップレベルの最高幹部が、それぞれの戦略を調整するために、毎日のようにヤセル・アラファトと会っていた。再び、最大にして最重要の組織となっていたハマスの代表は父だった。父とマルワーン・バルグーティもアラファトとは毎週会っていた。この秘密の会合に行く父に、私は何度か同伴することができた。

私は、アラファトと、彼が私の愛する同胞にしていることを軽蔑していた。しかし、シン・ベットのモグラという役割を与えられた以上、感情を表に出すのは賢明でないことは明らかだった。それでも一度だけ、アラファトにキスされた後、私は本能的に自分の頬を拭ってしまった。彼はそれに気づき、明らかにムッとしていた。父は当惑していた。そしてそれ以後二度と、私を同席させてくれなかった。

インティファーダの指導者たちは、決まって七万ドルもする外車に乗り、多くのボディガードが乗った車を従えて、日々の会合にやって来た。しかし、父はいつもダークブルーの一九八七年型のアウディを自分で運転していた。ボディガードはといえば、私が横にいるだけだった。

これらの会合は、インティファーダを推し進めるエンジンだった。もはや私は、会合の間、部屋の外にいなくてはならなかったが、父がメモを取っていたので、中で話されたことを、事細かに知ることができた。私はこのメモをコピーした。メモには、誰が、どこで、いつ軍事工作を行うか、といった機密情報は一切書かれていなかった。むしろ指導者たちはいつも、行動パターンや方向性を示すような、例えばイスラエル内のどこを目標にするかとか、どこの入植者もしくは検問所を標的にするか、といった一般的な事項を話していた。

しかし、会合のメモにはデモの日付が記されていた。ハマスがラマッラの中心部で明日午後一時にデモを行うと父が言えば、ただちに使いが、モスクや難民キャンプ、学校へと迅速に送られる。そしてハマスのメンバー全員に、時間と場所が伝えられる。そこにはイスラエル兵も現れた。結果として、イスラム教徒、避難民、そしてあまりにも多くの学童が殺された。

実は、第二次インティファーダの前、ハマスは死んだも同然だった。父はそのままにしておくべきだったのだ。アラブ諸国の人々はアルジャジーラ・テレビで連日父の顔を見、父の声を聞いていた。父は今や、見た目にも明らかなインティファーダの指導者であった。そのため、父はイスラム世界全域で、驚異的な有名人、重要人物となったが、同時にイスラエルでは、極悪人となった。

しかし、そこまでの地位に昇りつめても、ハッサン・ユーセフは思い上がることはなかった。父はただ、アラーの意志を実行したことに、つつましい満足感を得ていただけだった。

ある朝、私は父の会合メモを読み、デモが計画されていることを知った。次の日、耳をつんざくような声でやじを飛ばす群衆の先頭に立ち、イスラエルの検問所へと向かう父の後ろを歩いていた。検問所の一八〇メートルほど手前に来ると、指導者たちは群衆から離れ、高台の安全な場所に移動した。それ以外の若者と学校に通う子どもたちがうねりを上げて前方に押し寄せ、武装した兵士たちに向かって、投石を始めた。兵士たちは、群衆に発砲して応酬した。

このような状況では、たとえゴム弾でも当たれば死ぬことがある。特に子どもたちはひとたまりもなかった。ＩＤＦの規則では、少なくとも四〇メートル以内で発砲することが定められているが、その距離ではゴム弾は多くの場合に致命的だった。

私たちは高台から見ていたが、そこらじゅうに死傷者が横たわっていた。兵士たちは、駆け付ける救急車にさえ発砲し、運転手を撃ち、負傷者のもとに駆けつけようとする救急隊員を殺した。残忍だった。

すぐに全員が発砲した。石は検問所に雨あられと降り注いだ。数千人が、防御フェンスに向かって突進した。ベイト・エルの入植地にたどり着き、物であれ人であれ手当たり次第打ち倒そうとした。彼らは愛する者が倒れる姿や、血の臭いに、激しい怒りをかきたてられ、正気を失っていた。

これ以上にひどい混乱はあり得ないだろうと思われたちょうどそのとき、騒乱の中にメルカバ戦車の一二〇〇馬力のディーゼルエンジンが、うなりを響かせた。そして突然、大砲の轟音が衝撃波のように空気を切り裂いた。

戦車は、ＩＤＦの兵士に銃撃を開始していたＰＡ軍に応戦していた。戦車が前進してくると、ボディガードたちはそれぞれが担当する人物をひっつかみ、さっと彼らを安全なところに移動させた。父を車に乗せようとしたときには、私たちのいる高台には、ばらばらになった人間の体が散乱していた。やっとのことで車にたどり着くと、大急ぎでラマッラの病院へと向かった。病院は負傷者や瀕死の者、死者で溢れかえっていたため、病室が足りなかった。病院の外では、赤新月（イスラム教国での赤十字のこと）が病院内に入れない負傷者を失血死させまいと、懸命になっていた。しかし、それはまったく足りなかった。

病院の壁と床には血がこびりついていた。その床の血で、下のホールへ向かう人たちが足を滑らせた。夫と父親、妻と母子とが、悲しみにすすり泣き、怒りに金切り声を上げていた。

驚いたことに、悲しみと怒りの只中にあっても、その悲しみを共有しようとやって来た父のようなパレスチナ指導者に、人々は非常に感謝しているようだった。しかし、そのパレスチナの指導者たちこそが、彼ら同胞と彼らの子どもたちを、ヤギのように虐殺の場に導いたあげく、その場を逃げ出し、虐殺の間、高みの見物を決め込んでいたのだ。流血よりも、そのことのほうに、私は気分が悪くなった。

しかもこれは、たった一度のデモでのことだ。毎晩のように私たちはテレビの前に座り、延々と続く死者の追悼の儀式を聞いていた。この都市で十名。あちらで五名。ここで二十名……。

私は、道路をはさんだ向かい側で、ビルの壁に穴を開ける仕事をしていたシャダという名の男の報道を見た。イスラエルの戦車の砲手が彼を見て、ドリルを銃だと思い込んだ。彼は砲弾を発射し、それがシャダの頭に命中した。

父と私は殺害された男の家に行った。彼には美しい新妻がいた。しかし、最悪だったのはそれではない。未亡人を弔問に来たパレスチナの指導者たちが、シャダの葬儀でだれが説教するかで、争いを始めたのだ。誰が三日間、会葬者の受け入れを担当するのか？　誰が家族のための食事を用意するか？　誰もがシャダを「われわれの息子」と呼び、シャダは自分たちの一派のメンバーだったと主張し、自分たちの一派は他よりもインティファーダへの参加者が多いことを証明しようとした。

派閥争いは、死者をめぐる、ばかげた口論に矮小化された。そして、ほとんどの場合、死者はその運動組織とは何の関係もない人たちだった。彼らは感情の波にさらわれただけの人たちだった。シャダがそうだったように、他の多くの人も、悪いときに、悪いところにいただけなのだ。

その間ずっと、世界中のアラブ人がアメリカとイスラエルの国旗を燃やし、デモを行い、占領を粉砕するために、パレスチナ人地域に数十億ドルを注ぎ込んだ。

第二次インティファーダが始まってから最初の二年半の間に、サダム・フセインはパレスチナ人殉教者の家族に、総額三千五百万ドルを支給した。イスラエルとの戦闘で殺された者の遺族に、それぞれ一万ドル、自爆攻撃の実行者家族すべてに、それぞれ二万五千ドル。土地をめぐる愚かな戦いについて言えることはたくさんある。しかし、人の命は安いものだとは、決して誰も言えない。

# 18章――最重要指名手配　二〇〇一年

パレスチナ人はもはやこの騒動に関して、ヤセル・アラファトもハマスも非難しなくなった。いまは、自分たちの子どもを殺したイスラエルを非難した。しかし私はまだ、根本的な問いから目をそらすことができなかった。そもそもその子どもたちはなぜ、そこにいたのか？　両親はどこにいたのか？　その子たちの父親と母親はなぜ、子どもを家にいさせなかったのか？　子どもたちは、学校で机に向かっているはずではないか。通りを走りまわり、武装した兵士に石を投げるのではなく……。

「なぜ子どもたちを、死地に行かせるのですか？」私は父に、特に騒動が酷かった日の翌日、尋ねた。

「われわれが行かせているわけではない」と、父は言った。「子どもたちが行きたがるのだ。お前の弟たちを見てみろ」

背筋が寒くなった。

「もし弟のひとりが石を投げに行くと聞いたら、私は彼の腕をへし折ってやります」と、私は言った。「殺されるより、骨折の痛みのほうがまだましですよ」

「そうか？　でも昨日、あいつらだって石を投げに行ったんだぞ」と父はこともなげに言った。これが今や私たちの生活の一部になっているとは信じられなかった。

四人の弟たちはもう幼い子どもではない。ソハイブは二十一歳、セイフは十八歳で、二人とも刑務所に入れられてしまう年齢だ。十六歳のオーウェイズと十四歳のモハンマドも、狙撃されてもおかしくない。彼らはみな、もっと分別を持つべきなのだ。しかし、彼らに聞くと、石を投げたことはないと答えた。

「いいか、俺は本気だぞ」と、私は彼らに言った。「お前たちも大きくなったから、ずいぶん前からお尻を叩いたりはしなかった。でも、お前たちがそこに行くと知ったら、話は違うぞ」と私は彼らに言った。

「兄さんと父さんもデモに行っているじゃないか」モハンマドが言い返した。

「ああ、行っているさ。でも投石はしていない」

この一連の騒動の最中、特にイラクの無慈悲な独裁者サダム・フセインから大金が流れ込んできたことで、ハマスは自爆攻撃の独占権を失ってしまう。今ではイスラム聖戦機構やアル・アクサ殉教者旅団も、世俗主義者、共産主義者、無神論者までもが自爆攻撃の実行者となった。そして、誰がイスラエルの民間人を一番多く殺せるか競い合っていた。

あまりにも多くの血が流された。私は眠ることも、食べることもできなかった。私はそれをイスラム教徒の、またパレスチナ人の目で、またハッサン・ユーセフの息子としての目で見ていただけではない。いまはイスラエル人の目でも見ていた。そしてさらに重要なのは、これら道を失った人々のために苦悶するイエスの目で、この愚かな殺戮を見ていたことだ。聖書を読めば読むほど、ただ一つの真実がはっきりとわかってきた。それぞれの敵を愛し、許すことが、この流血を止める唯一の道である、ということが。

しかし、その頃の私はまだ、イエスを尊敬してはいたが、イエスが神であるということを納得させようとするキリスト教徒の友人を信じてはいなかった。アラーが私の神だったからだ。

しかし、それを完全に悟っていようといなかろうと、いずれにせよ私は徐々にイエスの教えを受け入れるようになり、アラーの教えを拒むようになっていた。イスラム教からの離脱を加速させたのは、その中で目にする偽善だった。イスラム教では、殉教した献身的なアラーの僕《しもべ》は、まっすぐに天国に行けると教えている。墓の中で不気味な天使に質問されることも、拷問を受けることもない。しかし突然、イスラエル人に殺された者は、誰も彼もが神聖な殉教者として扱われるようになった。名ばかりのイスラム教徒や共産主義者、さらには無神論者さえも。イマームと家長は遺族に言う。「あなたの愛する人は天国にいます」と。

もちろん、コーランはそんなうるわしい話を保証してはいない。誰が天国に行き、誰が地獄に行くかを、コーランは明確にしている。しかし、指導者たちは気にかけていないようだった。これは真実でも神学の話でもない。戦略的に優位に立ち、自分たちに都合がよいようについた嘘だった。イスラム教指導者たちは、自分たちがもたらした苦痛を忘れさせるために嘘をついて、人々を麻痺させているのだ。

シン・ベットから情報をもらえばもらうほど、私の関係者について彼らが非常によく知っていることに、いつも驚かされた。その中には、私の友人で、非常に危険な人物になっている者もいた。ハマスの軍事部門の中核を担う人物になった者もいる。その一人が、ダヤ・ムハンマド・フセイン・アル・タウィルである。彼はハンサムな若者で、彼の叔父はハマスのリーダーだった。

知り合ってこのかた、ダヤが宗教的な動機で行動したことは一度もなかった。実際、父親が共産主義者だったので、彼はイスラム教とは何の関わりもなかったのである。彼の母親は、文化的な面ではイスラム教徒だったが、決して過激派ではなかった。そして彼の妹は米国で教育を受けたジャーナリストで、米国市民であり、スカーフをかぶらない現代的な女性だった。彼らは立派な家に住み、みな高い教育を受けていた。ダヤはビルザイト大学でエンジニアリングを専攻し、成績はクラスでトップだった。私の知る限りでは、ハマスのデモに参加したことすら一度もない。

だから私は、二〇〇一年三月二十七日にダヤがエルサレムのフレンチ・ヒルの交差点で自爆したと聞いたときはショックだった。ダヤ以外の死者は出なかったが、二十九人のイスラエル人が負傷した。

ダヤは、こんなことをやれと言われ、あっさり従うような愚かな奴ではなかった。失うものが何もない、赤貧の難民でもない。お金が必要だったわけでもない。では何が彼をそうさせたのか？　誰にもわからなかった。彼の両親は、呆然としていた。それは私も同じだった。イスラエルの諜報機関でさえわからなかった。

私はシン・ベットの緊急会議に呼ばれた。彼らは切断された頭部の写真を私に手渡し、身元の確認をするように言った。私はそれがダヤだと断言し、帰路、私は繰り返し自問した。なぜだ？と。それは誰にもわからないだろう。こんなことになるなんて誰も思っていなかった。ハマスの彼の叔父ですらも。

ダヤはアル・アクサ・インティファーダの最初の自爆攻撃実行犯だった。彼の自爆攻撃は、どこかで操っている軍の別働隊の存在を臭わせた。それは独立して軍事行動を行っていると思われる。そしてシン・ベットは、次の攻撃がなされる前に、その細胞組織を特定しなければならない。

ロアイは私に、容疑者リストを見せた。リストの上位五人はよく知った名前だった。彼らはインティファーダ開始前に、ＰＡが刑務所から釈放したハマスの男たちだった。アラファトは彼らが危険人物であると知っていた。しかしハマスは、死んだも同然だったので、これ以上彼らを拘束しておく理由はなかった。

しかし彼は間違っていた。

主謀者と思われるのは、ムハンマド・ジャマル・アル・ナツェーで、私の父とともにハマス設立に尽力し、後にヨルダン川西岸の軍事部門の長になった人物である。彼はこの地域で最も大きな一族の出身で、そのため怖いものなしだった。身長は約一八〇センチ強、屈強で、聡明な、どこからどこまでも戦士だった。矛盾しているようだが、彼はユダヤ人に対しては憎悪の塊だったが、とても面倒見のいい男でもあった。

同じリストに載っている、サレー・タラフメは電気技術者で、とても頭のきれる、教養の高い男だった。当時は考えてもみなかったが、私たちは結局はとても仲の良い友人になった。

もう一人、イブラヒム・ハメッドは、ヨルダン川西岸の治安部門を指揮していた。この三人はサイード・アル・シェイク・カッセムとハサニーン・ルンマナーの支援を得ていた。

サイードは強健な男で、教養はなかったが、従順だった。一方、ハサニーンはハンサムな若い芸術家だ。イスラム学生運動で、特に第一次インティファーダの間、ハマスは自分たちが侮りがたい勢力であることを街中で立証しようとしていた。私の父は、ハマスの指導者として、彼らを釈放させ家族のもとに返すために熱心に動いていた。アラファトが彼らを釈放した日、父と私は刑務所まで彼らを迎えに行って、車でラマッラのアル・ハジャルにあるアパートまで連れて行き、そこに住まわせた。

ロアイにリストを見せられたとき、私は言った。「驚くかもしれないけど、全員知っています。しかも、彼らがどこに住んでいるかも知っています。私が彼らを隠れ家まで車で送り届けたんですから」と彼に言った。

「本当か？」彼はにやりとして言った。「よし、すぐ取りかかろう」

父と私が彼らを刑務所に迎えに行ったとき、彼らがどれほど危険な人物になっていたかも、何人のイスラエル人を殺したかも、まったく知らなかった。そして今、私は彼らの居所を知っている、ハマスの中でも数少ないひとりだった。

私は、シン・ベットの大変精密なスパイ道具を携えて彼らのもとを訪ねた。そのため彼らの一挙手一投足、一言一句を監視し、傍受することができた。しかし、彼らと話し始めてすぐに、彼らはこれといった情報を何一つとして提供してくれそうにないことがわかった。

もしかしたら彼らは、われわれが探している男たちではないのではないかとも思った。

「どうもおかしい」と私はロアイに言った。「連中は私に何の情報もよこさない。別の組織なのでは？」

「それはあり得る」と彼は認めた。「しかし、奴らには前科がある。尻尾をつかむまでは監視を続ける必要がある」

確かに彼らには前科がある。だが、前科があるというだけで、逮捕するわけにはいかない。確かな証拠が必要だった。そこで私たちは辛抱強く情報収集を続けた。間違った男を捕まえて、本物のテロリストを野放しにし、次の自爆攻撃を遂行させるような、高くつく過ちは犯したくなかった。

当時の私の生活は、まだそれほど複雑化しておらず、また単にその仕事がいいと思えたからかもしれないが、その同じ月に私はアル・ビーレに本部を持つＵＳＡＩＤ（米国国際開発庁）の水資源供給および衛生管理プログラムの管理ビルの事務所で仕事を始めた。長たらしいタイトルだが、これが非常に重要なプロジェクトであることはわかっていた。私は学位を持っていなかったので、はじめは受付係として働いた。

聖書の研究会に一緒に参加していたクリスチャンの友人が、米国人マネージャーに私を紹介してくれたのだ。マネージャーはすぐに私を気に入り、採用してくれた。私の新しいＩＤカードには、米国大使館のスタンプが押されていて、これがあればイスラエルとパレスチナ自治区を自由に行き来できる。これはとてもいいカモフラージュになるとロアイは考えた。しかも、私がいつも小遣いをふんだんに持っていることを、周囲に怪しまれないですむ。

父は私が素晴らしい機会を得たと思った。そして人々に安全な飲み水と衛生施設を提供してくれる米国に感謝した。しかし同時に、アメリカ人はイスラエルに、パレスチナ人を殺すのに使う武器を提供していることも忘れることができなかった。これは多くのアラブ人が米国に対して抱いている、相反する感情である。

私は米国が出資する、この地域で最も大きなプロジェクトの一員となれるチャンスに飛びついた。

メディアはいつも、土地とか、独立とか、賠償金といったような魅力あふれる取引材料にかまけがちだが、中東では事実、水は土地よりもずっと大きな問題なのだ。アブラムの牧夫たちと、アブラムの甥のロトの牧夫たちとが、水争いをして以来、人々はずっと水をめぐって争ってきた。イスラエルと占領地の主な水源は、ゲネサレとかティベリアの名でも知られるガリラヤ湖である。これは世界で最も水位の低い淡水湖である。

聖書の地では、水は常に複雑な問題だった。現代イスラエルでは、力関係が国境とともに変わった。例えば、一九六七年の六日戦争の結果の一つとして、ユダヤ人がシリアからゴラン高原の支配権を獲得したことがある。これにより、イスラエルはガリラヤ湖全体を管理下に置くことになり、ひいてはヨルダン川とその支流、細流など、すべての水源を管理下に収めることになった。

イスラエルは、国家水資源供給事業により、国際法に違反しつつもヨルダンから来る水を西岸地区とガザ地区を迂回させ、西岸地区の帯水層の優に四分の三以上を確保し、自国の市民と入植者に水を供給したのだ。米国は井戸を掘るために数億ドルを投じ、私の同胞のために独自の水源を確保した。

USAIDは、私を実際カモフラージュする以上の役目を果たした。私はそこで働いていた男女と友人になった。神がこの仕事を私に与えてくださったのだと思う。USAIDは政治的な活動をしている者は採用しないというのが方針で、ましてや父親が大きなテロ組織の指導者である人間など、採用するはずもなかった。ところがどういうわけか、ボスは私を採用することに決めたのだ。彼から受けた恩はまもなく、彼が決して知ることのない形で返すことになる。

インティファーダのために、米国政府はその日一日だけ従業員がヨルダン川西岸に入って仕事をすることを許可した。しかしそれは、従業員たちが危険な検問所を通過しなければならないということである。実際彼らは、毎日検問所という試練をくぐって、黄色いイスラエルナンバーのついた4×4米国製ジープで通りを走るよりも、いっそのこと西岸地区内に住んでしまったほうが安全だっただろう。ごく普通のパレスチナ人は、助けに来た人と、殺害しに来た人の区別がつかなかった。

IDFはUSAIDの従業員たちが危険にさらされるような軍事行動を起こす場合はいつも、USAIDに避難するよう警告していたが、シン・ベットはそのような警告はしなかった。何にしろ、われわれはすべてにおいて極秘なのだ。例えば、逃亡者がジェニンからラマッラへ向かったとの情報が入ると、われわれは事前の警告なしに軍事行動を起こす。

ラマッラは小さな都市である。それらの軍事行動の間、治安部隊は四方八方から突入してくる。人々は車やトラックで通りにバリケードを築き、タイヤに火をつける。黒い煙が辺りを覆う。狙撃兵は腰を低くして遮蔽物から遮蔽物へと走りながら、行く手にあるものすべてに発砲する。若者は石を投げ、子どもたちは路上で泣き叫ぶ。救急車のサイレンと女性の悲鳴と消火器の発射音とが入り混じる。

私がUSAIDで働き始めてまもなく、治安部隊が明日ラマッラに入る、とロアイが言った。

私は米国人マネージャーに電話をし、明日は町に来ないで、全員家から出るなと伝えるよう、彼に警告した。どのようにしてこの情報を得たかを言うことはできない、と言って、私を信じてほしいと言った。彼はそうした。おそらく、私がハッサン・ユーセフの息子なので、内部情報を握っていると思ったのだろう。

次の日、ラマッラは騒然としていた。人々は通りを駆け抜けて、視界に入るものすべてに発砲した。道路脇に停めてあった車は燃え上がり、店の窓ガラスは割られ、強盗と略奪の嵐となった。私のボスはこのニュースを見た後、こう言った。「頼むよモサブ、またこんなことが起きそうなときは、知らせてくれ」

「わかりました」と私は言った。「でも一つ条件があります。質問は一切なしです。私が来るなと言ったら、ただそのとおりにしてください」

# 19章——靴 二〇〇一年

第二次インティファーダは、息つく暇もなく進行していた。二〇〇一年三月二十八日、自爆テロによりガソリンスタンドにいた二人のティーンエイジャーが殺害された。四月二十二日、バス停で爆弾が爆発し、実行犯自身も死亡。一名を殺害、約五十名を負傷させ、五月十八日、ネタニヤのショッピングモールの外で自爆テロにより民間人五人が殺害され、百名以上が負傷した。

それから、六月一日午後十一時二十六分、ティーンエイジャーたちがドルフィというテルアビブで人気のあるディスコの前で列をつくり、笑ったり話したりしながら入場を待っていた。大半が、旧ソビエト連邦の出身で、両親が新しく移住してきた帰還者だった。その列に、サイード・ホタリもいた。彼はパレスチナ人で、彼らより少し年上だった。彼の体には爆発物と金属片が巻き付けられていた。

新聞はドルフィの事件を自爆攻撃とは呼ばなかった。虐殺と呼んだ。多くの子どもたちが、金属片と爆風によって木っ端微塵にされた。犠牲者は多数に上った。死者二十一名、負傷者百三十二名。

一回でこれほど多数の死者を出した自爆攻撃はかつてなかった。ヨルダン川西岸に住むホタリの隣人は、彼の父親を祝福した。そしてホタリの父親はインタビューにこう答えた。「私の残りの三人の息子にも、同じことをしてもらいたい。私の家族全員、親戚全員に、わが民族とわれわれの土地のために死んでほしい」（注7）

イスラエルはさらに断固として、「蛇の頭を切り落とす」ことになった。しかしその頃には、派閥の指導者たちを投獄しても流血はやまず、彼らを暗殺してもどうにもならないことを、悟っているべきだった。

ジャマル・マンスールはジャーナリストで、父と同じくハマスの七人の創設者の一人である。父の親友の一人で、南レバノンに追放されたときも一緒だった。二人は毎日のように電話で話し、談笑していた。マンスールは自爆テロ推進派のトップでもあった。一月のニューズウィーク誌のインタビューで、非武装の民間人の殺害を肯定し、自爆犯を賞賛していた。

七月三十一日の火曜日、ある協力者からの情報を得て、攻撃ヘリコプター・アパッチが二機、ナブルスにあるマンスールのメディア・オフィスに接近した。二機は二階のマンスールのオフィスの窓へと、三発のレーザー誘導ミサイルを打ち込んだ。マンスールとハマス指導者のジャマル・サリム、その他六人のパレスチナ人がこの攻撃で焼死した。犠牲者のうち二名は、下のフロアで医師の診察を待っていた八歳と十歳の子どもだった。二人とも瓦礫に押しつぶされた。

これは正気の沙汰ではない。私はロアイに電話をした。

「これはいったいどうなっているんですか？　彼らが自爆攻撃に関わっていたという確固たる証拠はあるのですか？　彼らが攻撃を支持していたことは知っていますが、マンスールは父と同じく政治部門の人間であって、軍事部門ではありませんよ」

「そうだ。われわれはマンスールとサリムが、ドルフィの虐殺事件に直接関与していたという情報を得ている。彼らが自ら手を下したんだ。だからこうしなければならなかった」

私はどうすればいいんだ？　彼と言い争うか？　手にした情報は間違っていたとロアイに言うべきか？　私は突然、イスラエル政府は父の暗殺をも計画しているに違いない、と気づき始めた。父がたとえ自爆攻撃を計画していないとしても、関連容疑をかけられている。さらに父は、人々の命を救えたかもしれない情報を持っていて、それを知らせなかった。影響力を持っていたが、行使しなかった。殺害を止めようと思えばできたが、しなかった。父は反イスラエル運動を支持し、イスラエル人を追い出すまで抵抗を続けることをメンバーに奨励した。イスラエル政府にしてみれば、父もまたテロリストなのだ。

聖書を読むようになって、私は父の行動をコーランの教えではなく、イエスの教えに照らし合わせるようになっていた。父はしだいに私にとってヒーローではなくなってきた。そのことに私の心は痛んだ。私が学んでいることを父に話したかったが、聞く耳を持たないだろう。そしてもしエルサレムにいるイスラエルの指導者たちが思いどおりに行動を起こしたら、イスラム教がどんなに自分を間違った道に導いてしまったか、ということを知る機会も決してないままに、殺されてしまうだろう。

私のシン・ベットとの関係ゆえに、少なくともしばらく父は安全だと思うことで、自分をなぐさめた。シン・ベットも、私と同じくらい父に生きていてほしいと望んでいた。もちろん理由はまったく別だが。父はハマスの活動に関する主要な情報源だった。もちろんそれを私が父に話すことはできなかったし、シン・ベットの後ろ盾が結局はあだとなって父を危険にさらす可能性があった。つまるところ、ハマスの他の指導者たちがみな身を隠さざるを得ないというのに、父だけが自由に外を出歩くことができたら、それはかなり怪しまれる。私は、少なくとも彼を守る振りをする必要があった。私はただちに父のオフィスに行き、たった今マンスールに起きたことは、父にも当然起こりうると指摘した。

「全員を外に退去させてください。ボディガードも。オフィスは閉めて、二度とここには来ないでください」

父の反応は、予想していたとおりだった。

「モサブ、私は大丈夫だ。窓を鋼板で覆うよ」

「正気ですか？　今すぐここを出てください！　奴らのミサイルは戦車も建物も貫通するんですよ。そんな鉄の板一枚で、自分を守れると思っているんですか？　窓をふさいだとしても、ミサイルは天井を突き抜けてやってきますよ。さあ、行きましょう！」

抵抗する父を責めることはできなかった。父は宗教指導者であり政治家であって、兵士ではない。軍隊にも暗殺計画についてもまったく知識がない。私が知っていることを、いっさい父は知らないのだ。ついには父も私と部屋を離れることに同意はしたが、喜んでそうしたのではないことは、私にもよくわかっていた。

しかし、論理的に考えれば次のターゲットは、マンスールの古くからの友人であるハッサン・ユーセフだとの結論に達したのは私だけではなかった。私たちが通りを歩いていくと、周りの人間が不安そうな面持ちでこちらを見た。できるだけ早く私たちから離れようと、歩調を速め、心配そうにチラッと空を見上げた。私と同様に、彼らも接近してくるヘリコプターの音が聞こえないかと、耳を澄ましているのがわかった。誰だって巻き添えにはなりたくはない。

私は父をシティ・イン・ホテルまで車で送り、そこに滞在するように言った。

「いいですか。あのデスクの男が、五時間ごとに父さんの部屋を変更します。彼の言うとおりにしてください。誰も部屋に入れないでください。私以外には誰にも電話をしないで、絶対にここを離れないでください。この携帯電話なら危険はありません」

その場を離れるとすぐに、私はシン・ベットに父の居場所を伝えた。

「よし、わかった。トラブルに巻き込まれないよう、彼にはそこにいてもらってくれ」

そのためには、父の居場所を常に知っている必要があった。父の一挙手一投足を確認しなくてはならなかった。私は父のボディガードを全員クビにした。彼らを信頼することはできなかった。父の身を完全に私ひとりに委ねてもらう必要があった。そうでなければ、父はほぼ間違いなく、致命的なミスをおかすだろう。私は父の補佐であり、ボディガード、門番にもなった。父の必要なものはすべて手配した。ホテル周辺で起こるすべてのことに目を光らせた。父にとって私は外の世界との接点であり、外の世界にとって父との接点は私だけだった。この新しい役割は、私がスパイであるという疑惑から完全に逃れるためでもあった。

私はハマス指導者の役を演じ始めた。私は、財産とコネと権威のある人間であることを証するM16を携帯した。当時、この種の武器は需要が大きく、供給不足となっていた（私が持っていたアサルトライフルは一万ドルで売れた）。そして私はシェイク・ハッサン・ユーセフとの関係を存分に利用した。

ハマスの軍事部門の連中は、これみよがしに私の周りにたむろし始めた。彼らは私が組織のすべての機密を知っているものと思い、私に自分たちの不満や問題を気楽に打ち明けられるし、それが私がそれらの問題を解決する助けになると思っていたのである。

私は彼らの話に注意深く耳を傾けた。彼らは思ってもみなかっただろう。私は彼らがくれる情報のかけらをつなぎ合わせて、はるかに大きい絵を描き出していたのだ。これらの断片は、一冊の本では書き切れないほど、多くのシン・ベットの作戦に貢献した。私が言いたいのは、この連中と会話したことで、多くの罪なき人の命が守られたということだ。私たちが防いだ自爆攻撃の数だけ、墓場の脇で泣き悲しむ未亡人や、絶望する孤児たちの数は大幅に減ったのである。同時に、私は軍事部門内で信頼と敬意を獲得し、さらには他のパレスチナの派閥にも、ハマスの中でも一目置かれる存在となった。彼らは私が爆弾を提供し、ハマスと共同作業をさせてくれると期待していたのだ。

ある日、マルワーン・バルグーティの補佐官アハマド・アル・ファランシが、自爆用の爆弾をいくつか、ジェニンから調達してほしいと依頼してきた。私はわかったと言ってから、駆け引きを始めた。ヨルダン川西岸で爆弾を扱う集団をあぶり出すことができるまで、時間稼ぎをするためだった。そのような駆け引きは非常に危険だった。しかし私は、自分がいくつかの方面から守られているとわかっていた。シェイク・ハッサン・ユーセフの長男であるということだけで、刑務所のハマスによる拷問を免れたし、テロリストたちの中で働いていたときも私は守られていた。USAIDでの仕事もある程度、保護と自由を与えてくれた。そして、シン・ベットがいつもついていた。

しかし、どのような失敗も命取りになりかねなかったし、またPAは常に脅威だった。PAは、CIAから提供された高性能の電子盗聴装置を所有していて、ときどきテロリストを探し出すのに使っていた。イスラエルへの協力者を根絶するために使われることもあった。そういうわけで、私は警戒する必要があった。他のどの工作員よりもシン・ベットの動きに通じていたので、PAの手に落ちることだけは特に避けなければならなかった。

私が父への唯一の接点となっていたため、西岸地区やガザ地区からシリアに至るすべてのハマスの指導者たちと、私が直接連絡を取った。同じレベルの接点となっている男が一人だけいた。ダマスカスにいるハリード・メシャルだった。メシャルは西岸地区の出身だが、人生の大半を他のアラブ諸国ですごした。クウェートでムスリム同胞団に参加し、クウェート大学で物理学を専攻した。ハマスが設立された後、メシャルはクウェート支部の長を務めている。そしてイラクの侵攻が始まると、ヨルダンに移り、その後カタールへ行き、最終的にシリアに移った。

ダマスカスに住んでいたので、彼はパレスチナ領内のハマス指導者たちのような移動制限を受けることはなかった。そのためまるで外交官のようになり、カイロ、モスクワ、アラブ連盟において、ハマスを代表する人物となった。彼は移動しながら、資金を調達した。二〇〇六年四月だけでも、イランとカタールから一億ドルを集めた。

メシャルはほとんど公の場に姿を見せなかった。住所は秘密、暗殺される恐れがあるので、占領地に戻ることはできなかった。彼が警戒するのにはもっともな理由があった。

メシャルがまだヨルダンにいた一九九七年、二、三人のイスラエルの工作員が彼の部屋に侵入し、眠っている彼の耳に毒を注入した。彼のボディガードたちが建物を出ていく工作員を発見し、そのうちの一人がメシャルの様子を見に行った。メシャルは血を流してはいなかったが、床に倒れて、口がきけなかった。そのボディガードたちはイスラエルの工作員を追跡した。工作員の一人が開いていた排水溝に落ち、ヨルダンの警察に捕らえられた。

その頃イスラエルは、ヨルダン王国との和平合意に調印し、大使を交換したばかりだった。ところが、この無様な襲撃のせいで、新たな外交協定を損ないかけた。そしてハマスは、自分たちの主要な指導者の一人が、いとも簡単にその居場所を突き止められてしまったことに困惑した。この話はすべての関係者にとって屈辱的だったので、誰もがひた隠しにした。しかしどういうわけか、外国のメディアが嗅ぎつけてしまったのだ。

ヨルダンの街でデモが行われ、フセイン国王は、赤っ恥をかいたモサドの工作員と交換に、ハマスの精神的指導者であるシェイク・アハメド・ヤシンとその他のパレスチナの囚人を解放するよう要求した。その上、モサドはメシャルに解毒剤を注入するための医療チームを直ちに送るはめになった。イスラエルはしぶしぶ合意した。

メシャルは少なくとも一週間に一度、私に電話してきた。ときには、私からの電話に出るために、彼は非常に重要な会合を抜け出すこともした。ある日、モサドがシン・ベットに電話をしてきた。

「ラマッラ在住の非常に危険と思われる人物がいる。メシャルが毎週電話で話しているようだが、どうしてもそれが誰なのか特定できないのだ!」

それはもちろん私のことだった。私たちはみな大笑いし、シン・ベットは、モサドに引き続きその男のことで気をもませておくことにした。米国のFBI連邦捜査局とCIA中央情報局とNSA国家安全保障局がそうであるように、どこの国でも、治安機関同士というのは互いにライバル関係にあって競い合っているようだ。

ある日私は、メシャルと互いに関係を利用することにした。電話では言えないような非常に重要な情報を持っていると伝えた。

「君にはそれを安全にここに届ける手段があるか?」と彼は聞いてきた。

「もちろん。一週間以内に電話して、詳細を伝えます」

パレスチナ領内とダマスカスの間の通信手段は通常、前科がなく、ハマスと関係がないと思われている人に手紙をことづけるというものだった。そのような手紙は非常に薄い紙に書き、小さく丸めてから空の薬用カプセルに入れるか、そのままナイロン糸で包むかした。カプセルは境界を越える直前に、密使が飲み込み、その後国境の向こう側のトイレで吐き出す。ときには、一度に五十通もの手紙を運ばなければならないこともあった。もちろん、彼ら「運び屋」は手紙の内容についてはまったく知らない。

私は国外のハマス指導部との間に、新たに秘密の連絡経路を開くために、何かこれまでと違うことをしようと考えた。そうすれば私の個人的なアクセスのレベルから、軍事作戦や安全保障のレベルにまで拡大する。

シン・ベットはこのアイデアをかなり気に入ったようだ。

私は地元のハマスのメンバー一人を選び、夜中に例の墓地で会おうと言った。彼によい印象を与えるため、私はM16を携行した。

「君に、非常に重要な任務を遂行してほしい」と彼に言った。

彼は明らかに怯えながらも、興奮しつつ、ハッサン・ユーセフの息子の言葉を、一語一語聞き入っていた。

「これは誰にも話してはいけない。家族にも、地元のハマスも、指導者にさえも。ところで、君のボスは誰だ?」

私はその任務についてもっと話す前に、彼のハマスでの経歴と知っていることをすべて紙に書き出すように求めた。彼は全部を書き出すのに手間取った。しかし彼がくれた情報は、信じられないくらい多く、彼の地区における最新の動きをすべて含んでいた。

私は再び彼に会って、彼をパレスチナの外に出てもらうと伝えた。

「俺に言われたことだけをやれ」と私は彼に警告した。「何も質問するな」

私はロアイにその男はハマスにどっぷりかかわり合っているので、彼の動きを逐一追っていれば、非常に活動的で忠実なメンバーに行き当たるだろうと伝えた。シン・ベットは独自にその男を調査し、彼を認めて国境の外に出した。

私はメシャルに手紙を書いて、私がヨルダン川西岸につながるすべての鍵を握っており、ハマスの内部にゆだねられないような、複雑で特別な任務については私を頼りにできる、と伝えた。そして、すでに準備は整っている。成功を保証すると伝えた。

そのタイミングは完璧であった。その頃までには、すでにイスラエルがハマス指導者や活動家のほとんどを暗殺したり、逮捕したりしていたからだ。アル＝カッサム大隊は疲弊し、メシャルはひどい人材不足に直面していた。

しかし私は運び屋に、手紙を飲み込めとは指示しなかった。私はより複雑な任務を計画した。それは単に、そのほうがもっと面白いからというのが主な理由だが。私はイスラエルの諜報機関が切り開いた道を進む、このスパイ活動を気に入っている自分に気づいていた。

私たちは、この密使に立派な服を一式購入してやった。非の打ちどころのない服装をしていれば、彼の注意が靴にいかないだろうから。彼には知らされていなかったが、私たちは靴に手紙を隠したのだ。

彼がその服を身につけると、私は十分な旅行費と、シリアで楽しく遊べるように、ちょっとした小遣いを渡した。接触相手はその靴だけで君と見分ける、だから常時その靴を履いていなければならない、と伝えた。さもなければ、相手は君を別人だと思い込み、非常に危険なことになるかもしれないと。

運び屋がシリアに到着した後、私はメシャルに電話をして、すぐに連絡が行くと伝えた。それを他の誰かが話したのだったら、メシャルはすぐに疑って、会合を持つのを断っただろう。しかし、この男は自分の友人であるハッサン・ユーセフの息子が送り込んできた。そういうわけで、メシャルは、何も心配することはないと信じていた。

彼らが会ったとき、メシャルは手紙を欲しいと言った。

「手紙って?」と運び屋が尋ねた。彼は自分が手紙を持っていることなど知らなかった。

私はメシャルにどこで見分けるかを伝えていた。二人は靴の片方に仕切りがあるのに気づいた。こうして、新しい通信手段がダマスカスとの間にできたのである。実はシン・ベットに傍聴されている作戦にのせられているなどとは、メシャルは思ってもみなかった。

# 20章——矛盾　二〇〇一年夏

二〇〇一年八月九日、午後二時になる少し前のこと、二十二歳のイズ・アル・ディン・シュヘイル・アル・マズリという男が、キング・ジョージ通りとヤッファ通りの角にある、混雑したピザ店、スバロで自爆した。アル・マズリはヨルダン川西岸の裕福な家庭の出身だった。

アル・マズリが所持していた五〜十キログラムの爆発物から飛び散った釘やナットやボルトは、店にいた人たちに突き刺さり、十五名を殺害、百三十名を負傷させた。今回のこの恐怖の出来事と、数ヶ月前のディスコ・ドルフィでの自爆攻撃で、イスラエルの一般市民は悲しみと怒りとで理性を失っていた。これらの攻撃の背後にパレスチナのどんなグループ、あるいは派閥がいるにせよ、これ以上、罪のない人々が殺されることがないように、背後で操る犯人を割り出し、止めなければならない。さもなければ、騒ぎは十中八九、手に負えない悪循環に陥り、空前の破滅と心痛がこの地を覆うだろう。

シン・ベットは何度も繰り返しこの爆破について、細部に至るまでことこまかに調べ直し、この自爆と、アジトにいる五人の男――ムハンマド・ジャマル・アル・ナツェー、サレー・タラフメ、イブラヒム・ハメッド、サイード・アル・シェイク・カッセム、ハサニーン・ルンマナーとの接点を見つけ出そうとした。しかし、彼らとディスコ・ドルフィとスバロでの攻撃を結びつけるわずかな証拠も見つからなかった。

こんな爆弾を作れるのはいったい誰なんだ？　化学やエンジニアリングを学ぶ学生ではないことは確かだった。そういう学生のことは、成績から朝食のメニューまですべて把握していた。

これらの爆弾を製造したのは、誰であれ専門家だ。しかも、パレスチナのどの派閥にも属していないようだ。そして私たちのレーダーを掻いくぐって泳いでいる。これ以上爆弾を作らないうちに、何とかしてそいつを見つけ出さなければならない。その男はとてつもなく危険な人物だ。

そのとき私たちは知らなかったが、スバロでの自爆攻撃の直後、アラファトの部下がＣＩＡから電話を受けていた。「われわれは爆弾を作った人物が誰か知っている」とアメリカ人は彼らに言った。「その男の名前はアブドゥラ・バルグーティ。ビラル・バルグーティという名の親戚と一緒に暮らしている。これがその住所だ。奴を逮捕しろ」

数時間以内に、アブドゥラ・バルグーティとビラル・バルグーティは、ＰＡによって身柄を拘束された。ＰＡは彼らを逮捕したくなかったが、今後もワシントンから資金と兵站支援を受け続けるためには、見かけだけでもＰＡが平和を守る一役を担っていることを示す必要があると、アラファトは知っていた。アラファトはアブドゥラ・バルグーティに対して、実刑判決ではなく、勲章を与えたいと思っていたにちがいない。

アブドゥラがPAの安全対策本部に居心地よく収容されるやいなや、もう一人のバルグーティ――マルワーン・バルグーティがアブドゥラを釈放するためにやって来た。PAは彼を解放できなかった。CIAがアブドゥラを彼らの許に転がり込ませてくれたのだから。米国はPAがアブドゥラを取り調べることを期待していた。イスラエルも同じことを期待し、PAがその義務を怠ったならば、間違いなくより強硬に出るだろう。そこでマルワーンはアブドゥラを自宅軟禁状態に置き、食物や衣服、金などを提供した。すなわち、アブドゥラはきれいなオフィスで仕事をし、タバコを吸い、コーヒーを飲み、警備の責任者たちとおしゃべりをしていたのだった。

マルワーン・バルグーティとアブドゥラ・バルグーティには血縁関係はなかったが、面白い共通点があった。二人とも、ムハネド・アブ・ハラワという二十三歳の折り紙つきの精神異常者と接点があったのだ。ハラワはずっとアハマド・グハンドーの副官をしていた。

ハラワはファタハの軍司令官で、フォース17のメンバーだった。フォース17とかサダム・フセインの共和国防衛軍のようなエリート部隊といえば、誰しも規律、特殊技能、厳しい訓練を思い浮かべるだろう。しかし、ハラワはその類型にはまったくあてはまらない。無教養で、何をしでかすかわからない危険人物であり、いつもジープに巨大な機関銃を載せて持ち歩いていた。ハラワは日課のようにして過激派の仲間たちや評判の芳しくない連中に銃を配り、彼らは検問所のそばを車で通るとき、その銃で無差別に兵士や民間人に向けて銃撃を浴びせた。

例えば五月には、ハラワは弾丸を装塡したAK－47を数挺と、銃弾一袋を男に渡した。その後間もなく、その男と友人はエルサレムへと続く路の脇で待ち伏せをし、ツィボウクツァキス・ゲルマヌスという名のギリシャ正教会の修道士に十三発もの銃弾を打ち込んだのだ。ハラワは展望山にあるヘブライ大学を攻撃する計画を立てていたので、この人殺し連中に褒美としてさらに多くの銃を与えた。

当然ながら、直ちにイスラエルはハラワを永久に廃業に追い込むようシン・ベットに圧力をかけた。私はハマスの人間だったので、シン・ベットで唯一ハラワを見分けることができた。しかし、このとき私は人生で初めて、本当の道徳的なジレンマに直面していた。いくらハラワが極悪人でも、彼を殺すことに、私の中の何かが反対していたのだ。

私は家に帰り、いまではぼろぼろになった聖書を引っ張り出した。いくら探しても、聖書には人殺しを是認するような記述は一つも出てこなかった。しかし、このままハラワを生かしておけば、銃撃を放置することになり流血が続くだろう。どうしたらいいのかわからなかった。私は身動きが取れなくなったように感じた。

私は考え続け、全能の神に祈り続けた。そして最後にこう祈った。「主よ、私をお許しください。私がこれからしようとしていることをどうかお許しください。この男を生かしておくわけにはいかないのです」

私の決心を話すとロアイは、「よし」と言った。「奴はわれわれが捕まえる。君はマルワーン・バルグーティが奴と一緒に車内にいないことを確認するだけでいい」

マルワーンはパレスチナの重要人物であるとともに、自身も大量に流されたイスラエル人の血に責任を負うべきテロリストでもあった。そして、シン・ベットはマルワーンを強く憎んではいたが、それと同じくらい彼を暗殺したくない気持ちも強かった。なぜならそれが、さらに恐ろしい殉教者を生み出すことになるからだ。

二〇〇一年八月四日、私はバルグーティのオフィスの外に停めた車の中にいて、ハラワがオフィスに入っていくのを見た。二、三時間の後、ハラワは出てきて、金色の彼のフォルクスワーゲン・ゴルフに乗って去っていった。私は治安部隊に連絡して、ハラワは一人だと伝えた。

IDF兵士は近くの丘の上に停めた戦車の中から、ハラワの車を見張り、民間人を巻き添えにせずに砲弾を命中させるチャンスを狙っていた。最初に放った徹甲弾ミサイルはフロントガラスに向かっていったが、ハラワはそれが見えたのだろう、車のドアを開けて、飛び出そうとした。しかしもう間に合わなかった。そのミサイルは車を爆破し、ハラワを車の外に投げ出した。四、五〇〇メートル離れた場所に停めていた私の車は、その爆風で揺れた。二発目のミサイルは外れ、道路に当たった。ハラワのゴルフは燃え上がり、ハラワ自身もまた炎に包まれた。だが、彼は死んではいなかった。私は彼が全身火だるまになって痛みに絶叫しながら、通りを駆け抜けていくのを見て、心臓が飛び出しそうになった。

私たちはいったい何をしたんだ？

「何をしているんだ！」シン・ベットが、私の携帯電話の向こうから怒鳴った。彼らは現場近くに私の車がいるのを見つけたのだ。「殺されたいのか？　そこを離れろ！」

私はどんな攻撃現場にも近寄らないことになっていたが、成り行きを見ようと現場に近づいてしまったのだ。この攻撃に加担した者として、見届ける義務と責任があると感じたのだ。それは実に愚かなことであった。見つかったら、たまたま居合わせたというのには無理があるし、私が暗殺計画に関与していないとは誰も思わないだろうから、確実にバレていただろう。

その日の夕方、ハラワを見舞うため、私は父やマルワーン・バルグーティとともに病院に行った。ハラワの顔は恐ろしいほど焼けただれ、私は彼を見ることすらできなかった。しかし彼はあまりに狂信的すぎて、死ねないように見えた。

その後、数ヶ月間ハラワは身を隠していたが、誤って自身を撃ち、出血死寸前だという話を耳にした。しかし、それさえも、彼の勢いを止めることはできなかった。ハラワはひたすら、人殺しを続けた。そんなある日、ロアイが私に電話をしてきた。

「どこにいる？」

「家にいます」

「わかった、そこにいろよ」

私は、何が起こるのか尋ねなかった。ロアイの指示を信頼していた。二、三時間後、ロアイが再び電話をしてきた。どうやらハラワは、私の家の近くにあるフライドチキン・レストランで何人かの友人と食事をしているらしい。それをイスラエルのスパイが見つけ、ハラワ本人であることを確認した。ハラワとその友人がレストランを出たとき、二機のヘリコプターが空から一気に降下し、ミサイルを発射した。それが彼の最期だった。

ハラワ暗殺の後、アル・アクサ殉教者旅団のメンバーらがそのレストランに出向き、ハラワが車に乗る前に彼を最後に見たという人物の一人である十七歳の少年をあぶり出した。彼は身寄りのない孤児だった。そこで彼らはこの少年を拷問した。すると、彼はイスラエルの協力者であると白状した。彼らは少年を射殺し、遺体を車の後ろに縛りつけ、ラマッラ中を引きずりまわしたあげく、広場にあるタワーに吊るした。

同時にメディアが、イスラエルはマルワーン・バルグーティを暗殺しようとしたと派手に騒ぎ立て始めた。もちろん、そんな事実はない。シン・ベットは、彼を暗殺しないように注意して動いていることを私は知っていた。しかし、誰もが新聞やアルジャジーラ・テレビの報道を信じたので、マルワーン・バルグーティはその流言から、政争の具をつくりあげた。彼は自慢げに言い始めた。「そうだ、奴らは俺を暗殺しようとした。しかし奴らには俺は賢すぎる」と。

アブドゥラ・バルグーティはそのニュースを聞いて、やはり信じた。そこでアブドゥラはイスラエルへの報復に使えるよう、特別な爆弾をマルワーンの秘書に送った。マルワーンはアブドゥラに感謝し、恩義を感じた。

アブドゥラの登場は、イスラエルとパレスチナの紛争に劇的な変化をもたらした。第一に、彼の爆弾はこれまでのどの爆弾よりもずっと高性能で破壊力があった。それはイスラエルをより弱体化させ、爆弾テロを止めろという政府への圧力を増大させた。

第二に、アル・アクサ・インティファーダはもはやパレスチナに限定されたものではなくなっていた。バルグーティはクウェート生まれのよそ者だった。イスラエルにとっての別の脅威が国境の向こうに待ち構えていると、誰が想像できただろうか？

第三に、バルグーティは見失わずにいるのが容易な相手ではなかった。彼はハマスでもなければ、PAの人間でもない。バルグーティはバルグーティであり、正体不明の殺人マシーンなのだ。アブドゥラ逮捕の直後、PAはマルワーンに、アブドゥラが今後計画している攻撃について聞き出すように依頼した。

「わかった」とマルワーンは言った。「ハッサン・ユーセフにアブドゥラと話をさせよう」

マルワーンは、私の父が政治の腐敗を強く感じていることを知っていた。またハマスとPAとの間に和平をもたらそうとする父の努力についても聞いていた。マルワーンは父に電話をし、父はアブドゥラと話をすることを了承した。

父はハマスのメンバーではないアブドゥラ・バルグーティについては、何も聞いたことがなかった。しかし父はアブドゥラにこう警告した。「君が何か計画をあたためているのであれば、君はそれをPAに伝えなくてはいけない。そうすればさしあたりはその計画を私たちが止めて、イスラエルから受けている圧力を、少なくとも数週間は和らげる。もしまたドルフィやスバロのような爆発があれば、イスラエルはヨルダン川西岸に大挙して押し寄せてくるだろう。イスラエルはPAの指導者に強硬に出て、君を連れていくだろう」

アブドゥラは、爆弾を幾つかナブルスに送ったことを認めた。ナブルスでは闘士たちが四台の車に爆弾を積み、イスラエルの外務大臣シモン・ペレスが移動する際、それを取り囲み、大臣を暗殺する計画を立てていた。アブドゥラはまた、北部のハマスの爆破工作員が多数、イスラエルの国会議員を爆弾で吹き飛ばそうとしていることを明かした。残念ながら、アブドゥラは、誰が実行するのか、誰を狙っているのか、誰がペレスの暗殺を計画しているのかは知らなかった。アブドゥラが持っていたのは電話番号だけだった。

父は帰宅すると、アブドゥラから聞き出したことを私に話してくれた。私たちはいま、イスラエル政府の最高位の人間のひとり、外務大臣を暗殺する陰謀に関する情報を、内々に感知しているのだ。その結果を考えると寒気がした。

アブドゥラが持っていた電話番号に電話をする以外に、できることは何もないのは明らかだ。マルワーン・バルグーティは、アブドゥラに自分の電話を使ってほしくなかったし、父も同じ考えだった。私たちはイスラエル人が盗聴していることは知っていたし、誰もそのテロリスト集団に関わりたくなかった。

そこで父は私に、使い終わったらすぐにゴミ箱に捨てられる、使い捨ての携帯電話を買いに行かせた。私は電話を買い、番号を書き留めて、通話を逆探知できるようにシン・ベットに連絡した。

アブドゥラはナブルスに連絡し、とにかく指示があるまでは、計画をすべて止めろと命じた。イスラエルの諜報機関は何が計画されているかを知るやいなや、イスラエルの国会議員と閣僚全員を特別な警備態勢の下に置いた。結局数ヶ月後、事態は少し落ち着きを取り戻し始めた。

その間、マルワーンはずっとアブドゥラを釈放させようと働きかけていた。アブドゥラがマルワーンに、爆弾を提供してくれるからだけではない。より多くのイスラエル人を、アブドゥラに殺させたかったからでもある。マルワーン・バルグーティは、二回目のインティファーダの指導者であったうえ、自らもイスラエル兵や入植者を射殺しているテロリストでもあったのだ。

結局、ＰＡはアブドゥラ・バルグーティを解放した。シン・ベットは激怒した。

以後、何もかもが常軌を逸してしまった。

# 21章——ゲーム 二〇〇一年夏～二〇〇二年春

二〇〇一年八月二十七日、イスラエルのヘリコプターが二発のロケット弾をPFLPの事務総長アブ・アリ・ムスタファのオフィスに撃ち込んだ。机に向かっていたムスタファに、ロケット弾の一発が当たった。

翌日、激怒した五万人以上のパレスチナ人がムスタファの家族とともに、彼の葬儀に参列した。ムスタファは和平プロセスとオスロ合意に反対していたが、私の父のような穏健派で、私たちは何度も彼の講演を聞きに行ったことがあった。

イスラエルはムスタファに九件の自動車爆弾攻撃の容疑があるとしたが、それは間違いだった。私の父のように、彼は政治指導者であって、軍事部門のリーダーではない。イスラエルは彼に不利な証拠はまったく持っていなかった。私はそれが本当だと知っていた。しかし、それは問題ではなかった。どのみちイスラエルはムスタファを暗殺した。おそらく、ドルフィもしくはスバロ・レストランでの虐殺に対する報復として、というよりこれをとおしてヤセル・アラファトにメッセージを送りたかっただけ、というほうが正しいだろう。ムスタファはPFLPでの役職に加えて、PLOの執行委員会のメンバーでもあったのである。

二週間後の九月十一日、十九人のアルカイダのテロリストが米国で四機のジェット旅客機をハイジャックした。二機はニューヨーク市の世界貿易センタービルに激突。別の一機はワシントンの国防総省に突っ込んだ。そして四機目は、ペンシルベニア州のサマセット郡の野原に墜落した。テロリスト自身は別にして、合計二九七三名が亡くなった。

信じられない出来事がどんどん起こり続け、メディアはそれを必死に追っていた。世界中の人々がそうであったように、私はテレビの前に座って、ツインタワーが崩壊し、チャーチ・ストリートを白い灰が二月の大吹雪のように覆うのを、何度も繰り返し見た。パレスチナの子どもたちがガザの街でそれを祝っている映像を見たとき、私は恥ずかしい気持ちでいっぱいになった。

この攻撃で、パレスチナ人の大義も灰燼に帰した。テロリズムに対して——どんなテロでも、いかなる理由があろうとも、世界が声を一つにして反対を叫びはじめたからだ。その後、数週間にわたってシン・ベットは、9・11として知られることになる災害の瓦礫の中に教訓となるものを探し始めた。

なぜ米国の諜報機関は、惨事を食い止めることができなかったのか？　一つには、それぞれの諜報機関が別個に、競い合うように活動していたことが理由である。もう一つは、彼らはテクノロジー頼みで、テロリストと協力することがほとんどなかったことだ。その戦略は、冷戦時代には有効だったかもしれないが、しかし、テクノロジーで狂信的な思想と戦うのはかなり難しい。

一方イスラエルの諜報機関は、多くを人的資源に頼っていた。モスクやイスラム組織、指導者層の中にも無数のスパイを持っていた。そして最も危険なテロリストですら、取り込むことが容易にできた。イスラエルの諜報機関は、敵の内部に目と耳を持つ必要があること、同時に彼らの動機や感情を理解することで点と点を結ぶことができる、ということを知っていた。

米国はイスラム文化もイスラムのイデオロギーも理解していなかった。その上、国境は自由に行き来できるし、警備も厳重ではないので、イスラエルよりもずっと狙いやすかったのだ。私がスパイ役を務めたことで、イスラエルは数百人ものテロリストを街中から排除することができたが、それでもテロを完全に終わらせることはできそうにない。イスラエルのような小さな国ですらそうなのだ。

約一ヶ月後の十月十七日、PFLPの四人の狙撃兵がエルサレム・ハイアット・ホテルに侵入し、イスラエルの観光大臣レハベアム・ゼエヴィを暗殺した。彼らはそれをムスタファ暗殺に対する報復であると言った。観光大臣というのは一見したところ政治的問題とは関係がなさそうだが、ゼエヴィには狙われる明白な理由があった。彼はヨルダン川西岸とガザ地区の三百万人の人々が自発的に他のアラブ諸国に移らざるを得ないような悲惨な生活を強いる、という方針を公然と主張していたのだ。聞くところによるとゼエヴィはかつて、AP通信の記者にたとえをまじえて「パレスチナ人の中には『シラミ』のような連中がいるから駆除すべきだ。『増殖する癌』を抑えるように」(注8)と語った。売り言葉に買い言葉、殺し合いは続いた。目には目を――そして目に事欠くことは決してなかった。

それに至るまで数年間、私はシン・ベットが大量殺人を阻止するのを手助けするために、情報の断片をできる限り集めようと、必死で働いてきた。私たちはムハンマド・ジャマル・アル・ナツェーやサレー・タラフメ、そしてPAの収容所から解放された後、私が隠れ家へ連れていった三人の男の監視を続けていた。彼らは居場所を何度か替え、私と連絡を保っていたのはサレーだけだった。しかし、私たちは彼らの家族を通じて、また公衆電話の通話を傍受することで、他の者たちも追跡していた。

サレーは私を信頼し、いつも彼が住んでいる場所を知らせ、頻繁に私を住みかに招いてくれた。サレーのことを知るようになって、私は彼が本当に好きになった。彼は素晴らしい人だった。優秀な研究者で、電気工学のクラスをトップで卒業し、ビルザイト大学史上、最も優秀な学生のひとりだった。彼にとって、私はハッサン・ユーセフの息子であり、良き友人、良き話し相手だった。

私は、サレーとその妻マジェダ、五人の子どもたち(男の子二人と女の子三人)とよく一緒に過ごした。彼らの長男は私と同じモサブという名前だった。マジェダと子どもたちは、わずかの時間をサレーとともに過ごすために、ヘブロンからラマッラの彼の隠れ家のアパートへやって来た。私はまだそのとき、大学の勉強を続けていた。ある日の夕方、サレーは私に学校はどうだと尋ねた。

「何か問題はないかい?」

「うん、経済統計学が……」

「わかった。明日その本を持っておいで。一緒に勉強しよう。僕らだけの小さな授業だ」

私がそのことをロアイや他のシン・ベットの人間に話すと、彼らは喜んでいた。サレーの個別指導が、情報収集のよいカモフラージュになるだろうと考えたからだ。

しかし、それは私にとってはただのカモフラージュではなかった。サレーと私は友人になっていた。彼が勉強を教えてくれたので、実際、後日の試験では非常によくできた。私は彼を非常に大切に思っていたし、彼の子どもたちも愛していた。よく彼の家族と一緒にご飯を食べた。時間が経つにつれ、強いきずなが私たちの間に生まれていった。しかし、それは奇妙な関係だった。その頃すでに私は、サレーが非常に危険な男になっているのを知っていたからだ。しかしそれは一方で、私にも言えることだった。

二〇〇二年三月のある晩、私が家にいると二人の男が訪ねてきた。

私は用心しながら尋ねた。「何か御用ですか?」

「シェイク・ハッサン・ユーセフさんを探しているんです。大事な用なんです」

「大事な用とは？」

彼らは、自分たちは五人の自爆テロ実行犯のうちの二人で、ヨルダンから到着したところだと説明した。彼らの連絡員が拘束されてしまったため、安全な滞在場所が必要になったのだ。

「わかった」と私は言った。「私のところにきてよかった」と私は言った。

私は、彼らに何が必要なのかを尋ねた。

「私たちは爆発物と爆弾を大量に載せた車を持っています。それを安全に停めておく場所が必要なんです」

素晴らしい、と私は思った。爆弾を満載した車を私はどうすればいいだろう？　大急ぎで考える必要があった。家のそばのガレージに車を保管することに決めた。それが最善の策ではないのは明らかだったが、とりあえずそうするしかなかった。

「ほら、金だ」私は財布にあった金をすべて渡して言った。「どこか泊まれる場所を探して、今夜はここに戻ってくるんだ。今後どうするか決めよう」

彼らが去った後、私はロアイに電話をした。シン・ベットが来て車を処分してくれたので、ほっとした。

少しすると、五人の自爆テロ実行犯たち全員が戻ってきた。「よし」私は言った。「これからは私がハマスと君たちの連絡係だ。君らの標的や実行場所、そこまでの交通手段など、必要なものはすべて私が用意する。他言するな。さもないと、君らがイスラエル人を殺す前に、自分たちが死ぬことになるかもしれないぞ」

この状況は諜報機関にしてみれば、願ってもない状況だった。いままでのところ、この五人が自爆テロ実行犯であることは誰も知らない。彼らはまだ爆弾を爆発させていないのだから。この五人は突然、爆弾を載せた車とともに私の家にやって来たのだ。私が彼らの居場所をシン・ベットに伝えた三十分後、シャロン首相は彼らの暗殺を許可した。

「それはダメだ」と私はロアイに言った。

「何だと！」

「彼らがテロリストで、自爆しようとしていることはわかっている。しかし、この五人は何もわかっていない。自分たちが何をしているかわかっていないのだ。彼らを殺すことはできない。もし彼らを殺すというのであれば、私はもうこれっきりです」

「君はわれわれを脅迫する気か？」

「いいえ。でも僕のやり方をご存じでしょう。ハラワのときは例外です。あれがどういうことになったか覚えているでしょう。僕は殺人には加担はできない」

「では他にどんなやり方があるんだ？」

「奴らを逮捕してください」と私は言った。そうは言ったものの、それが自分でもまともな考えではないことはわかっていた。車と爆弾はわれわれが押さえている。しかし、あの連中はまだ爆弾のついたベルトを体に巻いていた。もし兵士が連中のいる部屋から約百メートル以内に近づいたら、ベルトを爆発させ、周囲の全員を道連れにしてしまうだろう。

たとえどうにかして誰にも危害を与えることなく、生け捕りにできたとしても、連中は尋問の際に必ず私の名前を出すだろう。そうなれば私は間違いなく終わりだ。最も安全なのはヘリコプターで二、三発のミサイルを連中のいるアパートに撃ち込んで終わりにすることだ、と私の自衛本能がささやいていた。

しかし、私の良心は新しい方向を向いていた。まだクリスチャンではなかったけれども、私は本当にイエスの教えに従おうとしていたのだ。アラーにとって殺人は問題ではなかった。それどころか、それを要求していた。しかし、イエスは私をより高い規範へと引き上げてくれたのだ。いま私は、テロリストでさえも殺してはいけないと気づいたのだ。

同時にシン・ベットにとって私は、なくてはならない貴重な存在になっていた。彼らはしぶしぶではあったが、最終的に暗殺を中止することに同意した。

「あの部屋の中で何をしているかを把握する必要がある」と彼らは言った。それで私は自爆テロ実行犯たちに、家具をいくつか届けると言ってアパートに向かった。彼らは知らなかったが、家具の中には盗聴器が仕込まれ、彼らの会話をすべて聞くことができるようになっていた。私たちは、誰が最初にやるか、二番目は、三番目はなどと話しているのを盗聴していた。誰もが一番目を望んでいた。そうすれば仲間が死ぬのを見なくてすむからだ。それはとても不気味だった。まるで死人同士の会話を聞いているようだった。

三月十六日、治安部隊が作戦の配置についた。自爆テロ実行犯たちがラマッラの中心部にいるためIDFは戦車で乗り入れることができなかった。兵士たちは徒歩で入らざるをえず、そのため今回の作戦は非常に危険だった。ロアイが電話で逐一現場の状況を伝えてくれたので、私は家で成り行きを追っていた。

「奴らは寝るぞ」

寝息が盗聴器から聞こえてくるのを、みなで待っていた。

最大の危険は、すぐに連中を起こしてしまうことだ。兵士たちは、自爆テロ実行犯たちがぴくりとも動かないうちに、ドアを通り抜けて、ベッドに到達しなければならない。盗聴器から聞こえるかすかないびきの中にわずかな物音が混じる。兵士が扉に爆薬を仕掛けているのだ。そして合図が出た。

ドアが爆発した。特殊部隊が小さなアパートの部屋に飛び込み、一人を除く全員を捕らえた。その一人は銃をつかむと、窓から下に飛び降り、地面にたたきつけられる前に、死んだ。

誰もが安堵のため息をもらした。私以外の全員が。男たちをジープに乗せるとすぐ、そのうちの一人が私の名前を出して、スパイは私だと言った。

私が最も恐れていたことが現実となった。私は窮地に立たされた。どうなるのか？

ロアイには解決策があった。シン・ベットはその男だけをヨルダンに追放し、残りの仲間三人を刑務所に送った。彼らは自分たちが刑務所にいる間、その男だけが家で自由に家族と楽しく過ごしているのだから当然、スパイは私ではなくその男だと思い込むだろう。すばらしい。

かろうじてではあったが、私はまたもや災難を逃れたのだった。しかし、少し調子に乗りすぎた。


ある日、シン・ベットの隊長であるアヴィ・ディクターから、私のシン・ベットでの働きに対する感謝のメッセージを受け取った。イスラエルの対テロ戦争の記録ファイルをすべて開いたが、そのどれにもグリーン・プリンスの名があったと彼は述べていた。これはお世辞であると同時に、警告でもあった。私にはそれがわかっていたし、ロアイもそれをわかっていた。これまでどおりに続けていたら、私は最後は死ぬことになる。私は足跡を長く残しすぎたのだ。誰かが偶然、私の足跡を見つけるのは、まちがいない。私は身ぎれいになる必要があった。

あの五人の自爆テロ実行犯の殺害に強硬に反対したことで、自身の立場が疑惑の目にさらされる危険が生じた。たとえば、刑務所に入れられた三人が、逮捕されたのはヨルダンに送り返された男のせいだと信じたとしても、彼らは自爆テロ実行犯に手を貸したと疑いのある人物を、イスラエルが見逃すようなことは決してないことも知っている。そして、私は彼らに大いに力を貸した。だったら、なぜ私は逮捕されないのだ？

自爆テロ実行犯の逮捕の一週間後、シン・ベットは私の正体が暴露されるのを防ぐため、二つのアイデアを提案した。一つは、彼らが私を逮捕し、刑務所に戻すことであった。しかしそうなると、私はイスラエルの暗殺作戦からこれ以上父を守ることができず、父に死刑判決を与えるのも同然となる。

「もう一つの道はゲームをすることだ」

「ゲーム？　どんなゲームだ？」

ロアイは、ど派手な事件を引き起こす必要があると言った。イスラエルは私を逮捕するか、殺すかすることを望んでいると、すべてのパレスチナ人が確信するような大事件を。しかも、説得力を持たせるためには、やらせでは駄目だ。本物でなくてはならない。IDFが本当に私を捕えようとしなければならない。それはすなわち、シン・ベットがIDF、つまり身内の人間を操作し、欺くということだ。

シン・ベットはIDFがこの重大な作戦に対応するのに、二、三時間しか与えなかった。シン・ベットはIDFに対し、ハッサン・ユーセフの息子である私は自爆犯と緊密な関係にあり、自らも爆発物を身に帯びている可能性がある非常に危険な若者である、と警告した。そして私が母を訪ねるために、父の家に夜来るとの情報をつかんだと伝えた。家にいる時間は短く、M16を持っているだろうとも。

なんと派手に宣伝してくれたことか。まったく、実に手の込んだゲームだった。

ＩＤＦは、私が最重要指名手配中のテロリストであり、今回もし失敗したら、私を二度と捕まえることができないだろうと信じ込まされていた。そこでＩＤＦは、絶対に失敗しないように全力を挙げて取り組んだ。アラブ人を装った特殊部隊のおとりが、すご腕の狙撃兵とともに、パレスチナ・ナンバーの乗用車で乗り入れ、私の家から二分のところに車を停めて合図を待った。戦車がパレスチナ自治区との境界から十五分ほどのところで待機していた。パレスチナ人のストリート・ファイターたちとのトラブルに備えて、武装ヘリコプターが空中から援護する用意も整えていた。

私は父の家の外に停めた自分の車の中でシン・ベットからの電話を待った。電話がきて、特殊部隊が私の家を包囲するまでちょうど六十秒。これが私が逃げるために与えられた時間だ。一瞬の隙も許されなかった。

その瞬間、母や小さな弟妹たちが、どれほどの恐怖に襲われるだろうと想像したとき、私は後悔の念で胸が痛んだ。例によって、父や私がすることすべての代償は、家族が払わなければならなかった。

私は母の美しい庭に目をやった。母は時間があればいつも、花を友人や親戚からもらってきては、植えていた。母はそれらの花を自分の子どものように大切に育てていた。

「どれだけ花があればいいの？」私はときどき母をからかった。

「あと少しだけ」母は決まってそう答えた。

母が、ある植物を指差して言ったことを思い出した。「これはあなたよりも年上なのよ。あなたがまだ子どものとき、植木鉢を壊してしまったけれども、それを大切に植え直したら、まだ生きているのよ」

数分後にやって来る特殊部隊に踏み潰されても、それはまだ生きているだろうか？

私の携帯電話が鳴った。

頭に血が昇り、心臓がどきどきした。私はエンジンをかけると、町の中心部にある新しい秘密の場所へと猛スピードで車を走らせた。私はもはや、逃亡者のふりをしているのではなかった。まさにその瞬間、私を逮捕するというよりも、殺そうとしている兵士が、私を探しているのだ。私がその場を離れた一分後、パレスチナのナンバーをつけた十台の一般乗用車がやってきて、わが家の前で急停止した。そしてイスラエルの特殊部隊が家を取り囲み、機関銃がドアと窓すべてに狙いを定めた。隣の家は子どもたちがいっぱいだ。弟のナセルもそこにいた。彼らはサッカーゲームをやめ、恐怖で散っていった。

兵士が配置につくやいなや二十輛以上の戦車が轟音を立ててやってきた。これで町全体が、何かが起きていることを知ることになった。私の潜伏場所にも、ディーゼルエンジンの轟音が聞こえてきた。パレスチナ武装勢力の数百人が父の家に駆けつけ、ＩＤＦを取り囲んだ。しかし、子どもがまだ逃げ場を求めて走っていたし、私の家族がまだ中にいるので、撃つことができなかった。

フェダイーンが到着するとともに、ヘリコプターも飛んできた。

私はそのとき突然、自爆テロ実行犯を助けたことは間違いだったのだろうかと思った。もしあのとき、ＩＤＦに彼らを爆撃させていさえすれば、私の家族や近所の人たちが今危険に直面することはなかっただろう。この混乱で身内の一人でも死ぬことがあったら、決して自分を許せないだろう。

私たちの手の込んだ演出を確実にグローバルなニュースとするために、私はシェイク・ハサン・ユーセフの家が攻撃されるだろうとアルジャジーラ・テレビにこっそり伝えていた。彼らはみな、イスラエル人がついに私の父を捕まえたと思い、父の逮捕を生中継したいと思った。拡声器が音を立て始め、兵士がシェイク・ハッサンの長男、モサブに手を上げて出てこいと要求するとき、彼らはどんな反応を示すだろうかと、私は想像した。私は自分のアパートに戻るとすぐにテレビのスイッチを入れ、他のアラブ世界の人々とともにそのドラマを見ていた。

軍隊は私の家族を避難させてから彼らに質問した。母は、彼らが到着する一分前に、私が去っていったと言った。もちろん、彼らは母の言うことを信じなかった。彼らはシン・ベットの言うことを信じた。このステージを一から十まで演出した当の本人であり、私のそばにいる人でゲームの始まりを唯一知っていたシン・ベットのことを。私が降服しないと、威嚇射撃を始めると兵士たちは脅した。

緊張の十分間、私が出てくるかどうか、また私が出てくるとしたら、銃を撃ちながら飛び出してくるのか、両手を上げて出てくるのか、誰もが固唾をのんで見守っていた。そして時間切れとなった。兵士たちは銃撃を開始し、二百発を超える銃弾が二階の私の寝室を穴だらけにした（今でも壁に弾痕が残っている）。もはや言葉が発せられることはなかった。彼らは明らかに私を殺すと決めていた。

突然、銃撃が止んだ。数秒後、ミサイルがヒューと音を立てながら空気を切って、私たちの家の半分を爆破した。兵士が中に駆け込んだ。彼らはしらみつぶしに部屋を捜索しているはずだ。しかし死体もなく、潜伏している者もなかった。

ＩＤＦは困惑し、私が彼らの手をすり抜けたことに憤慨していた。今捕まったら、私は即座に射殺されるだろうとロアイが電話で警告した。しかし、私たちにとってこの作戦は成功だった。誰も傷つけることなく、私は最重要指名手配人リストの一人に昇格したのだった。町中が私のことを噂していた。一夜にして、私は危険なテロリストとなった。

その後数ヶ月間、私には三つの優先事項があった。軍隊に近寄らないこと、父を守ること、そして機密情報を集め続けることだった。このとおりの優先順位で。

# 22章——ディフェンシブ・シールド（守りの壁）作戦　二〇〇二年春

暴力はエスカレートするいっぽうだった。

何人ものイスラエル人が撃たれ、刺され、爆弾で吹き飛ばされた。何人ものパレスチナ人たちが暗殺された。その悪循環はやむどころか、ますます加速していった。国際社会は、イスラエルに圧力をかけようとしたが無駄だった。

「不法な占拠を終わらせよ……。民間人の住む地域への爆撃、暗殺、不必要な武力行使、破壊、そして一般のパレスチナ民間人に対する日常的な侮辱をやめよ」二〇〇二年三月、国連事務総長コフィ・アナンはこう要請した（注9）。

私が暗殺から守った四人の自爆テロ実行犯が逮捕されたその日、欧州連合の指導者はイスラエルとパレスチナの双方に暴力の抑制を求めた。「この紛争に軍事的解決はない」（注10）と彼らは言った。

二〇〇二年三月二十七日、ユダヤ教の過越祭《すぎこしさい》のお祝いのため、ネタニヤのパーク・ホテル一階のダイニング・ルームには二百五十人の客が、伝統的な過越祭の食事をするために集まっていた。

そんな中、アブデル・バセッド・オデーという名の二十五歳のハマス工作員は、フロントの警備をすり抜け、ロビーの受付の前を通り、人でいっぱいのホールに入っていった。それからジャケットの中に手を入れた。

爆発により、三十人が死亡、約百四十人が負傷した。その中には、ホロコーストの生き残りもいた。ハマスは犯行声明を出し、攻撃の目的はベイルートで開催されているアラブ・サミットを失敗に終わらせることであると述べた。それにもかかわらず、翌日、サウジアラビアが主導するアラブ連盟は、イスラエルが一九六七年の国境まで後退し、難民問題を解決し、東エルサレムを首都とするパレスチナ人独立国家の設立に合意するならば、イスラエル国を認め、関係を正常化することを満場一致で可決したと発表した。イスラエルからこれらの譲歩を取りつけたならば、たとえハマスがまだ「全か無か？」の理想主義にこだわっていたとしても、私たちにとっては大きな勝利だっただろう。

それを察知してイスラエルは、究極の解決方法を計画していた。

二週間前、イスラエル当局は、ラマッラと対の都市であるアル・ビーレを占拠することによって、パレスチナ地域への侵入を試みることを決めていた。軍事アナリストは、イスラエル側の犠牲者が多数出るだろうと警告した。しかしそれは取り越し苦労だった。

ＩＤＦは五人のパレスチナ人を殺して、夜間外出禁止令を出し、いくつかの建物を占拠した。また、巨大なＤ９装甲車がアル・アマーリ難民キャンプにあるいくつかの家を破壊した。その中にはワッファ・イドゥリスの家もあった。ワッファは初の女性自爆テロ実行犯で、一月二十七日にエルサレムの靴屋の外で自爆、八十一歳のイスラエル人を殺害し、百人を負傷させた。

しかし、パーク・ホテルでの自爆テロの後、その侵入の試みは意味を失った。イスラエル内閣は、「ディフェンシブ・シールド（守りの壁）」というコード名の、前例のない作戦を開始することに、ゴーサインを出したのだ。

私の電話が鳴った。ロアイからだった。

「どうした？」私は尋ねた。

「ＩＤＦが全軍集結している。今夜、われわれはサレーとその他すべての逃亡者を拘留する」とロアイが言った。

「どういう意味だ？」

「われわれは、ヨルダン川西岸全体を再占領し、どんなに時間がかかっても、すべての家とオフィスビルを捜索する。そこから動くな。また連絡する」

ワーオ、そいつは凄い！　これでこのばかげた戦争を終わらせることができるかもしれない。

噂は西岸地区全体を駆けめぐった。パレスチナの指導者たちは、何かが起きていることは気づいていたが、それが何かはまったくわからなかった。人々は職場や病院、学校などから帰宅し、テレビの前でニュースを待った。私は父をアメリカ人が所有している家に移動させた。シン・ベットは、そこなら安全だろうと保証した。

三月二十九日、私はアル・ビーレのナブルス・ロードにあるシティ・イン・ホテルにチェックインした。そこはBBCやCNNをはじめ、各国のメディアが拠点としていた。父と私は無線機で連絡を取り合った。

シン・ベットは私がホテルにいて、チップスを食べながら、テレビでも見ているだろうと思っていた。しかし私は、こんな重要な機会を逃したくなかった。私はすべてを見届けたかったので、M16を肩に掛けて出かけた。どう見ても逃亡者のようだった。私はラマッラ図書館の隣の丘に登った。そこからは父のいる町の南東側が見えた。そこなら安全だろうし、戦車の音がしたらすぐにホテルに走って戻れると判断したのだ。

真夜中ごろ、数百輛のメルカバ戦車の轟音が街中に響いた。まさか、いっぺんに四方八方から侵入してくるとは、そしてこんなにスピードが速いとは思ってもいなかった。道幅が狭いので戦車の操縦者が停めてあった車を踏み潰して進むしかない道もあった。幅が十分あっても、兵士たちは踏み潰したときの金属音を楽しむように、車の上を走行した。難民キャンプの通りは幅が路地くらいしかないので、戦車は軽量コンクリートブロックで造られている家々を、砂礫に変えながら通り抜けた。

「無線機の電源を切って！」私は父に言った。「伏せて！　頭を下げて！」

私は道のカーブに父のアウディを駐車していた。私は戦車がその車をペシャンコに踏み潰す恐ろしい光景を見た。車をそこに置いておくべきではなかったのだ。どうすればいいかわからなかった。ロアイに電話して、私がランボーの真似事をしようと思っただけなのだから作戦を止めてくれと頼むことなどできなかった。

私は町の中心部に向かって走り、地下駐車場にもぐり込んだ。接近してくる戦車のほんの数メートル手前で、地上には部隊はまだいなかった。みな、メルカバ戦車が一帯を占拠するのを待っていた。突然、私は恐ろしい事実に気づいた。パレスチナ抵抗勢力の多くが、私の頭上の建物にオフィスを構えていたのだ。私は主要ターゲットに逃げ込んでしまったのだ。

戦車には識別する力はない。シン・ベットの協力者かテロリストか、キリスト教徒かイスラム教徒か、武装した兵士か非武装の民間人か、区別できない。戦車の中の若い兵士たちも、私と同じように脅えていたに違いない。私の周りじゅうで、私そっくりの格好をした男たちが戦車に向かってAK—47を発砲していた。

バン、バン、バン。銃弾はおもちゃのようにはね返った。ドーン！　鼓膜が破れるような轟音をあげて戦車が応酬する。

私の周りでビルの巨大な破片が、粉塵を上げて崩れ落ちてきた。ドスンドスンという砲撃の音が腹の底に響く。致命的なパンチのようだった。けたたましい機関銃の音が、すべての壁に反響していた。そしてまたもや爆発音。粉塵で何も見えない。石や金属の破片が宙を飛び交っている。

ここから逃げ出さねばならない。でもどうやって？　突然、ファタハの戦闘集団が駐車場に駆け込んできて、私の周りにかがみこんだ。これはまずい。今兵士がやって来たらどうなる？　フェダイーンは発砲を開始するだろう。私も撃つのか？　もしそうなら誰に向かって？　撃たなくても、どちらにしても私は殺される。しかし、私は誰も殺すことはできない。できると思ったこともあった。でももうできない。

さらに何人かの戦闘員が入ってきた。走りながら互いに呼びかけあっている。そして次の瞬間、すべてが止まったようになった。誰もが息を止めた。

ＩＤＦの兵士が用心しながら駐車場に入ってきた。近づいてくる。何が起こるにせよ、それがきっかけで数秒のうちに戦闘が始まるだろう。懐中電灯が、人の白目や武器の反射光を探す。兵士たちは耳を澄ます。われわれはそれを見つめている。どちらも汗まみれの人差し指を引き金にかけたまま。

そして、紅海の水がわかれたような奇跡が起こった。

暗くじめじめした駐車場の奥へこれ以上進むのが怖かったのか、単にいつも一緒の戦車なしでは心細くなったのかはわからないが、とにかく兵士たちは立ち止まり、向きを変えて出て行ったのだ。

彼らが見えなくなってから私は上の階に行き、ロアイに電話できる場所を見つけた。

「僕がホテルに戻るので、ＩＤＦに二ブロックほど下がるように言ってもらえないかな？」

「なに！　お前どこにいるんだ？　なぜホテルにいない？」

「仕事をしてるんだ」

「ばかか、お前！」

気まずい沈黙が流れた。

「わかった。やってみよう」

戦車と軍を動かすのに二時間ほどかかった。兵士たちは、自分たちがなぜ後退しなければならないのかと不思議に思ったに違いない。彼らが移動すると、屋根から屋根へと飛び移って部屋に戻った。もう少しで足の骨を折るところだった。私はドアを閉めると、テロリスト用の服を脱ぎ武器をはずして、それらを空調ダクトの中に押し込んだ。

その間、私の父が隠れていた家はまさに嵐のど真ん中にあった。ＩＤＦは父がいた家の周りのすべての建物の内部や裏手、さらには岩の下まで捜索した。しかし彼らは、その家にだけは入らないようにと命令を受けていた。

その家の中では父がコーランを読み、祈っていた。家主もコーランを読み、祈った。彼の妻もコーランを読み、祈った。それから、部隊はどういうわけかそこを去り、別の地域を捜索し始めた。

「モサブ、お前は奇跡を信じないだろうな！」と父は後に電話で言った。

「信じられなかったよ！　彼らはやって来て、周りのすべての家を調べていったんだ。近所じゅうを。われわれのいた家だけを除いて。アラーは讃《ほ》むべきかな！」

〝どういたしまして〟と、私は心の中で思った。

六日戦争以来、「ディフェンシブ・シールド」のような作戦は一度も行われたことはなかった。そして、これはほんの始まりだった。作戦の最初の矛先はラマッラに向けられた。続いてベツレヘム、ジェニン、ナブルスと続いた。

私がIDFを避けて走り回っている間、IDFはヤセル・アラファトの公邸を取り囲んでいた。すべてが封鎖され、厳しい夜間外出禁止令が出された。

四月二日、戦車と軍事人員輸送車がベテュニアの私の家の近くにある予防保安施設を取り囲んだ。武装ヘリコプターが頭上で音を立てていた。われわれはPAがその施設に少なくとも五十名の指名手配犯を匿っていることを知っていた。そしてシン・ベットはどこへいっても手ぶらで帰ってくることになり、イライラしていた。

PAのその施設は四棟の建物に加え、ジブリル・ラジョブ大佐（注11）ら治安局長が住む四階建てのオフィスビルから成っていた。施設全体がCIAによって設計され、建設され、装備されていた。警官はCIAによって訓練され、武器も供与されていた。CIAはそこにオフィスまで持っていた。何百人もの武装した警官が、ビラル・バルグーティら、イスラエルの暗殺リストに載っている連中を含む多くの囚人たちとともにいた。シン・ベットとIDFはそういうばかげた状況は許さないという雰囲気だった。IDFは拡声器を通して、五分以内に第一ビルディングを爆破するので、全員外に出るようにと伝えた。

正確に五分後、バーン！　次は第二ビルディングだ。「全員外に出ろ！」、バーン！　第三ビルディング、バーン！　第四、バーン！

「服を脱げ！」拡声器を通じて命令が飛ばされた。まだ武装している者、爆発物を所持している者がいるかもしれない。ＩＤＦは危ない橋を渡るわけにはいかなかった。数百人の男たちが裸になった。彼らはジャンプスーツを与えられると、バスに乗せられ、近くのオフェル軍事基地に連れて行かれた。そこで、シン・ベットは誤りをおかしたことに気づいた。

当然のことながら、これだけの人数を監禁する場所がなかった。しかし、とにかくＩＤＦが放したくないのは逃亡者たちだけだ。そこで拘留者をふるいにかけ、容疑者リストにない人間は全部釈放することにした。問題は、全員がＰＡの施設に衣服——ＩＤカードの入っている——を置いてきたことだ。治安部隊はどのように容疑者と警官を区別すればよいのだ？

ロアイのボスのボス、オフェル・デッケルが担当した。彼は、ジブリル・ラジョブ大佐に電話をした。大佐は攻撃のときにＰＡの施設にいなかったのだ。デッケルはラジョブに特別な許可を与え、ラジョブは数百の戦車と数千人の兵士の間を安全に通過することができた。ラジョブが到着すると、デッケルは彼に、誰が警官で、誰が逃亡者かを教えてほしいと頼んだ。ラジョブは、喜んで協力すると言った。そしてさっさと両者を分けていった。警官を逃亡者に、逃亡者を警官にし、シン・ベットは容疑者全員を釈放することになってしまった。

「何だってあんなことをしてくれたんだ?」その事実が判明した後、デッケルはラジョブを問い詰めた。

「お前たちは私のオフィスと建物を破壊しただろう」だから当然だというように、ラジョブは冷静に答えた。

デッケルは忘れていたようだが、一年前にはラジョブのPAの相棒が、IDFの戦車とヘリコプターの攻撃で家を破壊され、負傷していた。だからラジョブには、IDFに協力する気などさらさらなかったのだ。

シン・ベットは大いに恥をかいた。仕返しにできることといえば、CIAによる仲介を経て、イスラエルが指名手配した連中を逃がした反逆者という烙印をラジョブに押し、公報に載せることだけだった。結果として、ラジョブは権力を失い、最終的にパレスチナ・サッカー協会の会長の座に落ち着いた。

この作戦は、間違いなく大失敗だった。

次の三週間、IDFはときおり夜間外出禁止令を解除した。その中休みの日だった四月十五日、私は食物や他の必需品をいくらか父に持って行くことができた。父は、その家は安全ではないように感じるので、移動したいと言った。私はハマス指導者の一人に電話をし、ハッサン・ユーセフを安全に匿うことができる場所がどこかにないか尋ねた。彼は、父をシェイク・ジャマル・アル・タウィールが隠れている場所に連れていくように言った。彼もハマス逃亡者のリストに載っている一人だった。

やったぞ、と私は思った。ジャマル・アル・タウィールを逮捕できれば、シン・ベットはディフェンシブ・シールド作戦に関して大いに気分をよくするだろう。私は彼に感謝しながらも言った。「父を同じところに置いておかないほうがいい。二人が一緒にいるのは危険すぎる」

私たちは別の隠れ家にすることで合意し、私は急ぎ父をその安全な場所に連れていった。それからロアイに電話をした。

「ジャマル・アル・タウィールがどこに隠れているかわかった」

ロアイはそのニュースを信じることができなかったが、ジャマル・アル・タウィールはまさにその夜、逮捕された。

その同じ日、われわれはIDFの最重要指名手配犯マルワーン・バルグーティも捕まえた。マルワーンはハマスで最も逃げ足の速いリーダーだったが、彼を捕まえるのは実際のところ簡単だった。私は彼の護衛のひとりの携帯電話に電話をし、ちょっと話をした。その間にシン・ベットが逆探知した。バルグーティは後に民事裁判にかけられ、立て続けに五つの終身刑を宣告された。

その間、ディフェンシブ・シールド作戦が、国際ニュースの見出しとならなかった日は一日もなかった。喜ばしい見出しはほとんどなかった。ジェニンからは大虐殺の噂が流れてきた。しかしIDFがジェニンを封鎖していたので、誰も確認はとれなかった。パレスチナの閣僚サエブ・

エリカットは、五百人が死んだと言った。その数字は後に約五十人に訂正された。

ベツレヘムでは、二百人を超えるパレスチナ人が五週間ほど生誕教会に閉じ込められた。騒ぎが治まり、民間人のほとんどが帰るのを許された後、パレスチナ人八人が殺され、二十六人はガザに送られ、八十五人がＩＤＦによる取り調べを受けたのち釈放された。そして最重要指名手配犯の十三人はヨーロッパに追放された。

ディフェンシブ・シールド作戦で、総計五百人近いパレスチナ人が殺され、千五百人が負傷し、約四千三百人がＩＤＦによって拘束された。一方、イスラエル人の死者は二十九人、負傷者は百二十七人だった。世界銀行は、損害額は約三億六千万ドルを超えると見積もった。

# 23章——神のご加護　二〇〇二年夏

二〇〇二年七月三十一日の水曜日は焼けつくように暑い日だった。気温は華氏一〇二度。ヘブライ大学のスコーパスキャンパスでは、試験を受けている学生はまだいたが、授業はなかった。他の学生たちはみな、秋の授業の登録をするために並んでいた。午後一時三十分、大学構内のフランク・シナトラ・カフェテリアは、涼んだり、冷たい飲み物を飲んだり、おしゃべりをしたりする人たちで賑わっていた。誰も日雇いの塗装工が置いていった鞄には気づかなかった。

凄まじい爆発が起きた。カフェテリアの内部は破壊しつくされ、アメリカ人五人を含む、九人が命を落とした。さらに八十五人が負傷し、うち十四人は重症だった。

同じ日、私の親友であるサレーが姿を消した。最重要指名手配犯のリストにある他の四人の居場所を確認すると、彼らも跡形もなく姿を消していた。家族とさえも連絡を断っていた。われわれはその爆弾を仕掛けたハマス下部組織を割り出すことができた。そのメンバーは占領地ではなく、イスラエル内にいることもわかった。彼らは、行きたいところにはどこにでも行けるイスラエルの青い身分証明書を持っていた。五人は東エルサレムの出身だった。既婚者で、よい家族がいてまともな仕事についていた。

捜査の過程で、ひとつの名前が浮かび上がった。モハンメド・アルマン。ラマッラのある村の住人だった。アルマンは拷問され、ヘブライ大学爆破テロの背後にいる人物が誰か吐くよう迫られた。彼は「シェイク」という名前しか知らないと答えた。

尋問官は、テロ容疑者の顔写真ファイルを持ってきた。アメリカの警察にある顔写真を並べた本のようなものだ。尋問官は「シェイク」を指し示すよう言った。アルマンはイブラヒム・ハメッドの写真を指差した。これで、ハメッドが自爆テロに関与していることを示す最初の確固たる証拠をわれわれはつかんだ。

後で知ったのだが、ハメッドは自分の関与がばれたと知ると、今度はサレーや他の下部組織を庇《かば》うために、すべては自分がやったことにした。指揮下にある組織のメンバー全員に、捕えられたら、責任はすべてハメッドにあると言うように命じた。ハメッドには失うものが何もなかったからだ。それで当面、捜査はイブラヒム・ハメッドのところで行き詰まってしまった。その上、彼はどこにも見つからなかった。

ディフェンシブ・シールド作戦の後数ヶ月間、ラマッラには夜間外出禁止令が敷かれた。アラファトの計画はほとんど止められていた。USAIDはプロジェクトを棚上げし、従業員がヨルダン川西岸に入ることを許可しなかった。イスラエルの検問所は町を封鎖し、救急車以外は出入りさせなかった。そして私は表向きには逃亡者だった。そんなわけで、私は外を自由に出歩けなくなった。しかしいまでも、電話では話せない進行中の作戦について話し合いをするために、一週置きくらいでシン・ベットと会わなければならなかった。

それと同じくらい重要だったのは、私自身に心の支えが必要だったことだ。孤独は極みに達していた。自分の町にいながら、よそ者のようになってしまった。私は誰とも、家族とでさえも、人生を分かち合うことができなかった。それに、私は他の誰も信頼することができなかった。通常、ロアイとはエルサレムにあるシン・ベットの隠れ家の一つで会っていた。しかし私はもうラマッラを出ることができなくなってしまった。私が日中、街角で人目に触れることさえ危険だった。いつも普通にしていたことが、何もできなくなってしまった。

特殊部隊がパレスチナナンバーの車で私を迎えにくれば、彼らはフェダイーンに止められて、アクセントでその正体がばれてしまう危険性があった。IDFの制服を着たシン・ベットのメンバーが私を誘拐するふりをすれば、誰かがジープに飛び込んで、私を止めようとするかもしれない。仮にそれがうまくいったとしても、そんなやり方で何回ごまかすことができるだろう？最終的にシン・ベットは、より独創的な密会の方法を考え出した。

ラマッラの南数マイルにあるオフェル軍事基地は、イスラエルで最高にセキュリティが厳重な施設のひとつだった。そこは機密情報が結集しており、しっかりと防御されていた。シン・ベットの支局もそこにあった。

「よし」とロアイは言った。「今後われわれは、オフェルで会うことにしよう。君のやることは、そこに侵入することだけだ」とロアイは言った。

二人で思わず笑ってしまった。でも私はすぐに、彼が本気だとわかった。

「もし君が捕まったら、爆弾を仕掛けるために軍事施設に侵入しようとしたのだと、誰の目にも映るだろう」と彼は説明した。

「もし捕まったらって?」

それは厄介な計画だった。そしてある晩遅く、行動に出るときがきた。まるで舞台の初日を迎える俳優のような心境だった。一度も着たことがない衣装をつけ、台本もリハーサルもなしに、見たことのないステージに今まさに飛び出そうとするような。

そのときは知らなかったが、私が侵入することになっていた、外側の防御壁にある二つの見張り塔に、シン・ベットのエージェントが配置されていた。しかも、私が尾行されないとも限らないので、武装したシン・ベットのメンバーが私を護衛するため、暗視スコープで、私の進むルートに沿って監視していたのだ。

ずっと私の頭にあったのは、間違いをおかしたらどうなるかということだった。

私は人目につかない場所に車を停めた。ロアイには、黒っぽい色の服を着て、懐中電灯は持たず、ボルトカッターを持ってくるよう指示されていた。私は深呼吸をした。

丘に向かって進んでいくと、遠くにベース・ライトの明かりがまたたいているのが見えた。しばらく、でこぼこ道の起伏をたどっていく間、野良犬の群れが吠えながらついてきた。しかし気づかれない限り、それは問題なかった。

やっと外の囲いにたどり着くと、ロアイに電話した。

「角から七本目の柱だ。私が合図を送ったら、切り始めろ」と彼は言った。

私は古いほうのフェンスを切って通り抜けた。第二次インティファーダが始まったときに、もともとあったフェンスの約二十フィート内側に新しいフェンスが造られたのだ。

番ブタには注意しろと言われていたが（番犬ではない。そう、番ブタである）、ブタには遭遇しなかった。外側と内側の防御壁の間には走路があるのだ。世界中どこの軍事基地にも、そういう走路はあるが、ジャーマンシェパードなどのよく訓練された攻撃犬がパトロールしているものだ。皮肉なことに、コーシェル（ユダヤ教の食事規定）を守る意識が高いイスラエル人はブタを使っているのである。これは本当だ。

テロリストになる者には信心深いイスラム教徒が多いため、ブタがいること、ブタと接触する恐れが、心理的抑止力になると考えられているのだ。正統派ユダヤ教と同じくらい厳しく、いやそれ以上に、イスラム教はブタとの接触を禁じている。

ブタが入植地の番をするのを見たことはなかったが、オフェル軍事基地ではブタが見張り番だ、とロアイは言った。

私はフェンスの内側に、小さなドアを見つけた。そのドアには鍵がかかっていなかった。ドアを抜けると、そこは両側に悪魔の角のように見張り塔がそびえたつ、イスラエルで最も安全な軍事基地のひとつだった。

「頭を下げて、合図を待て」とロアイが私の耳元でささやいた。

周りじゅうが茂みだった。少しすると、茂みのいくつかが動き始めた。次の瞬間、外に出て来たのは、いつも私たちの会合に出席していたエージェントたちだった。しかしこのときは、彼らは重機関銃を持ち、木の枝を全体に差したＩＤＦの迷彩服を着ていた。彼らがコマンド役を演じるのを楽しんでいたのはまちがいない。テロリストやフェダイーンから、老人やときには女性に至るまで変装する彼らのレパートリーに、また新たな役が一つ加わったのだ。

「どうしてる?」あたかもカフェに一緒に入って座ったところで言うように尋ねた。

「うまくいっているかい?」

「うまくいってるよ」

「何か手に入れたか?」

ときおり私は録音機や証拠品などを持ってきていたが、今回は手ぶらだった。

雨が降り始め、私たちは丘を越えて、二台のジープが待つ場所へと走った。一台目のジープに三人が飛び乗り、私は後部座席に飛び乗った。他の人たちは私の帰りを守るために、二台目のジープに残った。雨がかなり激しかったので、残った男たちに私は同情した。しかし、彼らは彼らでまだ楽しんでいるようだった。

ロアイと彼のボスと護衛との数時間の会合の後、私は来た道を通って家に帰った。帰る道は長く、濡れていて寒かったが、自分に満足を感じていた。

これがわれわれの通常の会い方となった。毎回、振り付けは完璧で、演技もそつがなかった。もうフェンスを切る必要はなかったが、私は万が一に備えていつもカッターを持ち歩いた。

派手に注目を浴びたIDFの捜索から逃亡して以来ずっと、私は父から目を離さず、父の安否を確かめ、何か必要なものがないか気を配っていた。ときどきUSAIDのオフィスに立ち寄ったが、ほとんどの仕事が中断されていたので、しなければならないことはほとんどなく、家で自分のコンピューターから作業を終わらせることができた。夜は指名手配されている連中とともに過ごし、情報を集めた。そして一ヶ月に一、二回、夜遅く会合に出席するため、最高機密軍事施設に極秘で潜入した。

空いている時間には、相変わらずクリスチャンの友人たちとともに過ごし、イエスの愛について語り合ったりした。実際、イエスの愛は私に語られる以上のものだった。私はわが師イエスの一介の弟子にすぎなかったが、毎日神の愛と保護を体験していると感じていた。そしてそれは、私の家族にも同様に広がっているように思えた。

ある日の午後、特殊部隊の兵士がシティ・インで逃亡者を捜索していた。しかし見つからなかったので、近くの家で休憩をとることにした。このようなことは日常茶飯事だった。IDFには指令や許可は必要なかった。比較的平穏なときは、特殊部隊の兵士たちは誰かの家に勝手に上がり込んで数時間休息し、たぶん何か食べたりしていた。戦闘が激しい間は、ときおり民家に侵入し、住人を人間の盾として使った。これはフェダイーンがよくやっていることでもある。

その日、彼らは父が隠れている家を選んだ。そんなことになっているとは、シン・ベットは知らなかった。われわれの誰も知らなかった。実際、兵士がどの日にどの家を選ぶかは、誰にも予想がつかず、阻止しようがない。そして彼らがやって来たとき、父は〝たまたま〟地階室にいた。「犬は中に入れないでいただけませんか？　小さな子どもがいますので」そこに住んでいた女性は兵士に頼んだ。

彼女の夫は、ハッサン・ユーセフが見つかり、逃亡者を匿った罪で自分たちが逮捕されることを恐れていた。そこで彼は努めて恐れを隠し、いつもどおりに振る舞った。彼は七歳の娘に、握手しに行きなさいと言った。司令官は小さな女の子に気持ちが和み、その子も両親もテロリストとはまったく無関係の普通の家族だろうと思った。司令官は母親に、部下が二階でしばらく休んでもよいかどうか礼儀正しく尋ねた。彼女はどうぞと答えた。約二十五人のイスラエル兵が八時間以上その家に滞在した。文字どおり、彼らの真下に父がいることに気づかないまま。

私はいわく言いがたい、超自然的な神のご加護と介在を感じた。それは私にとってまさに実在するものだった。

アハマド・アル・ファランシ（かつて私に自爆テロ犯に与える爆発物の調達を依頼してきた人物）が、ラマッラの中心部から電話してきて車で家に送ってもらえないかとたずねた。私はちょうどそのあたりにいるので、数分でそちらに行くと答えた。到着すると彼は車に乗り込み、私は車を発進させた。

しばらく行くと、アル・ファランシの携帯電話が鳴った。アル・ファランシはエルサレムの暗殺リストに載っており、アラファトの本部が電話で、イスラエルのヘリコプターが彼を追跡していると警告してきたのだった。

私が窓を開けると、二機のアパッチが迫ってくる音がした。神の語りかけを心の中に聞いたことのない人には奇異に感じられるかもしれないが、この日私は確かに、神が私の心に語りかけ、二つのビルの間を左に曲がるよう指示するのを聞いたのだ。後で知ったことだが、もし直進していたら、私の車はＩＤＦの銃弾をもろに受けていたところだった。左折するとすぐ、「車から降りて離れよ」と神の声が言うのを聞いた。私たちは車から飛び出して走った。ヘリコプターがターゲットを再び発見したとき操縦者が目にしたのは、停止して二つのドアが開いたままの車だけだった。ヘリコプターは約六十秒ほど空中に停止し、やがて飛び去った。

イスラエルの諜報機関は、アル・ファランシがダークブルーのアウディA4に乗り込んだという情報を得ていたことを後で知った。街には似たような車が何台もある。そのときロアイは私の位置を確認できるオペレーション・ルームにはおらず、このアウディがグリーン・プリンスの車ではないかと尋ねようとする者もいなかった。シン・ベットでも、私の存在を知っているのはほんのひと握りの人間だけだったのだ。

どういうわけか、私はいつも神の保護を得ているようだった。私はまだクリスチャンでさえなく、間違いなくアル・ファランシは神を知らない。しかし私のキリスト教徒の友人たちは、毎日私のために祈ってくれていた。そして、主イエスは、『マタイによる福音書』五章四十五節でこう言っている。「天の父は、悪い者の上にも良い者の上にも、太陽をのぼらせ、正しい者にも正しくない者にも、雨を降らして下さるからである。」これは確かに無慈悲で復讐心の強いコーランの神とは、はなはだしく違うものであった。

# 24章――保護拘置　二〇〇二年秋〜二〇〇三年春

私は疲れ果てていた。一度に多くの危険な役割を演じるのに嫌気がさし、一緒にいる相手に合わせて人格や外見を変えなくてはならないことにもうんざりしていた。父やハマス指導者たちと一緒にいるときは、ハマスの忠実なメンバーの役を演じなければならなかった。シン・ベットといるときは、イスラエルの協力者の役を演じなくてはならず、家にいるときは、しばしば弟妹たちの父親兼保護者役を演じ、仕事中は、ごく普通の勤め人役を演じなければならなかった。大学は最終学期を迎えていて、試験勉強もしなければならなかった。しかし、集中できなかった。

二〇〇二年九月末のことだった。私は、シン・ベットと開始した劇の第二幕、偽装逮捕を演じるときがきたと決心した。

「このまま続けることはできない」と私はロアイに言った。「どのくらいにする？　刑務所で数ケ月収監？　ひととおり尋問ごっこをしたら、あなたは私を釈放する。私は戻って学校を卒業でき、USAIDでの仕事に戻って普通の生活を送る」

「親父《おやじ》さんはどうするんだ？」

「暗殺されるのがわかっているのに、父を置いていくつもりはない。いいから、父も逮捕してくれ」

「それが望みなら。政府は、われわれがついにハッサン・ユーセフを逮捕したと喜ぶこと間違いなしだ」

私は、父が隠れている場所を母に伝え、父のもとに行かせた。母が隠れ家に到着した五分後、特殊部隊がその一帯になだれ込んだ。兵士たちは民間人に家の中に入れと叫びながら、近隣を駆け抜けた。

〝民間人〟の中に、家の前でナルギレ（トルコ式水タバコ）を吸っている男がいた。その男こそ爆弾作りの達人、アブドゥラ・バルグーティその人だった。彼は自分がハッサン・ユーセフの隠れ家の向かいに住んでいるとはまったく知らなかった。そしてアブドゥラ・バルグーティに家に入れと言った情けないIDFの兵士は、自分が最重要指名手配中の大量殺人犯に向かってそう叫んでいるとは思ってもいなかったのだ。

誰も何もわかっていなかった。父は自分の息子が暗殺から自分を守ろうとして身柄を引き渡したとは、まったく想像もつかなかった。またイスラエル軍は、シン・ベットがずっとハッサン・ユーセフの居場所を知っていたこと、何人かのイスラエル軍兵士が彼の隠れ家でランチを食べ、休憩したことがあるなどとは、思ってもみなかった。

いつものように、父は穏やかに逮捕に応じた。そして、父も他のハマス指導者たちも、シン・ベットが私の母を尾行して父の潜伏場所をつきとめたのだと思い込んだ。当然、母は悲しんだ。しかし同時に、夫がイスラエルの暗殺者リスト上にはもはやなく、どこか安全なところにいることに安堵してもいた。

「今夜会おう」騒動の後、ロアイは言った。

太陽が地平線に沈み始めた頃、私は家にいて、約二十人から成る特殊部隊が素早く配置につくのを窓から見ていた。どうなるかわかっていたので、少々手荒い扱いをされてもいいように、心の準備をした。数分後、ジープが走り込んできた。次いで戦車が来た。ＩＤＦはこの一帯を封鎖した。誰かがバルコニーに飛び上がり、別の誰かがドアを叩いた。

「誰ですか？」私は知らないふりをして聞いた。

「ＩＤＦだ！　ドアを開けろ！」

ドアを開けると、彼らは私を床に押し倒し、武器を持っていないかどうか素早く確認した。

「他にも誰かいるか？」

「いいや」

なぜわざわざ聞いたのかわからない。いずれにせよ彼らはドアを蹴破って入り、部屋から部屋へと家中を捜索した。外に出ると、目の前に友人がいた。

「どこにいたんだ?」ロアイが尋ねた。演じているとおりの人間であるかのように乱暴な口調で。「ずっと探していたんだぞ。殺されたいのか? 去年お前は父親の家から逃げ出した。頭がいかれてるんじゃないのか」

兵士たちは、こちらを睨みながら聞いていた。

「お前の父親を捕まえたぞ。とうとうお前も捕えた! 取り調べで何を話すのか見物だな」と彼は言った。

二人の兵士に、私はジープの中に投げ込まれた。ロアイが来て、誰にも聞こえないように身を屈めて尋ねた。「おい相棒、大丈夫か? 問題はないか? 手錠はきつすぎないか?」

「大丈夫だ」と私は言った。「早くここから出してくれ。それから車の中で、兵士連中に暴力を振るわせないでくれよ」

「心配するな。部下の一人がついているから」

私はオフェル軍事基地に連れていかれ、かつてコーヒーを飲みながら四方山話をする、二、三時間の〝尋問〟に使われた部屋に座らされた。

「われわれは君をマスコビエに連れていく」とロアイは言った。「ほんの短い間だけだ。君は厳しい尋問を受けたふりをするんだ。親父さんはもう向こうにいるから、会えるよ。親父さんは尋問も拷問も受けていない。その後、君を拘置所に連れていく。何ヶ月かそこにいてもらった後、われわれはさらに三ヶ月の刑期延長を要求する。君のような立場の人間は誰でも、刑務所でそれなりの時間を過ごすものと思っているからね」

尋問官に会ってみると、中には以前マスコビエにいた間に私を拷問した尋問官もいた。驚いたことに、私は彼らに何の恨みも感じないことに気づいた。これを説明するには、私が読んだ『ヘブル人への手紙』四章十二節を持ち出すしかない。そこにはこうある。

「神の言《ことば》は生きていて、力があり、もろ刃のつるぎよりも鋭くて、精神と霊魂と、関節と骨髄とを切り離すまでに刺しとおして、心の思いと志とを見分けることができる。」

この言葉を私は何度も読み、考えてきた。あなたの敵を許し、あなたを侮辱する人々を愛せというイエスの教えと同じくらい。私はまだイエス・キリストを神として受け入れることはできなかったが、なぜかイエスの言葉は、生きていて、力があり、私の中に働きかけるようだった。ほかにどうすればユダヤ人かアラブ人、囚人か拷問者ではなく、人を人として見ることができるのだろうか。この聖書の言葉なくしてはできなかった。かつて私を駆り立て、銃を購入し、イスラエル人を殺すことまで計画させた憎しみの心でさえ、今や私には理解しようのない愛というものに取って代わられている。

私は二週間、独房に入れられた。シン・ベットの友人が一日に一、二度、他の四人の尋問で忙しくないときに、私の様子を見にきておしゃべりをした。私はよく食べ、刑務所で一番秘密が保たれている存在だった。今回はあの臭い頭巾も、頭のおかしい男もレナード・コーエンの歌もなかった（後に彼は私のお気に入りのアーティストの一人になったが……、妙な話だ）。ヨルダン川西岸では、私は拷問されてもイスラエル軍にひとことも情報を洩らさない本物のタフ・ガイだという噂が広まっていた。

移送される数日前、私は父の部屋に入れてもらった。私を抱きしめようと腕を差し出す父の顔に安堵の表情が広がった。その腕を緩めると、父は微笑んだ。

「父さんのあとについてきましたよ」と私は笑いながら言った。「父さんなしでは生きられない」

その部屋には他にも二人いて、私たちは冗談を言い合いながら、ともによい時間を過ごした。正直なところ、私は安全な鉄格子の中で父に会えるのがとても嬉しかった。ここではどんな手違いもない。空からミサイルが飛んでくることもない。

ときおり、父は私たちにコーランを読んで聞かせてくれた。そんなとき、私はただ父を眺め、その美しい声に聞き入っているのが楽しくてしかたがなかった。私たちが子どもの頃、父がどんなに優しかったかに思いを巡らした。父は早朝の礼拝のために、私たち子どもをたたき起こすことは決してなかったが、私たちは父に誇りに思ってほしかったので、自分から起きた。父は子どもの頃から人生をアラーに捧げ、その献身を身をもって私たちに教えてくれた。

私はこう思う。

最愛の父さん、私はここにあなたと一緒にいられることが嬉しい。いま父さんは、刑務所にいるのだけはごめんだと思っていることでしょう。でもあなたはここにいなければ、おそらくばらばらの亡骸になって、どこかで小さなビニールバッグに入れられているでしょう。

　愛情と感謝の気持ちで父に微笑みかけている私を、父はときどき顔を上げて見ていた。私の笑顔の理由が父にはわからなかったし、私がその理由を言うこともできなかった。

　私を移送するために看守がやってきたとき、父と私は堅く抱き合った。抱きしめると父はいかにもきゃしゃな感じがしたが、父の強さを私は知っていた。ここ数日間、いつも父のそばにいたので、私は身を裂かれるような思いだった。シン・ベットの事務官たちと離れることすらつらいと感じていた。ここ数年で、私たちは信じられないほど親密な関係を築いていた。彼らの顔を見ながら、私がどれほど彼らのことを尊敬しているかをわかってほしいと思った。彼らは申し訳なさそうに振り返った。彼らは、私が次に行く所が、そんなに生易しい場所ではないということを知っていたのだ。

　移送のため、私に手錠をかけた兵士の顔は完全に表情が違っていた。彼らにとって私は、IDFの手を逃れて彼らをこけにし、巧みに逃げ回っていたテロリストなのだ。今回、私はオフェル収容所に連れてこられた。そこは、私が定期的にシン・ベットに会っていた軍事基地の一部である。

　私の顎鬚は他のみんなと同じように長く伸び、濃くなっていた。そして私も他の囚人たちとともに毎日の日課に参加した。礼拝の時間には、おじぎをし、ひざまずき、祈ったが、もはやアラーにではなかった。私は万物の創造主に祈っていた。私はますますこの神に近づいていた。ある日私は、アラビア語の聖書が図書室の世界宗教セクションに隠されているのを発見した。新約だけでなく、聖書全体だ。それに触れた人はまだ誰もいないようだった。きっとそこにそれがあることすら、誰も知らないに違いない。なんという神からの贈り物なのだろう！　私は何度もそれを読んだ。

ときおり誰かが来ては、私が何をしているのかやんわり探ろうとした。そんなとき私は、自分は歴史を勉強しているのだ、聖書は古代の本だから、大昔の情報がいくつか記されていると説明した。しかも、それが教えている価値観は偉大で、すべてのイスラム教徒が読むべきだと思うと話した。大抵の人はそう言えばすんだ。唯一彼らが腹を立てたのがラマダンの間で、私がコーランよりも聖書のほうを学んでいるように見えたのだ。

私が行っていた西エルサレムの聖書研究会には、誰でも自由に参加できた。キリスト教徒、イスラム教徒、ユダヤ教徒、無神論者、何であれ。この会を通じて、私は私と同じくキリスト教とイエスについて学ぶ目的を持ってやってくるユダヤ人たちとともに学ぶ機会を得た。パレスチナ人のイスラム教徒が、イスラエル人のユダヤ教徒とともにイエスのことを学ぶのだから、これは私にとってとても得難い体験だった。

この会で私は、アムノンという名のユダヤ人男性と親しくなった。彼は結婚していて、二人の美しい子どもがいた。彼は非常に頭がよく、いくつかの言語を話した。奥さんはキリスト教徒で、長い間彼に洗礼を受けるよう勧めていた。ついにアムノンは洗礼を受ける決心をし、ある夕方、彼の洗礼の証人となるために、会の人間が集まった。私が到着したときには、アムノンは既に聖句をいくつか読み終わり、激しく泣き始めた。

水に浸かるとき、彼はイエスの死と復活を体験することを通して、イエス・キリストへの忠誠を誓うだけでなく、自分の文化から決別することになるとわかっていた。彼はヘブライ大学の教授である父親の信仰に背を向けることとなった。彼はイスラエルの社会と宗教の伝統を捨て、自分の評判を損ね、将来を危うくすることになった。

それから間もなく、アムノンはIDFから徴兵の知らせを受け取った。イスラエルではアラブ人の市民以外のすべての男女は、十八歳を超えるとIDFで、兵役に就かなければならない。男性は三年間、女性は二年間。しかしアムノンは、これまで検問所での虐殺を散々目にしてきて、クリスチャンとして、非武装の民間人を撃つように命じられる可能性のある立場に自分を置くことが許せなかった。それで彼は、兵役に就いて西岸地区に行くことを拒否した。

「たとえ石を投げる子どもの頭ではなく、足を撃つように命じられたとしても、私は撃ちたくない。汝の敵を愛せ、と神に言われているのだ」と彼は主張した。

二回目の通知が来た。そして三回目も。

それでもなお再び兵役を拒否したとき、アムノンは逮捕され投獄された。そのときは知らなかったが、私がオフェルにいる間ずっと、アムノンは同じオフェルの刑務所のユダヤ人セクションにいたのだ。彼はイスラエル軍と働くことを拒否したためにそこにいた。一方私は、イスラエル軍と働くことに同意したためそこにいたのだ。私はユダヤ人を護ろうとし、彼はパレスチナ人を護ろうとしていた。

この流血沙汰を終わらせるためには、イスラエルと占領地に住むすべての人間がクリスチャンになる必要があると思っているわけではない。しかし、もし一方に千人のアムノンが、他方に千人のモサブがいさえしたら、ずいぶんと違っていただろうと思うのだ。そしてその人数がもっと多かったらと。

オフェルに到着した数ヶ月後、私は法廷に連れていかれた。そこには私を知っている者は誰もいなかった。裁判官も検察官も、私自身の弁護人でさえも私のことを知らなかった。

裁判で、シン・ベットは私が危険人物であると証言し、より長い刑期を要求した。裁判官は同意し、拘禁六ヶ月の判決を下した。再び私は別の場所へと移送された。

車で五時間。私はネゲブ砂漠の中の、ディモナ原子炉施設に近くにある、クツィオットというテント刑務所へと連れてこられた。そこは夏は溶けてしまいそうなほど暑く、冬は凍りそうなくらい寒いところだった。

「所属組織は?」

「ハマス」

そう、私はまだ自分自身を、自分の家族の一員、育ってきた歴史の一部として見なしていた。

しかし、私はもう他の囚人とは違っていた。

ハマスはまだ多数派だった。しかし、第二次インティファーダの開始以来、ファタハがめざましく勢力を拡大し、ハマスとファタハのテントの数はほぼ同じだった。私は自分を偽るのが嫌になっていたし、私が新たに見いだした道徳律は嘘をつくことを禁じていた。そのためそこにいる間、私はできるだけ人とは交わらないことにした。

クツィオットは正真正銘の荒野だった。夜の空気にオオカミやハイエナ、ヒョウの遠吠えが響き渡った。クツィオットを脱走した囚人の話を聞いたが、砂漠で生き延びた話は聞いたことがなかった。冬は夏よりひどかった。空気は凍てつき、雪が吹きつけ、風を遮るのはテントの布だけだった。各テントには屋根全体に防湿素材が張られてあったが、何人かがそれを引きはがして簡易ベッドの周りにカーテンをつけた。呼気の湿気は、その防湿層に吸収されるはずだったが、湿気は上方に漂い、むき出しのテントの布が重くなるくらいしみ込んでいた。そして夜寝ている間中、その湿気が粒となって雨のように私たちに落ち続けた。

イスラエル人は、ネズミの数が増えすぎないように、接着剤のついたネズミ取りのボードをキャンプ内に貼り付けていた。ある凍えるように寒い日の朝早く、他のみんながまだ眠っていたとき、私は聖書を読んでいた。すると錆びた寝台のバネがきしむような音が聞こえてきた。簡易ベッドの下をのぞくと、ネズミが一匹接着ボードに貼り付いているのを発見した。驚いたことに、そのネズミを別のネズミが自分はくっつかないようにしながら助けようとしていた。そのネズミの連れか、それとも友人だろうか？　それはわからないが、三十分ほど、私は一匹の動物が、もう一匹を命がけで助けようとするのを見ていた。私は非常に心を動かされ、二匹とも逃がしてやった。

刑務所では読み物といえば、コーランとコーランの関係書にほぼ限られていた。私は、友人が弁護士を通してこっそり渡してくれた英語の本を二冊だけ持っていた。私は読むものができたことと、英語力を高められることに心から感謝していた。だが何度も読みすぎたため、あっという間に本のカバーがすり切れてしまった。ある日、私がひとりで歩き回っていると、二人の囚人がお茶を入れていた。彼らのそばには、赤十字から送られた小説がいっぱい詰め込まれた大きな木箱があった。そしてこの二人は、火をおこすために本を破いていたのだ！　私は自分を抑えることができなかった。箱をひったくると、本を拾い上げ始めた。彼らは、私が自分のお茶を入れたいがために、そうしたのだと思っていた。

「どうかしてるんじゃないか？」私は彼らに向かって言った。「俺はたった二冊の英語の本を読みたいがために、やっとのことでこっそり差し入れてもらったんだぞ。それなのに、お前たちは本でお茶なんか入れるのか！」

「これはキリスト教の本だぞ」と彼らは言い返してきた。

「キリスト教の本なんかじゃない。これはニューヨーク・タイムズのベストセラーだぞ。イスラム教に反するようなことは何も書いてない。ただ人間の経験について書かれているだけだ」と私は彼らに言った。

彼らはたぶん、ハッサン・ユーセフの息子はどうなってしまったんだ、と思ったことだろう。ほとんど人と交わらず、静かに読書をするだけだったのが、突然箱の中の本のことでわめきちらしたりして。もしそれが別の誰かだったら、彼らはおそらく貴重な燃料を確保するために戦っただろう。しかし、彼らは本を私にくれた。そして私は新しい宝物の箱を持って自分のベッドに戻った。周囲に本を積み上げ、私は読書にふけった。誰がどう思おうと関係なかった。心は歌い、ここで時を過ごす間、読むものを与えてくれた神に感謝した。

一日に十六時間、弱い明かりの下で目がしょぼしょぼするまで本を読んだ。私はクツィオット収容所で過ごした四ヶ月間に、四千語の英単語を暗記した。

私がそこにいる間、メギドであったものよりもっと酷い暴動を二回経験した。しかし、神は私に無事それらを乗り越えさせてくれた。実のところ、私はその刑務所で、かつてないほど強く神の存在を感じていた。私はまだ創造主としてのイエスを知らなかったかもしれないが、確かに父なる神を愛することを学んでいた。

二〇〇三年四月二日、連合軍地上部隊がバグダッドへ進撃した頃、私は釈放された。そのとき私は、ハマスの尊敬すべきリーダーとして、また年季の入ったテロリストとして、策略に富んだ逃亡者として登場した。私は厳しい試練を乗り越え、そのことは証明された。私の正体がばれるリスクは大幅に減り、父も無事、安全なところにいた。

もう一度私は大手を振ってラマッラの通りを歩くことができるようになった。もう逃亡者を演じる必要はなかった。再び自分自身を取り戻したのだ。私は母に電話をし、それからロアイに電話をした。

「お帰り、グリーン・プリンス。君がいなくて寂しかったよ。いろいろあって、君がいなくてまいった」と彼は言った。

釈放されて数日後、ロアイをはじめとするイスラエルの良き友人たちと再会した。彼らからの耳新しい話は一つだけだったが、それはとても大変な一件だった。

三月にアブドゥラ・バルグーティが居場所をつきとめられ、逮捕された。その年の末には、このクウェートの生まれの爆弾製造者は、六十六人を殺害し、約五百人を負傷させた罪でイスラエルの軍事裁判所で裁判にかけられた。彼にはもっと余罪があることを私は知っていたが、証明できたのはこれだけだった。バルグーティは、六十七回の終身刑を宣告されるだろう。その内訳は、殺害された犠牲者六十六人についてそれぞれ終身刑と、負傷者についての終身刑が一回である。

判決が言い渡されたとき、彼は罪を後悔するそぶりも見せず、それどころかイスラエルを非難し、もっと多くのユダヤ人を殺す機会を失ったことを悔やんだのだ。

「被告人が世間に与えた大量殺人の恐怖は、血に染まったこの国における犯罪史上最も深刻なもの一つである」と裁判官は言った（注12）。バルグーティはかっとなって、裁判官を殺してやる、すべてのハマスの囚人全員に爆弾の作り方を教えてやると脅した。その結果、彼は独房で刑期を勤めることになった。しかし、イブラヒム・ハメッドや私の友人であるサレー・タラフメらはまだ逃走中であった。

十月、ＵＳＡＩＤでの私の任務とともに、プロジェクトは終了した。そこで、私はシン・ベットの仕事に全力投球し、できる限り情報を集めることにした。

数ヶ月後のある朝、ロアイから電話があった。

「サレーを見つけたぞ」

# 25章——サレー　二〇〇三年冬〜二〇〇六年春

サレーと彼の仲間がいた場所を見つけるのは容易だった。彼らが通り道に残していった血は、見落としようがない。しかし、現在に至るまで誰も彼らを捕まえることができないでいた。

シン・ベットがサレーを発見したと聞いて私は悲しかった。サレーは私の友人だった。私の勉強を手伝ってくれた。私は彼や奥さんとパンを分け合い、彼の子どもたちと遊んだ。しかしサレーはテロリストでもあった。PA（パレスチナ暫定自治政府）に拘置されていた間、彼は通信制のアル・カッズ大学で勉強を続け、学んだことを生かしてついにあのような爆弾作りの大物になった。彼はごみからでさえも爆発物を作ることができたほどだ。

PAがサレーを釈放した後、アル＝カッサム旅団を再構築するために、彼とその仲間はどれくらいの時間を要するのか、シン・ベットは観察していた。それにはたいして時間はかからなかった。再建された組織は大きくはなかったが、非常に破壊的だった。

マヘル・オデーは作戦のいわば頭脳で、サレーはエンジニア、そしてビラル・バルグーティは自爆テロ志願者の募集係だった。実際のところ、ハマスの軍事部門は、ほんの十人ほどで構成されていた。それぞれが個別に行動し、独自の予算を持っており、緊急でない限り顔を合わせることもなかった。サレーは一夜にしていくつもの爆弾ベルトを作ることができ、ビラルは殉教候補者のウェイティング・リストを持っていた。

私がもし、サレーは無実であると信じていたなら、これから起ころうとしていることを、事前に彼に警告しただろう。しかし、私たちがついに情報の点と点を繋ぎ合わせたとき、サレーがヘブライ大学をはじめとする多くの爆破テロの背後にいたことが明確になった。彼を刑務所に閉じ込めておかなければならない理由を、私は理解した。私ができそうなことといえば、彼をイエスの教えに導き、私と同様にそれらに従うよう彼に勧めることだけだった。しかし彼は激しい怒りと熱意によってのめり込むあまり、何も見えなくなって、親しい友人の言葉にさえ耳を貸すことはないだろう。しかし私はシン・ベットに、サレーとその仲間連中は殺すのではなく、逮捕してくれるようお願いした。するとしぶしぶではあったが、同意してくれた。

イスラエルの治安当局は二ヶ月以上にわたり、サレーを監視していた。彼らは、サレーが彼のアパートを出てハサニーン・ルンマナーと廃屋で落ち合うのを見ていた。そして帰宅し、一週間ほど自宅にいたのを見ていた。治安当局は、彼の友人サイード・アル・シェイク・カッセムが頻繁に外出するのも見ていたが、彼はいつも用事を済ませるとすぐに戻ってきた。逃亡者たちの警戒ぶりは尋常ではなかった。彼らを見つけるのに、たいして時間を要しなかったのも不思議はない。しかし、彼らのしっぽをつかんでみると、それは全部で四十から五十の連絡先に関するものだけだったとわかった。

私たちは最重要指名手配リストに載っている男のうち三人については確かな居場所をつかんでいたが、イブラヒム・ハメッドとマヘル・オデーについては手掛かりだけで、具体的なことは何もつかんでいなかった。これは大きな賭けだが、手掛かりがわれわれを彼らのもとに導いてくれるまで待つか、もしくは既に居場所を突き止めている連中を逮捕することによってヨルダン川西岸でのアル＝カッサム旅団の中枢を破壊するかを決める必要があった。われわれは、後者に決めた。網をたぐり寄せたときに運に恵まれさえすれば、ハメッドかオデーも捕らえることができるかもしれないと考えたのだ。

二〇〇三年十二月一日の夜、特殊部隊は一度に五十を超える手配犯の潜伏先と思われる場所を取り囲んだ。動員できるすべての部隊がヨルダン川西岸全域から招集された。ラマッラのアル・キスワニ・ビルに潜伏していたハマスの指導部は、降服するよう求められたが、応じなかった。サレーとサイードは大量の武器類を持っていて、その中には通常、軍用車両に固定されているようなタイプの重機関銃もあった。

睨みあいは午後十時に始まり、夜通し続いた。銃撃が始まったとき、私は家でそれを聞いた。それから紛れもない、あのメルカバ戦車の大砲の爆音が朝の静寂を破り、その後、静まりかえった。午前六時に、私の電話が鳴った。

「君の友人は死んだ」とロアイが言った。「申し訳ない。できれば命だけは救いたかった。しかし言っておくが、もしこの男が……」続けようとするロアイの声が途切れた。「……もしまったく違う環境で育っていたなら、この男はこんなふうにはならなかっただろう。われわれのようだったかもしれない。彼は自分の同胞のためによいことをしていると、本気で信じていたのだろう。どうしようもない」

ロアイは私がサレーを愛していて、彼に死んでほしくないと思っていたことを知っていた。サレーが自分の同胞に害を加えると信じたものに抵抗していることを知っていた。そしておそらく、どういうわけかロアイもまた、サレーを気にかけるようになっていた。

「全員死んだのか?」

「私はまだ遺体を見ていない。遺体はラマッラ病院に運ばれた。君にそっちに行って、身許を確認してほしい。彼ら全員の顔がわかるのは君だけだ」

私はコートをつかむと、車で病院に向かった。もしかしたら殺されたのはサレーではなく、別人かもしれないと必死で自分に言い聞かせながら。到着してみると、あたりは大混乱だった。怒ったハマス活動家たちが通りで叫びを上げ、そこらじゅう警官だらけだった。誰も中に入ること は許されなかったが、みなが私が誰か知っていたので、病院の事務官が私を中に入れてくれた。医療スタッフに案内されて廊下を歩き、大きな冷却装置がある部屋に行った。彼が冷蔵庫のドアを開け、ゆっくりと引き出しを引いた。部屋の中に死臭が漂った。

私は視線を下げてサレーの顔を見た。彼は微笑んでいるようだった。しかし、頭部は空洞になっていた。サイードの引き出しには黒いビニール袋があり、中には足や頭など体の部位が集められていた。ハサニーン・ルンマナーは真っ二つに引き裂かれていた。顔が削り取られているし、ハサニーンはいつも柔らかい茶色の顎鬚を生やしていたので、彼かどうか確信が持てなかった。報道内容とは違って、イブラヒム・ハメッドは他の者たちと一緒ではなかった。彼らに死ぬまで戦うよう命じた当人は、自分だけ助かるために逃走したのだ。

事実上、ヨルダン川西岸のハマス指導者は全員が死んだか、収監されているかのどちらかなので、私がガザとダマスカスの指導者たちとの連絡窓口となった。どういうわけか、私が派閥や教派、組織、テロリストのそれを含む細胞組織から成るパレスチナ人ネットワークの主要窓口となってしまったのだ。そして一握りのシン・ベットの精鋭インサイダーたちを除いて、私が本当は誰なのか、何者なのかを知っている者はいなかった。突飛すぎて思いもつかなかったのだ。

ハマスでの新たな役どころのため、私はサレーたちの葬儀を執り行うという悲しい役目を担った。しかしその一方で、ありとあらゆる動きを観察し、怒りと悲しみに満ちたささやきの中に、ハメッドにつながる手掛かりはないかと耳をすましていた。

「はやくも色々な噂が飛びかっている」とロアイは言った。「それに今君は、われわれが逮捕したハマス指導者たちの代わりを務めている。だからイブラヒム・ハメッドがシン・ベットと取り引きをしたという噂を流そう。ほとんどのパレスチナ人は、何が起こっているかまったくわかっていない。彼らはその噂を信じるだろうし、そうなればハメッドは公に自分を弁護せざるをえなくなる。さもなければ、少なくともガザかダマスカスの政治指導者たちに連絡するだろう。どちらにしても、こちらは一歩先んじることになる」

素晴らしいアイデアだった。しかし、シン・ベットのお偉方はその案を却下した。イブラヒム・ハメッドが、報復として民間人への攻撃に出ることを危惧したからだ。イスラエルはハメッドの仲間たちを殺害し、彼の組織の半分の人間を逮捕していたが、それでもなお彼を怒らせることには慎重になっていたのだ。

そこで、私たちは困難な手段に出ることにした。

シン・ベットは、ハメッドの妻か子どもたちがうっかり口を滑らせるかもしれないと期待して、ハメッドの家のすべての部屋に盗聴器を仕掛けた。しかし、そこはパレスチナで最も静かな家であることが判明した。一度、ハメッドの幼い息子、アリが「ババ（お父さん）はどこ?」と母親に尋ねるのが聞こえた。

「それは話さないことになっているでしょう」と彼女は叱った。

家族ですらこれほど慎重であるならば、イブラヒム自身はどれほど用心していることか。何の手掛かりもなく数ヶ月が過ぎていった。

二〇〇四年十月下旬、ヤセル・アラファトは会議中に体の具合が悪くなった。彼の部下は、アラファトはインフルエンザにかかっていると言った。しかし、彼の容態はさらに悪化し、ついには西岸地区から飛行機で、パリ郊外の病院に移された。十一月三日、アラファトは昏睡状態に陥った。彼は毒を盛られたのだと言う人もいれば、エイズにかかっていると言う人もいた。十一月十一日、彼は七十五歳で死去した。

それから一週間ほどして、父が釈放された。いちばん驚いたのは当の本人だった。釈放される朝、ロアイらシン・ベットの事務官が父と面会した。

「シェイク・ハッサン、平和のために働くときがきました。民衆はあなたのような人物を必要としています。アラファトは死んだ。たくさんの人々が殺されています。あなたは道理をわきまえた人だ。われわれは、事態がより悪化する前に何とかして問題を解決する必要があるのです」と彼らは父に言った。

「ヨルダン川西岸を明け渡し、われわれに独立国家を与えてください」と父は答えた。「そうすれば、終わります」もちろん両者とも、独立したパレスチナが十年か二十年くらいは平和をもたらすかもしれないが、ハマスはイスラエル全土を取り戻すまで決してあきらめないだろう、ということはわかっていた。

オフェル刑務所の外で、私は世界中から集まった数百人の報道陣とともに父を待っていた。父は所持品の入った黒いごみ袋を手にして、二人のイスラエル兵にドアの外へ連れてこられたとき、眩しい太陽の光に目を細めた。

私たちは抱き合いキスをした。それから父は私に、家に帰る前にまっすぐヤセル・アラファトの墓に連れて行ってくれと言った。父の目をのぞき込み、それが父にとって非常に重要な一歩であることを理解した。アラファトが死去したことで、ファタハの力が弱まり、街中が騒然としていた。ファタハの指導部は、ハマスが縄張り争いを仕掛けて失地回復を図るのではないかと恐れていた。米国もイスラエルも国際社会も、内戦状態になることを危惧していた。ヨルダン川西岸で最高位にあるハマス指導者がこのような意思表示をすることは誰にとっても驚きであり、そのメッセージを聞き逃す者は誰ひとりとしていなかった。「みなさん、落ち着いてください。ハマスは、アラファトの死を利用しようなどと考えていません。内戦などありません」というメッセージを。

しかし実のところ、十年間にわたって逮捕、投獄、暗殺を繰り返してきたものの、実際ハマスを動かしているのは誰なのか、シン・ベットは未だに手掛かりひとつつかんでいなかったのだ。私たちの誰ひとりとしてわかっている者はいなかった。私は名の知れた活動家、抵抗運動に深く関与している人たちの逮捕を手助けしながら、その連中こそがハマスを動かしていると信じてきた。私たちは何年もの間、その連中を拘留下に置いた。ときには疑いがあるというだけで拘留した。しかし、ハマスは彼らがいなくなってもまったく影響がないようだった。

となると、実際にハマスを動かしているのは誰なのか？

それが私の父ではなかったという事実に、誰もが驚いた。私でさえ驚いた。私たちは父のオフィスや車に盗聴器を仕掛け、父の一挙手一投足を監視した。そして、ハマスを操っているのは父ではないことにまったく疑いの余地はなかった。

ハマスは以前からずっと、何か得体の知れない幽霊のような存在だった。本部や支部があるわけでもなく、活動の代表者と話すために人々が立ち寄る場所もなかった。多くのパレスチナ人、特に、二つのインティファーダの間に夫や父親を失った囚人や殉教者の家族が父のオフィスに来て、彼らの問題を話し、助けを求めた。しかし、シェイク・ハッサン・ユーセフでさえ何も知らなかったのだ。誰もが、父なら何にでも答えを出せると思っていたが、父も私たちとまったく変わらなかった。父にしても疑問だらけだったのである。

ある日、父が私にオフィスの閉鎖を考えていると言った。

「どうして？　今後どこでマスコミと会うんですか？」と私は尋ねた。

「そんなことはどうでもいい。みんな、私なら助けられると思ってどこからでもやって来る。しかし、助けを必要とする人すべてに必要なものを提供することなどできないのだ。とにかく人数が多すぎるんだ」

「なぜハマスは彼らを助けないのです？　彼らは運動に参加した人たちの家族です。ハマスには豊富な資金があるでしょう」

「そうだ。しかしハマスはその金を私にはくれないのだ」

「だったら要求したらどうですか。必要としている人全員のことを彼らに話すんです」

「私はその〝彼ら〟が誰なのかも、どうすれば〝彼ら〟と連絡がとれるのかも知らないのだ」

「しかし、あなたは指導者じゃないですか」私はなおも言い張った。

「私は指導者ではない」

「ハマスを設立したじゃないですか、父さん。その父さんが指導者でないなら、いったい誰がそうだというのですか？」

「誰も指導者ではないのだ！」

私はショックを受けた。ひとことも漏らさず盗聴していたシン・ベットもショックを受けていた。

ある日、私はサレーの妻のマジェダ・タラフメからの電話を受けた。私たちは彼女の夫の葬儀以来、ずっと話をしていなかった。

「元気ですか？　モサブや他の子どもはどうしてますか？」

彼女は泣き始めた。

「子どもに食べさせるお金がないのです」

私は心の中で呟いた。サレーよ、君が自分の家族にしたことに対して、神があなたを許してくださいますように！　と。

「わかりました。落ち着いてください。何とかしますから」

私は父のところに行った。

「サレーの奥さんがたった今電話をしてきました。彼女は、子どもに食べものを買ってあげるお金すらないそうでうす」

「悲しいことだがモサブ、それは彼女だけではないのだよ」

「ええ。でも、サレーは私の親友だった。今すぐ何かしてあげなければ！」

「前にも言ったように、私には金がないのだ」

「わかっています。でも誰か金庫番がいるでしょう。誰か金をたんまり持っている人がいるはずです。こんなのまちがってる！　彼は運動のために死んだのに！」

父は、できることをやってみると言ってくれた。父は手紙を書いた。それはいわば「関係当事者殿」に宛てた手紙で、それを秘密の場所に送った。私たちはそれを追跡することができなかったが、手紙の受取人がラマッラ地区のどこかにいることはわかっていた。

数ヶ月前、シン・ベットは町の中心部にあるインターネットカフェに私を送り込んだ。誰かがそこのコンピューターを使って、ダマスカスのハマス指導者たちと連絡を取り合っていることを私たちはつかんでいたのだ。この指導者たちが誰なのかはわからなかったが、シリアがハマス勢力の拠点であることは否定できない。ハマスは、イスラエルの鉄槌の及ばないどこかに本部、武器、軍事訓練施設など、組織全体を保持していると考えるとつじつまが合うのだ。

「誰がダマスカスの人間と連絡を取っているのかはわからない。しかし、そいつは危険な臭いがする」とロアイは言った。

私がインターネットカフェに入っていくと、二十人ほどがコンピューターの前に座っていた。顎鬚のある者は一人もいない。怪しげな者もいなかった。しかし、なぜだかわからないが、その中の一人に注意を引かれた。その男の顔を知らなかったが、本能が彼を監視しろと命じた。大したことではないと思ったが、ここ数年でシン・ベットは私の直感を信じるようになっていた。

私たちはインターネットカフェにいた男が誰であろうと、おそらく危険人物であると確信した。ダマスカスのハマス指導者と交信できるのは、信用度の高い人間だ。またその男が、ハマスを実効支配している姿なき影の人物へと導いてくれるのではないかと期待した。われわれはその男の写真を見せて回ったが、誰も彼を知らなかった。私は自分の直感に疑問を抱き始めた。

数週間後、ラマッラの不動産を売るために、見学会を催した。何人かやって来たが、購入を申し出た人はいなかった。その日の午後遅く、とっくに見学会を終えた後、一人の男が電話をかけてきて、まだ家を見ることができるかと私に尋ねた。私はとても疲れていたが、どうぞおいでくださいと言って、現場で会うことにした。その家に戻ると、数分後にその男は現れた。

それはインターネットカフェにいた、あの男だった。彼はアズィズ・カイエッドと名乗った。髭をきれいに剃っていて、見た目は知的職業人という感じだった。教養のある人間だとわかる。彼は、自分はイスラム研究のためのアルブラック・センターというそれなりの施設を運営していると言った。私たちが探していたハマスにつながる人物には見えなかった。しかし、これ以上シン・ベットを混乱させたくなかったので、私はこのことを自分の胸にしまっておいた。

カイェッドと出会った後のある日、私は父とともに、ヨルダン川西岸のすべての町、村、難民キャンプを訪問し始めた。ある町ではシェイク・ハッサン・ユーセフに会うために、五万人を超える人々が集まってきた。彼らはみな、父に触れて父の言葉を聞きたがった。父はまだみなから深く愛されていたのだ。

ハマスの拠点であるナブルスでは、組織の最高指導者たちと会った。そこで、彼らのうち誰が「シュラハ」協議会のメンバーであるかがわかった。シュラハというのは七人から成る小さな集団で、ハマス運動の戦略的な問題や日々の活動について決定を下している。彼らも父と同じく、長老のハマス指導者ではあったが、私たちが探しているような〝執行部〟ではなかった。

これだけの年月が経ったのに、ハマスの指揮権が、なぜか、どこかで軌道をはずれ、未知の人間の手にするりと落ちてしまったことが信じられなかった。この運動の真ん中で生まれ育った私でさえ、陰で糸を引いているのが誰なのかまったくわからなかったのだから、いったい誰が知っているというのか。

その答えはひょっこり現れた。ナブルスのシュラハ協議会のメンバーの一人がアズィズ・カイェッドの名前を出したのだ。彼は父にアルブラックを訪問して、この〝善人〟に会ってはどうかと勧めた。私はすぐ聞き耳を立てた。なぜ地方のハマス指導者がそんなことを勧めるのだろうか？　そこには、偶然にしては一致することが多すぎる。

まず、アズィズがあのインターネットカフェで私の目に留まった。次に、彼は私の家の見学会に姿を見せた。そして今、協議会の委員は父に、この人物に会うべきだと勧めている。これは私の直感が正しく、アズィズ・カイェッドはハマス組織の重要人物であるということなのだろうか？

こんなに運よく、ハマスの金庫番が見つかるものだろうか？　そんなことはありそうにないが、私の中の何かが直感に従えと訴えかけてきた。私は急いでラマッラに戻ると、ロアイに電話をし、コンピューターでアズィズ・カイェッドを検索してほしいと頼んだ。

アズィズ・カイェッドという名の人物が何人かヒットしたが、該当する人物はいなかった。われわれは緊急会議を開き、私はロアイにアズィズ・カイェッドの名前の検索範囲をヨルダン川西岸全体に広げてくれるように頼んだ。ロアイの部下は私がどうかしてるんじゃないかと感じたようだが、言うとおりにしてくれた。

すると今度は見つかった。

アズィズ・カイェッドはナブルスの生まれで、イスラム学生運動の元メンバーだった。活動は十年前に停止している。結婚していて子どもがおり、国外にも自由に移動することができた。友人のほとんどは世俗主義者だった。不審な点は見当たらない。

私は、インターネットカフェに足を踏み入れた瞬間から、父とともにナブルスを訪れたときまでにあったことすべてをシン・ベットに説明した。彼らは、もちろん君を信頼しているが、それだけでは先に進めないと言った。

　話をしている間、私は別のことを考えていた。

「カイェッドというと、三人の男が思い浮かぶ」と私はロアイに言った。「ラマッラのサラ・フセイン、エルサレムのアディブ・ゼヤデ、そしてサルフィートのナジェ・マディだ。この三人は全員、高学歴で、一時ハマスで盛んに活動していた。ところがどういうわけか、約十年ほど前にぱったりと姿を見せなくなったんだ。今では三人とも政治からはいっさい身を引いて、ごく普通の生活を送っている。でもいつも不思議に思っていたんだ。何故あれほど情熱に燃えて活動していた人間が、どうしてあんなふうにあっさりやめてしまうんだろうって」

　ロアイは、私が何かをつかみかけている可能性があると認めてくれた。私たちは、それぞれの男たちの動きを追い始めた。彼ら三人は互いに連絡を取り合っており、さらにはアズィズ・カイェッドとも連絡を取っていることが判明した。彼ら全員が、アルブラック研究センターで一緒に働いていた。偶然にしては話ができすぎている。

　この四人が、ハマスを操り、軍事部門さえも牛耳る本当の黒幕なのだろうか？　こちらが目につく連中ばかりを標的にしていた間、彼らはわれわれのレーダーをかいくぐって飛び回っていたのだろうか？　私たちはその後も彼らの身辺を洗い、監視し、待ち続けた。そしてついに、地味な努力が報われ、突破口となる情報を手に入れた。

このきわめて危険な三十代の男たちが、ハマスの資金を一手に握り、ヨルダン川西岸におけるハマスの全活動を指揮していることがわかったのだ。彼らは数百万ドルを外から持ち込み、武器の調達、爆発物の製造、義勇兵の募集、逃亡者の支援、後方支援など、すべての資金に充てていた。そしてそのすべての隠れ蓑となっていたのが、パレスチナにいくつもある、見たところ害のなさそうな研究センターのひとつだった。

彼らのことは誰も知らなかった。彼らがテレビに出たことは一度もない。秘密の場所を通じ、手紙によってのみ連絡を取っていた。彼らは誰も信用していなかった。それは、私の父でさえ彼らの存在をまったく知らなかったという事実が証明している。

ある日、私たちはナジェ・マディを、自宅アパートから一ブロック先にある貸し車庫まで尾行した。彼は車庫の一つに近づくと、ドアを持ち上げた。彼はそこで何をしているのだ？ なぜ家からこんなに遠く離れたところに車庫を借りているんだ？

その後二週間、私たちはそのつまらない車庫からは決して目を離さなかったが、再び誰かがやってくることはなかった。だがついにドアが開いた――内側から。そしてあのイブラヒム・ハメッドが白日の下に姿を現した！

シン・ベットはハメッドが建物に戻るのをじっと待って逮捕した。しかし特殊部隊に取り囲まれたとき、ハメッドは死ぬまで戦おうとはしなかった。サレーたちにはそう命じたのに。

「服を脱いで、出てこい！」

応答なし。

「十分だけやる。十分たったらこの建物を破壊する！」

二分後、ヨルダン川西岸のハマスの軍事部門の指導者は、下着姿でドアから出てきた。

「全部脱げ！」

彼は躊躇したが服をすべて脱ぎ、素っ裸で兵士の前に立った。

イブラヒム・ハメッド単独でも、われわれが証明できた八十人以上の死に関与している。それはイエスの御心とは違うかもしれないが、もし私に判決が下せるのであれば、ハメッドをあの薄汚い車庫に連れ戻して、一生そこに閉じ込め、国家の裁判費用を節約しただろう。

ハメッドを捕えることと、ハマスの真の指導者を暴くこと。それは結局シン・ベットにおける私の最も重要な任務となった。それはまた私の最後の任務でもあった。

# 26章――ハマスの未来像　二〇〇五年

父はつい先だっての服役の間に、ある種の天啓を得ていた。

父はいつも心を開いている人だった。キリスト教徒とも、無宗教の人々とも、そしてユダヤ教徒とさえも語らっていた。ジャーナリストや専門家やアナリストの言うことに注意深く耳を傾け、大学の講義にも出席した。そして私の言葉――アシスタントでありアドバイザーであり護衛である私の言葉にも耳を傾けてくれた。その結果、父は他のハマス指導者たちよりもずっと明確で広い視野に立った未来像を描いていた。

父は、イスラエルは変えることのできない現実であると悟り、ハマスの目標のほとんどが不合理で達成不可能であると認めていた。父は両者が、面目を失わずに受け入れることができる妥協点を見いだしたいと望んでいた。だから父は釈放後最初の公式の演説で、この紛争の解決策として、二国家構想の可能性を示唆した。かつてそのようなことを言ったハマスの人間はいなかった。

ハマスが合意した中でいちばんそれに近いものでも、停戦の宣言ぐらいだった。しかし、父はイスラエルの存在権を実際に認めているのだ！　父の電話は鳴りっぱなしだった。

米国を含むすべての国の外交関係者が、父と秘密の会合を持ちたいと連絡してきた。父が本気なのかどうか、彼らは自分自身の目で確かめたかったのだ。私は通訳を務め、父のそばをかたときも離れなかった。キリスト教徒の友人は無条件に父を支持してくれ、それで父も彼らを気に入っていた。

驚くことではないが、父にはひとつ問題があった。父はハマスを代表して話をしていても、心の底からハマスとして話してはいないのは間違いなかった。ただ、組織を離れるには最悪の時期だった。ヤセル・アラファトの死によってできた穴は埋めがたく、占領地の街は一触即発の空気がみなぎっていた。過激な若者はそこらじゅうにいた。彼らは武装し、憎悪に満たされ、指導者はいなかった。

アラファトに代わる人間が、いないわけではなかった。どんな堕落した政治家でも代わりは務まっただろう。問題は、アラファトが権力を完全にPAとPLOに集中させたことだった。彼は、いわゆるチームプレーヤーではなかった。すべての権限と、すべてのコネクションを一手に握っていた。そして、銀行預金口座はすべて彼の名義だった。

現在のファタハはアラファトかぶれの連中の天下だった。しかしその中に、パレスチナ人と国際社会の両方から歓迎され、しかもすべての派閥を統括するだけの力量を備えた人間がいるのだろうか？　アラファトにさえそんなことはできなかった。

数ヶ月後、ハマスがパレスチナ議会の選挙に候補者を立てると決めたとき、父はあまり気乗りがしない様子だった。アル・アクサ・インティファーダの間にハマスに軍事部門が加えられたあと、父は自分の組織が、とても長い好戦的な足と、とても短い政治的な足とでよたよたと歩く無様な生き物に変わっていくのを目の当たりにした。ハマスは統治というゲームをどうプレーしたらよいのか、まったくわからなくなってしまった。

革命家であるには、純粋さと一徹さがすべてである。しかし、統治するのには、妥協と柔軟性がすべてである。ハマスが人々を統治しようとするのであれば、イスラエルとの交渉はしなければならないことなのだ。選挙に当選した者は突如として、予算や水や食糧や電気やゴミの回収などの責任を負うことになる。そしてすべてにおいて、イスラエルを通さなければならないからだ。パレスチナ人の独立国家がどういうものであっても、協調性のある国家でなければならない。

父は、欧米の指導者との会合で、ハマスがどのようにして提案をことごとく拒絶してきたかを覚えていた。ハマスは反射的に心を閉ざして、反対の立場をとるのだ。これまで欧米諸国との交渉を拒絶してきたのに、当選したハマスの人間が、イスラエルとの交渉のテーブルにつく見込みはない。そう父は結論を下した。

ハマスが候補者を擁立しようがしまいが、父にはどうでもよかった。ただし、公認候補者名簿を自分のように人々に敬愛され、賞賛されて、広く顔を知られている指導者で埋めつくすことだけはしたくなかった。そんなことになればハマスが勝利してしまう。それを父は恐れていたのだ。そしてハマスの勝利は、ほぼまちがいなく人々にとって災厄になるとわかっていた。これまでの出来事の結果が、父の正しさを証明している。

「たしかに、イスラエルが、もしかすると他の国々も、ハマスを選んだパレスチナ人に制裁を科すだろうとの懸念はあります。パレスチナ人がハマスに投票したのだからと」と父がイスラエルのハアレツ紙の記者に話すのを耳にした。「彼らは言うでしょう、『ハマスを選んだのはお前たちだ。だから包囲網を強化して、生活をなおいっそう困難にしてやる』と」(注13)

しかし、ハマスの多くの連中が金、権力、名誉の臭いを嗅ぎつけた。ハマスに見切りをつけたかつての指導者たちまでもがパイに一口ありつこうと、どこからともなく現れた。父は彼らの食い意地の悪さ、無責任さ、そして無知に愛想が尽きていた。彼らは、ＣＩＡとＵＳＡＩＤの区別すらできなかった。誰がこんな連中と一緒に働くというのだ?

私はすべてのことに苛立ちを感じていた。ＰＡの腐敗と、ハマスの愚かさと残酷さ、加えたり削除したりしなければならない果てしなく続くテロリストたちの名前の列にもうんざりしていた。日課のように何者かになりすまし、危険に身をさらしていることに気力も衰えていった。私は普通の生活を望んでいた。

八月のある日、ラマッラの街を歩いていると、一人の男がコンピューターをかついで階段を上り、修理屋に入っていくのを見かけた。それでふと思いついた。家庭向けのコンピューター出張修理&サポートサービスは、需要があるのではないかと。いわば、アメリカのギーク・スクワッドのパレスチナ版だ。USAIDでの仕事が終わっているし、私は自分には商才があると思っていたので、これで金儲けができるのではないかと思った。

私はUSAIDで、コンピューターの天才であるIT担当のマネージャーと親友になっていた。私のアイデアを話すと、彼が乗ってきて意気投合し、私たちはビジネスパートナーになった。資金は私が出し、彼は技術的な専門知識を提供するのだ。そして女性を含む数名のエンジニアを雇った。それはアラブ世界の女性に、雇用の機会を提供するためだった。

社名はエレクトリック・コンピューター・システムズとし、広告を打った。その広告では、コンピューターをかついで階段を上がっていく男に、その息子が「パパ、そんなことする必要はないよ」と言って、私たちのフリーダイヤルに電話するよう勧めるさまを漫画風に描いている。

電話が殺到し、私たちはあっという間に成功をおさめた。私は営業用に新しいバンを購入し、ヒューレット・パッカード社の製品の販売ライセンスを得て、ネットでも商売をするようになった。それは今までにない楽しい時間だった。このとき、私はお金が必要だったわけではない。ただ何かクリエイティブなことをして楽しみたかったのだ。

私が精神的探求を始めてから、シン・ベットの友人とイエスのことや、私の信仰の変化について何度か興味深い会話をした。

「自分が信じたいものを信じたらいいんだ」と彼らは言った。「私たちとならその話はできるよ。でも、他の人には話してはいけない。それから、洗礼は受けないこと。洗礼を受ければ、公になってしまうから。君がキリスト教徒に改宗して、イスラム教に背を向けたことを誰かに知られたら、大変なことになってしまう」

彼らは私の将来を心配しているというよりは、私を失うことを心配していたのだ。しかし神は、私の人生をあまりにも大きく変えていたので、私はもう後戻りできなかった。

ある日、友人のジャマルが私のために夕食を作ってくれた。

「モサブ、君にサプライズがあるよ」と彼は言った。

彼はテレビのチャンネルを回すと、目を輝かせて言った。「アル・ハヤットのこのテレビ番組を見てごらん。面白いんじゃないのかな」

いつしか私はザカリヤ・ボトロスという名のコプト教会の老神父に見入っていた。彼は優しく穏やかな風貌で、温かみのある、思わず聞き入ってしまうような声をしていた。私は彼に好感を持った――彼の言っていることに気づくまでは。彼はコーランを整然と手際よく解剖するようにしてみせていった。コーランを切開し、骨、筋肉、腱、臓器を一つひとつ取り出して見せ、真実という名の顕微鏡にのせて、コーランは全身癌細胞に冒されていることを示した。

事実と史実に関する不正確な記述、矛盾などを、彼は、こと細かく、丁寧に、けれども断固として、説得力を持って明らかにした。私の最初の反応は、腹を立ててテレビを消すことだった。しかしすぐに、これが私の祈りに対する神の答えであると気づいた。ザカリヤ神父は、いまなお私をイスラム教につなぎとめ、イエスは神の子であるという真実を見えなくしているアラーの死体の断片をすべて切り離してくれたのだ。これでついに、私はイエスに従って前に進むことができるようになった。しかし、その移行は容易ではなかった。ある朝目が覚めたら、あなたの父親は実は本当の父親ではないと気づいたときの心痛を想像してみてほしい。

私が「キリスト教徒になった」正確な日付と時間を、あなたに言うことはできない。なぜならそれは六年がかりのプロセスだったからだ。しかし、私は自分がわかっていた。シン・ベットが何と言おうと、私は洗礼を受ける必要があることも。ちょうどその頃、アメリカ人キリスト教徒のグループがイスラエルにやって来た。聖地を訪れ、彼らの姉妹教会を訪問するためだ。それが私の通っていた教会だった。

そのうちに私は、そのグループにいた女性の一人と親しくなった。彼女との会話は楽しく、私はすぐに彼女を信用した。私の心の遍歴を少し話すと、彼女はとても好意的に、神は御業を成すために最も意外な人々をしばしば用いられるということを、私に気づかせてくれた。私の人生において、それは確かに真実だった。

ある夕方、東エルサレムのアメリカン・コロニー・レストランで夕食をとっていたとき、私は彼女に、なぜまだ洗礼を受けていないのかと聞かれた。私は、自分がシン・ベットのスパイで、この地域の政治的なことや治安に関する活動すべてに深く関与しているからだとは言えなかった。しかし、それはもっともな疑問だし、私自身、何度も自問したことでもあった。

「僕に洗礼を施すことができるかい？」と私は尋ねた。

彼女はできると言った。

「僕たちだけの秘密にしてくれる？」

彼女は秘密にすると言って、こう付け加えた。「海はここからそんなに遠くないわ。今行きましょう」

「本気かい？」

「もちろんよ」

「わかった。そうだね」

テルアビブ行きのシャトルバスに乗り込んだとき、私は軽いめまいを感じた。自分が誰か忘れたのか？　本当にこのサンディエゴから来た女性を信頼していいのか？　四十五分後、私たちは甘く暖かい夕方の空気を吸いながら、人出の多い海岸を歩いていた。その中に、ハマスの指導者の息子がいままさにキリスト教徒として洗礼を施されようとしていることを知る人は一人もいなかっただろう。そのハマスのテロリストたちは、すぐ上の道にあるディスコ・ドルフィで二十一人の若者を殺害したのだ。
私はシャツを脱ぐと、彼女と一緒に海の中に入っていった。

二〇〇五年九月二十三日金曜日、ラマッラの近くにある難民キャンプからの帰途、車に父を乗せて走っているとき、父の携帯電話が鳴った。

「どうしたんだ?」父が電話の相手に向かって叫んだ。「なんだと?」

父は非常に動揺していた。

電話を切ると、ガザのハマスのスポークスマン、サミ・アズフリからで、ジュバリア難民キャンプでデモの最中に、イスラエル軍が多くのハマスのメンバーを殺害したことを伝えてきた、と言った。電話をかけてきた男は、群衆の中にイスラエル軍の航空機がデモ隊に向かってミサイルを発射するのを見たと主張し、イスラエルは停戦協定を破ったのだと言った。

父はちょうど七ヶ月前、停戦交渉に尽力していた。父の努力がすべて無駄になったようだ。もともと父はイスラエルを信用していなかったが、血に飢えたイスラエルの行動に激怒していた。

しかし、私はそれを信じなかった。父には何も言わなかったが、この話は何かうさん臭かった。

アルジャジーラ・テレビが電話をかけてきた。ラマッラに到着しだい、父にテレビに出演してほしいという。二十分後、私たちはアルジャジーラのスタジオにいた。

テレビ局のスタッフが父にマイクをつけている間に、私はロアイに電話をした。彼は、イスラエルはいかなる攻撃もしていないと断言した。私は激怒して、番組のプロデューサーに、その事件のニュース映像を見せてくれるよう頼んだ。彼は私をコントロール・ルームに連れていき、私たちは繰り返しその映像を見た。明らかに爆発は空からでなく、地上から上へ向かって起きていた。

シェイク・ハッサン・ユーセフはすでにオンエア中で、協定に背いたイスラエルに対して声を荒らげて停戦協定を破棄すると脅し、国際機関による調査を要求した。

「少しは気分が良くなりましたか?」父がスタジオから出てくると、私は尋ねた。

「どういう意味だ?」

「声明を出したことです」

「なんで気分が良くならなきゃいけないんだ? 彼らがあんなことをしたなんて信じられない」

「そうでしょう。彼らはやってないんだから。ハマスがやったんです。アズフリは嘘つきだ。コントロール・ルームに来てください。ちょっと見せたいものがあるんです」

私は父を連れて、小さな部屋に戻り、二人して何度かその映像を見た。

「この爆発を見てください。ほら。爆風は下から上に向かっています。空からきてはいません」

後で知ったのだが、ガザのハマスの軍事部門の連中がデモの最中に装置を見せびらかしていたという。そのとき、小型トラックの荷台でカッサム・ミサイルが爆発し、十五人が死亡、多数の負傷者が出たのだ。

父はショックを受けていた。しかし、そのもみ消しと手前勝手なでっちあげに関わったのは、ハマスだけではなかった。アルジャジーラは、自社のニュースフィルムに写っている映像にもかかわらず、嘘八百を報道し続けた。そして、何もかもが悪化した。それもはなはだしく。

ガザでのでっち上げ攻撃に対する報復と称して、ハマスは四十発近いミサイルをイスラエル南部の町々に撃ち込んだ。これはイスラエルが一週間前にガザからの撤退を完了して以降、最初の大規模な攻撃だった。父と私は家で世界中の人々とともにテレビのニュースを見ていた。次の日ロアイが、政府はハマスが停戦を破ったと判断したことを警告してきた。

ニュースでは、イスラエル軍の作戦本部長、イスラエル・ズィヴ少将の「ハマスに対し、長期にわたり常時攻撃を加える決定を下した」という発言を取り上げ、レポーターはそれが意味するところをこう付け加えた。「イスラエルは、ハマスの中心的指導者を標的とする攻撃を再開する準備をしている」ということだと。この作戦は、停戦後に中断されていたものだ（注14）。

「君の親父さんに入ってもらわなくてはいけない」とロアイは言った。

「僕の承諾を求めているんですか？」

「いや。イスラエルは彼の死を求めている。それに関してわれわれにできることは何もない」

私の怒りは頂点に達した。

「しかし昨夜、父は一発もミサイルを発射していないんですよ。発射を命じてもいない。父はまったく関与していない。全部ガザの大ばかどもの仕業だ」

　そこまで言ったところで、私は怒る気力も失せ、深い悲しみが私を襲った。ロアイが沈黙を破った。

「おい、聞いてるか？」

「はい」私はしゃがみこんだ。「こんなのむちゃくちゃだ……でもわかっている」

「君もだ」彼が静かに言った。

「僕も？　何？　刑務所へってこと？　冗談じゃない！　僕は戻らない。偽装なんかしなくていい。もう終わったんだ。終わったんだよ」

「モサブ」彼は小声で言った。「私が君の逮捕を望んでいると思うか？　君しだいだ。外にいたいならいてもいい。でも、今回はこれまで以上に危険だぞ。この間、君はこれまでになく長い時間親父さんのそばにいた。誰もが、君は完全にハマスの人間だと思っている。指導者の一角を占めていると思っている者さえ少なくない……。もしわれわれが逮捕しなければ、君は数週間以内に死ぬことになるだろう」

# 27章――別れ　二〇〇五年〜二〇〇七年

「どうしたんだ」父は私が泣いているのに気づいて声をかけてきた。

私が答えずに黙っていると、母や妹たちのために一緒に夕食を作ろうと誘った。ここ数年で、父と私の距離はぐっと近くなっていった。父は私が独力でやり遂げなくてはならないときもある、と考えていた。

しかし、父と食事の支度をしながら、私たちが長い時間一緒にいられるのはこれが最後だと思うと、私は胸が張り裂けそうだった。父一人だけ逮捕させはしないと心を決めた。

夕食の後、私はロアイに電話をした。

「わかったよ」と私は彼に言った。「刑務所に戻る」

二〇〇五年九月二十五日のことだった。私はラマッラ郊外の丘にある、私のお気に入りの場所に登った。よくそこへ行って祈りを捧げたり、聖書を読んだりしたものだった。私はこれまで以上に神に祈り、泣き、主に私と私の家族への憐みを請うた。家に帰るとじっと座って待った。幸い父はこれから何が起こるかをまったく知らずに、すでにベッドで休んでいた。夜半過ぎ、治安部隊が到着した。

私たちはオフェル収容所に連行され、大きなホールに、市内の一斉捜査で捕えられた数百人の人たちとともに集められた。今回は弟のオーウェイズとモハンマドも捕えられた。ロアイがこっそり教えてくれたのだが、二人は殺人事件の容疑者にされていた。二人の学校の友人の一人が、イスラエル人入植者を誘拐して、拷問し、殺害するという事件をおこしたが、シン・ベットは、犯人がその前日にオーウェイズにかけた電話を傍受していた。その後、モハンマドは数日で釈放された。オーウェイズは犯罪に関与した疑いが晴れるまで、刑務所で四ヶ月間服役した。

私たちは手に手錠をかけられ、十時間もホールにひざまずかされていた。誰かが父を椅子に座らせてくれ、父が丁重に扱われているのがわかったとき、私は心の中で神に感謝した。

私は三ヶ月間の行政拘禁に処された。キリスト教徒の友人が聖書を送ってくれたので、刑に服していた間、聖書を学び、神の言葉に従って生きていた。私は二〇〇五年のクリスマスの日に釈放された。父は釈放されなかった。私がこの本を書いているいまも、まだ刑務所にいる。

議会選挙が近づき、ハマス指導者たちは誰も彼も立候補したがった。相も変わらずむかつく奴らだった。連中がみな大手を振って歩きまわっているのに、人々を導く資格を真に有する唯一の男は、レーザーワイヤーの向こうで衰えている。逮捕されているので、選挙には出馬しないことを父は納得した。父は私に伝言をよこし、AP通信の政治評論家で、父の親友でもあるモハンマド・ダラグメに父の決断を発表するように頼んでくれと言ってきた。

二、三時間後に、父の意向がニュースで報じられ、私の電話が鳴り始めた。ハマスの指導者たちは刑務所にいる父と連絡を取ろうとしたのだが、父は話すのを拒んでいた。

「どうなっているんだ？」と彼らは私に尋ねた。「大損害だ！　君のお父さんが出馬しなければ、お父さんは選挙そのものを承認することをやめたと思われて、われわれは負けてしまう！」

「父が立候補したくないのであれば、それを尊重してください」と私は彼らに言った。

その後、イスマイル・ハニーヤから電話がかかってきた。ハマスの公認候補者名簿の筆頭であり、後に新生PAの総理大臣となる人物である。

「モサブ、この運動の指導者としてお願いしてるんだ。記者会見を開いて、君のお父さんはまだハマスの候補者だと発表してくれないか。AP通信の報道は間違いだと言ってほしい」

この期に及んで、今度は私に、彼らのために嘘をつけと言うのだ。イスラム教は嘘をついてはいけないと言っているのを忘れたのか？　それとも、政治は宗教に関係ないから嘘をついてもいいと考えているのか？

「私にはできない」と彼に言った。「私はあなたを尊敬しています。でもそれ以上に父と自分が正直であることを尊重したい」そう言って電話を切った。

三十分後、私は脅迫を受けた。「直ちに記者会見を開け」と電話の相手は言った。「さもないと、お前を殺すぞ」

「それなら、ここに来て私を殺せ」

私は電話を切ると、ロアイに電話をした。数時間もしないうちに、脅迫した男は逮捕された。殺しの脅迫などまったく意に介していなかった。しかし、どういうわけか父はそれを知り、自分でダラグメに電話をして、選挙に出馬すると伝えた。それから父は私に、落ち着いて父の釈放を待つようにと言った。父はハマスのことはどうにかするから、と私に断言した。

もちろん、父は刑務所から選挙活動をすることはできなかった。しかし、そうする必要もなかった。ハマスは父の写真を至るところに貼り出し、暗黙のうちにハマスに投票するように勧めた。そして選挙の前日、シェイク・ハッサン・ユーセフは、議会に送り込まれた。まるでライオンのたてがみの中にくっついている、無数のイガのある植物みたいな候補者連中を引き連れて。

私は、エレクトリック・コンピューター・システムズの持ち株をパートナーに売却した。私の人生で起きてきた多くの出来事が、終わりに近づいている予感がしていたからだ。

私はいったい何者なんだ？　もしこのままいったら、どんな未来を望めるというのか？

私は二十七歳で、普通の男女の付き合いさえできないのだ。キリスト教徒の女性は、私がハマスの最高指導者の息子だという評判に、恐れをなすだろう。イスラム教徒の女性は、アラブ人のキリスト教徒など願い下げだろう。そしていったいどんなユダヤ人の女性が、ハッサン・ユーセフの息子とデートしたいと思うだろう？　仮に誰かとデートをしたとしても、私たちはいったい何の話をするんだ？　私の人生の何を自由に語ることができるのか？　そもそも、どんな人生だったのか？　何のために私はすべてを犠牲にしてきたのだ？　パレスチナのため？　イスラエルのため？　平和のため？

私はシン・ベットのスーパースパイであったことで、何をしてきたと訴えればいいのだろう？　同胞の暮らし向きは良くなったか？　流血は止んだか？　父は家族とともに家にいるか？　イスラエルはより安全になったか？　私は弟や妹にとって良い模範となったのだろうか？　私は人生の約三分の一を無にしてしまったと感じた。それを「風を捕えるようである」とソロモン王が『伝道の書』四章十六節で描写しているように。

私が様々な役回りの帽子や仮面をつけているときに知ったことすら人に話すことはできない。誰が私の言うことを信じるというのだ？

私は、オフィスにいたロアイに電話をした。

「僕はもうこれ以上できない」

「どうしてだ？　何があったんだ？」

「何もない。僕はあんたたちが好きだ。それにスパイの仕事も好きだ。もう病みつきになってるんじゃないかと思う。でも、私たちは何も成し遂げていない。逮捕や拷問や暗殺では、勝つことのできない戦いをしているんだ。敵は観念であり、観念は、侵略や夜間外出禁止令なんて知ったことじゃない。メルカバ戦車で紛糾することもできないんだ。我々の問題はあなた方ではないし、あなた方の問題も我々ではない。私たちはみんな、迷路に迷い込んで出られなくなったネズミみたいなものだ。僕はこれ以上できない。僕の務めは終わった」

これがシン・ベットにとって、大きな打撃であることはわかっていた。われわれは戦いの真っ只中にいるのだ。

「わかった」とロアイは言った。「上司に伝えてみるよ。あとは向こうが何と言うかだ」

われわれが再会したとき、彼は言った。「上司からの提案だ。イスラエルには大きな通信会社がある。それと同じような会社を、君がパレスチナ人地区で始める資金を全額出すよ。またとないチャンスだし、一生安泰だ」

「あなたはわかっていない。問題は金じゃない。問題は、僕には行き先がどこにもないことなんだ」

「ここの人間は君を必要としているんだよ、モサブ」

「僕は別のやり方で助けられないか考えてみるよ。でもこういう形で助けることはしない。諜報機関そのものですら、どこに行こうとしているのかわかっていない」

「じゃあ、君はどうしたいんだ？」

「この国を出たい」

話し合いは平行線をたどった。ロアイは私たちの会話を上司に報告した。上層部は留まることを強く主張し、私はここを離れることを強く主張した。

「わかった」と彼らは言った。「君が戻ると約束するなら、半年、たぶん一年間くらいヨーロッパに行かせよう」

「ヨーロッパには行かない。アメリカに行きたいんだ。あっちには友人がいる。たぶん戻ってくるよ。一年か二年か、五年かしたら。どれくらいになるかはわからない。いまわかっているのは、休みが必要だということだけだ」

「アメリカは難しい。ここには金も、地位も、みんなからの支援もある。君はしっかりした評判を築いたし、ビジネスを立ち上げたし、快適に暮らしている。アメリカへ行ったらどんな生活をすることになるかわかってるのか。ほんのちっぽけな何の影響力もない存在になるんだよ」

私は、皿洗いをしてもかまわないと言った。そして私が、頑として譲らないので、彼らも腰をすえてかかってきた。

「だめだ」と彼らは言った。「アメリカはだめだ。ヨーロッパだけ、それも短期間だけだ。楽しんで来ればいい。その間も給料は払う。向こうへ行って羽を伸ばせ。そうしたら戻ってくるんだ」

「わかりました」とついに私は言った。「家に帰ります。もうあなた方のために何もする気はありません。僕は家から一歩も出ない。偶然自爆者を発見して、報告しなくてはいけないはめになりたくないので。わざわざ電話をしてくれなくても結構です。僕はもうあなた方とは仕事をしない」

私は両親の家に戻り、携帯電話の電源を切った。顎鬚が伸び、濃くなった。母が私のことをとても心配していて、何度も様子を見にきては、大丈夫か、と聞いた。来る日も来る日も、私は聖書を読み、音楽を聴き、テレビを見て、この十年間について考え、うつうつとした気分と戦った。

三ヶ月が過ぎた頃、母が誰かから電話だと言った。私は誰とも話したくないと言った。しかし母は、電話の相手は緊急の用事だそうだし、親しい友人でお父さんのことも知っているそうよと言った。

私は階下に行き、受話器を取った。シン・ベットの人からだった。

「君に会いたいんだ」と電話の相手は言った。「とても重要なことなんだ。君にとってもいい知らせがあるんだ」

私は会合に出向いた。こちらが一切仕事をしないので、向こうには勝ち目がなくなってしまった。彼らにも、私のやめる決意が固いことがわかったのだ。

「よし、アメリカに行かせよう。ただし、数ヶ月間だけだ。そのあと必ず戻ると約束してくれ」

「言っても無駄だとわかっていることを、どうしていつまでも言い張るのか、私にはわかりませんね」

私は静かに、だがきっぱりと言った。

とうとう彼らは言った。「わかった。ただし、条件が二つある。一つ目は、弁護士を雇って、治療目的での出国許可を裁判所を通してわれわれに申請すること。さもないと、君は痛い目に遭う。二つ目は、戻ってくることだ」

例外は、パレスチナ領内では受けられない治療が必要な場合だ。シン・ベットは決してハマスのメンバーに国境を越える許可を出さない。私は実際歯の噛み合わせが悪いせいで、顎に問題を抱えていて、ヨルダン川西岸では必要な手術が受けられなかった。それで実際に困ったことは大してなかったが、それがいい口実になると思った。そこで医療報告書を裁判所に送り、手術のために米国に渡航する許可を得るために、弁護士を雇った。

こんなことをするのはひとえに、裁判所も文書による明確な記載を残し、私がイスラエルを離れるために、敵意むき出しの官僚とやりあったことを示すのが目的だ。シン・ベットが私をあっさりと行かせてしまったら、それはえこひいきをしたということで、私はそれと引き換えに何かをしたのだろうかと疑われるだろう。そこで、彼らは私に強硬な姿勢で臨み、一つひとつ段階を踏んで闘いとったことをはっきり見せる必要があったのだ。

しかし、私が選んだ弁護士は邪魔者でしかないことがわかった。彼は明らかに、私にチャンスがあるとは思っていなかった。そこで料金の前払いを要求してきた。私は応じたが、その後も彼は傍観しているだけで何もしなかった。シン・ベットは、私の弁護士から何も受け取っていないので、事務手続きを進められずにいた。毎週毎週、私は弁護士に電話し、進捗状況を尋ねた。彼がしなければならなかったのは、事務手続きを進めることだけだったが、彼は言い訳と嘘を繰り返すばかりだった。問題があるだの、やっかいなことになっただのと。そして何度も何度ももっと金が必要だと言ってきて、私は何度も何度も支払った。

それが六ヶ月間続いた。ようやく二〇〇七年の元日、電話がかかってきた。

「出国が許可されました」その弁護士はもったいぶって言った。まるで世界中の飢餓問題を解決したかのように。

「もう一回だけ頼みを聞いてくれないか？　ジャラゾーン難民キャンプにいる、ハマス指導者の一人と会ってほしいんだ」ロアイが尋ねた。「君だけなんだ」

「私はあと五時間で出国するんですよ」

「そうか」と彼は降参したように言った。「気をつけてな。これからも連絡を絶やさないでくれよ。国境を越えて、すべて大丈夫となったら電話をくれ」

私はカリフォルニアにいる何人かの知人に電話をして、そちらに行くと伝えた。もちろん彼らは私がハマスの最高指導者の息子で、シン・ベットのスパイでもあったことなど、つゆほども知らない。しかし、とても喜んでくれた。私は小さなスーツケースに衣類を何着か詰め、母と話をするために階下に下りた。母はすでにベッドに入っていた。

私は母の横にひざまずき、あと数時間で出発し、国境を越えてヨルダンに入り、そこから飛行機でアメリカへ行くと説明した。そのときになってもなお、私はその理由を説明することができなかった。

母の眼がすべてを語っていた。お父さんは刑務所にいるのよ。あなたは弟妹たちにとって父親のような存在なのよ。あなたはアメリカに行ってどうするの？　私にはよくわかっていた。母は私が出ていくのを見たくないと思っているが、同時に、私に平穏無事でいてほしいと願っているのだと。母は、私がここで何度も危険な目に遭ってきたので、向こうで自分のための人生を送れるよう願っていると言ってくれた。母は私がどれほど危険な目に遭ってきたかまったく知らなかった。

「お別れのキスをさせてちょうだい」と母が言った。「朝、出発する前に、私を起こしてね」

母は私を祝福した。私は母に、朝とても早く出発するので、わざわざ起きて見送ってくれなくてもいいよと言った。でも、やはり私の母だった。母は弟妹や、友人のジャマルとともに、リビングルームで一晩中寝ずに私を待った。

脱出に向けて、荷物をまとめているとき、聖書を入れようとした。その聖書は刑務所にいたときでさえも学んでいたもので何年もの間に、書き込みがたくさんしてあった。ふと思いついて、私はそれをジャマルにあげることにした。

「出発前にもっと君に高価な贈り物をしたいけど、これくらいしかないんだ」と彼に言った。

「これは私の聖書だよ。これを読んで、その教えに従ってくれ」ジャマルが私の願いを尊重し、私のことを思い出したときは、いつでもそれを読んでくれると確信していた。十分に当座をしのげるだけの現金を持っているのを確かめると、家を出て、イスラエルとヨルダンを結ぶアレンビー橋へと向かった。

イスラエルの検問所は問題なく通過した。私は三十五ドルの出国税を支払い、広々とした出入国管理局のターミナルへと入った。そこには金属探知機やX線装置や要注意人物を取り調べる悪名高い十三号室がある。しかし、それらの機器も、裸にして行う身体検査も、たいていはヨルダン側からイスラエルに入ってくる人たちのためのもので、イスラエルから出国する人のためのものではない。

ターミナルには、短パンを穿いてウエストポーチをつけた人たちや、キッパーだの、アラブ人のブルカやベールだの、野球帽だのを被った人たちでごった返していた。リュックサックだけを背負っている人もいれば、手荷物を積んだカートを押している人もいた。ようやく私は、コンクリート製のトラス橋を通過できる、唯一の公共交通手段であるＪＥＴＴの大型バスに乗り込んだ。

「よし、これでほぼ大丈夫だ」と私は思った。

しかし、まだ多少の不安はあった。シン・ベットは私のような人物を簡単には出国させないからだ。これは前代未聞のことだ。ロアイでさえ、私が許可を得たことに驚いていた。ヨルダン側に到着したとき、パスポートを提示した。私は心配だった。三年間の米国滞在ビザを持っているのに、パスポートの期限は三十日足らずで切れるからだ。

私は心の中で祈った。頼む、一日だけヨルダンに入れてくれ、僕が必要なのはそれだけなんだ、と。しかし、その心配は無用だった。何も問題はなかった。私はタクシーを拾ってアンマンに行き、そこでエール・フランスの航空券を買った。ホテルにチェックインして、数時間滞在したのち、クイーン・アリア国際空港に行き、パリ経由カリフォルニア行きの便に乗り込んだ。

機内に座って、自分が後に残してきたことについて考えていた——良いことも悪いことも。家族のことや友人のことも。終わりのない流血、騒ぎ、荒廃そして虚しさも。

本当に自由なのだという感覚に慣れるまでしばらくかかった。あるがままの自分でいる自由、秘密の会合やイスラエルの刑務所に行かないで済む自由、いつも肩越しに振り返らないでいい自由。不思議な感覚だった。そして素晴らしい感覚だった。

カリフォルニアである日、歩道を歩いていると、見覚えのある顔がこちらに向かって歩いてくるのを目にとめた。それは、多くの自爆攻撃の主謀者マヘル・オデーの顔だった。二〇〇〇年にアラファトの武装した殺し屋が彼を訪ねているのを目撃したことがあった。私は後に、彼らが謎のアル・アクサ殉教者旅団を設立した集団であることを暴いた。

最初は本当にオデーかどうか、確信を持てなかった。人は状況によって外見も変わるものだ。私は自分が間違っていればいいと思った。ハマスが殉教作戦を指揮するために、アメリカにまで手を伸ばしたことは一度もなかった。もし彼がここにいるならば、それはアメリカにとってよくないことだ。私にとってもよくないことだ。

ほんの一瞬、互いの目が合った。その男が通りを過ぎ去るとき、一瞬見覚えのある表情をした。その瞬間、火花が散り、たがいに相手に気づいたとはっきり確信した。その後、彼は道を下っていった。

# エピローグ

二〇〇八年七月、私はアヴィ・イサハロフとレストランで夕食をとっていた。彼はイスラエルのハアレツ紙のジャーナリストで私の親友でもある。私は彼に自分がキリスト教徒になるまでのことを話した。そのニュースを西欧諸国発ではなく、イスラエル発のニュースにしたかったからだ。これは「放蕩息子」という見出しでハアレツ紙に掲載された。

イエスの多くの信者がそうであるように、私が公の場でキリスト教の信仰を宣言したことに、母と父、弟妹、そして友人たちは胸の張り裂ける思いをした。

友人のジャマルは、恥じ入る家族に寄り添って、ともに涙を流してくれた数少ない人のひとりだった。私が去った後、ひとりぼっちで寂しい思いをしていたジャマルだったが、若くて美しい女性と出会い、婚約をし、ハアレツ紙にその記事が出た二週間後に結婚式を挙げた。

彼の結婚式に出席した私の家族は、涙をこらえることができなかった。ジャマルの結婚が私のこと、私が自分の将来を台無しにしてしまったこと、結婚してイスラムの家庭を持つことは決してないことを思い起こさせたからだ。私の家族が悲しむのを見て、花婿でさえ泣き始めた。結婚式にいたほとんどの人々が泣いていたが、その理由はそれぞれ異なっていただろう。

「僕の結婚式が終わるまで二週間、発表をするのを待つことはできなかったのかい?」後にジャマルは電話で話しているときに私に言った。「君は僕の人生最良の出来事を台無しにしたんだよ」

私は最悪の気分だった。でもありがたいことに、ジャマルはいまも私の親友でいてくれている。

父は刑務所の独房でそのニュースを聞いた。目が覚めてすぐに、自分の長男がキリスト教に改宗したことを知った。父からすれば、息子は自分の将来と家族の将来を滅茶苦茶にしたのだ。いつの日か私は父の眼の前で地獄に連れていかれ、永遠に離れ離れになると父は信じていた。

父は赤ん坊のように泣き、独房を出ようとしなかった。

あらゆる派閥の囚人が彼のところにやってきた。

「私たちはみんながあなたの子ですよ、アブ・モサブ」と彼らは父に言った。「どうか気を取り直してください」

父はニュース記事を確認することができなかった。しかし一週間後、父との面会を許されている唯一の家族、十七歳の妹アンハルが刑務所を訪れたとき、父は妹の目を見てすぐに、それがすべて真実であると知った。そして、自分を抑えることができなかった。他の囚人たちは、会いに来ていた家族から離れ、父のところにやってきて、その頭にキスをし、ともに泣いた。父はみなに謝ろうと、ひと呼吸したものの、かえって激しく泣いてしまった。イスラエルの護衛の看守たちでさえともに泣いた。彼らも父を尊敬していたのだ。

私は父に便箋六枚の手紙を書き、父が常に愛しているもののまったく知らない神の本当の姿に、父自身が気づくことが大事なのだと伝えた。

伯父たちは、父が私を勘当することを願っていた。しかし父がそれを拒んだとき、伯父たちは父の妻と子どもたちを見捨てた。しかし父は、私を勘当したら、ハマスのテロリストに私が殺されるとわかっていた。私がこんなにも深く父を傷つけたにもかかわらず、父は私をずっとかばってくれた。

八週間後、ネゲブのクツィオット刑務所の囚人が暴動を起こすと脅しをかけた。それでイスラエル刑務局のシャバスは父に、事態を鎮静化するためにできることをしてほしいと頼んだ。

ある日、私は母からの電話を受けた。私はアメリカに到着して以来、母とは毎週連絡を取っていた。

「父さんは今ネゲブにいるの。そこの囚人の何人かが携帯電話をこっそり持ち込んでいるんだけど、父さんと話したい？」

信じられなかった。釈放されるまでは、父と話す機会を得られるとは思ってもみなかった。

私はその番号に電話した。応答なし。もう一度かけた。

「アロ！」

父の声だった。私はほとんど言葉が出なかった。

「父さん、元気ですか」

「おお」

「父さんの声が聞きたかった」

「元気か？」

「元気です。僕のことはどうでもいいんです。父さんは大丈夫ですか？」

「大丈夫だ。こっちに来ているのは、ここの囚人たちと話して事態を落ち着かせるためだ」

父は変わっていなかった。父の主たる関心はいつも人々に向けられている。それは、これからもずっと変わらないだろう。

「アメリカでの生活はどうだ？」

「充実していますよ。僕は今本を書いているんです……」

囚人はみな十分しか話す時間を与えられていない。そして父は、自分の地位を利用して特別扱いされることなど決して望まなかった。私の新しい生活について話をしたかったが、父はそれには触れたくないようだった。

「たとえ何があろうとも、お前はずっと私の息子だ」と父は言った。「お前は私の一部だ。これからも何も変わらない。お前は私と違う考えを持っているが、これからもずっと私の可愛い息子だ」

私はショックだった。信じられない人だと思った。

次の日また電話をした。父の心は病んでいたが、私の話を聞いてくれた。

「父さんに話さなくてはならないことがあります」と私は言った。「僕は自分の口から話したいんです。父さんがメディアから初めてそれを聞かなくてもいいように……」

私は、自分が十年間シン・ベットのために働いていたことを話した。それから父が、今も生きているのは、父を守るために刑務所に入れることに私が同意したためであること。父の名前がエルサレムの暗殺リストの一番上にあること。父がまだ刑務所にいるのは、私が向こうにいて安全を確保してあげることがもはやできないからであることを——。

沈黙が流れた。父は何も言わなかった。

「父さん、愛しています」と私は最後に言った。「父さんはこれからもいつも私の父さんです」

# あとがき

私の一番の願いは、私自身の告白を通して、数百年もの間腐敗した政治に振り回されてきた私の同胞であるパレスチナのイスラム教徒たちに、真実はあなたたちを自由にすることができるのだ、と伝えることだ。

私は同様に、イスラエルの人々にも希望があることを知ってもらいたい。イスラエルを滅ぼすことが目的のテロリスト組織の息子である私が、ユダヤ人を愛せるようになっただけでなく、彼らのために命を危険にさらすことまでできたとき、そこには希望の光があるのだということを。

これは、キリスト教徒たちへのメッセージでもある。神の御心に従おうとして、重荷を背負いながら生きる、私の同胞たちの悲しみから学ばなければならない。私たちは我々自身のためにつくった宗教の枠を、乗り越えなくてはならない。むしろ、無条件で、世界中のどんな立場やどんな考えの人々をも愛さなくてはいけない。私たちが世界に対してイエス・キリストの代弁者となるのならば、イエスの愛の教えに生きるべきだ。イエスに従うということは、迫害をも覚悟しなくてはならない。神のためならば、私たちは喜んで迫害されよう。

中東の専門家や政府の高官、学者、および諜報機関の指導者たちへ。この単純なことが、世界最大の紛争地域の問題解決の糸口になるのだということを私は希望をもって書いている。

私はこれを書くにあたり、私の最愛の人々を含め多くの人々が私の真意や考え方を理解してはくれないだろうということはわかっている。

私が金のためにやったのだ、と非難する人々もいるだろう。皮肉なことに、以前の生活では金に困ることなどなかったけれど、今はその日暮らしだ。父が刑務所に長期間拘留されている間はとくに、家族は経済的にかなりひっ迫していたことも事実だが、一方で私はかなり裕福な若者になっていた。政府から貰っていた給料は、私の国の平均所得の十倍だった。私は二軒の家を所有し、新車のスポーツカーを乗り回すような良い生活をしていたが、もっと稼ぐこともできた。

私がイスラエル側にこの仕事を辞めると宣言したとき、彼らは、私がここに留まりさえすれば、数百万ドルを稼げる通信ビジネスをお膳立てしてくれると言った。私はその申し出を断ってアメリカに来たが、正社員の職をみつけることができず、ほとんどホームレス同然になっている。いずれお金に困らないようにはなりたいが、お金だけでは私自身が決して満足できないこともわかっている。もしお金が私の目的なら、そこにとどまって、イスラエルのために働き続けただろう。あるいは、アメリカに移ってからは、人々が寄せて下さる寄付金を受け取ることもできた。しかし私はそのどちらもしなかった。金が最優先ではないし、そのためにやっていると思われたくもない。

世間から注目されたいがためにしていることだ、と思う人もいるだろう。しかし、そんなことは、私の国で十分経験済みだ。

手放したくなかったとしたらそれは、ハマスの最高指導者の息子としての権力と威信だった。権力を味わったことのある私は、それが病みつきになることを知っている。それは金の比ではない。かつての生活で、私は権力が行使できるのがうれしかった。しかし、いったん病みつきになると、権力を支配するというより、権力に支配されてしまうのだ。

自由……。私の話の内奥にあるのは、この自由への強い憧れだ。

私は何世紀にも亘って、腐敗政治の奴隷にされてしまっている人々の息子である。

パレスチナの人々は、イスラエルの圧政下にあるのと同様に、自分たちの指導者によっても虐げられているのだという事実に私が開眼したとき、私はイスラエルの刑務所にいた。

私は、コーランの神を喜ばせ、天国に行くために、戒律の厳守を求めるイスラム教の熱心な信者だった。

かつての生活では金も権力も地位もあったが、私が本当に求めていたのは自由だった。そしてそれは何よりも、憎しみ、偏見、復讐への欲望を捨て去ることを意味した。

イエスの言葉――汝の敵を愛せよ――が、最終的に私を自由にした。もはや、誰が友で誰が敵かなど、どうでもよくなった。私は、彼ら全員を愛するのだから。そして、そうさせてくれた神とすばらしい関係をもつことができた。

神とのこのような関係を持つことは、自由の源であるだけでなく、私の新しい人生を開く鍵でもある。

この本を読まれた後で、私がイエスに従う立派な信者になったとは思わないでいただきたい。未だ苦闘している。聖書研究会や読書から得た私の信仰に関する知識や理解は、ほんのわずかだ。つまり、私はイエス・キリストの信者ではあるが、まだ駆け出しの弟子にすぎないのだ。救いこそがすべてであると主張する宗教の中で生まれ育った。私は真理を受け入れる場所を用意するため、捨てなくてはならないことがたくさんある。

「すなわち、あなたがたは、以前の生活に属する、情欲に迷って滅びゆく古き人を脱ぎ捨て、心の深みまで新たにされて、真の義と聖とをそなえた神にかたどって造られた新しき人を着るべきである。」(『エペソ人への手紙』四章二十二－二十四節)

他の多くのキリストの信者たちのように、私は自らの罪を悔い改めた。そしてイエスは、人となり、私たちの罪のために死に、死から蘇り、父なる神の右に座しておられる神の御子であることを私は知っている。私は洗礼を受けた。それでも、私は辛うじて神の王国の門の内側にいるだけだと感じる。そしてまだずっと多くのことがあると教えられた。私はそれらすべてを望んでいる。

いっぽうで私はまだ、世俗、肉体、悪と戦っている。まだ誤解や混乱がある。ときに私は、乗り越えられないような問題と格闘している。

それでも、自分自身を「罪人のかしら」（『テモテへの第一の手紙』一章十五節より）とテモテに表現した使徒パウロのように、あきらめない限り、私は神の望むとおりになるつもりだ。

もし、あなたが街角で私と出会ったとしても、どうか私にアドバイスを求めたり、あれこれの聖書の言葉について聞かないでほしい。なぜなら、あなた方のほうが私よりずっと詳しいのだから。

精神的なトロフィーとして私を見上げるのではなく、私のために祈ってほしい。私が信仰において成長し、いずれはイエスとともに人生の喜びを分かち合うことができるように祈ってほしい。

私たち自身の内側に存在する敵を見ずに、外に敵を捜してばかりいる限り、常に中東問題はなくならないだろう。

宗教はそれを解決しない。イエス抜きの宗教は独りよがりでしかない。弾圧からの解放も、問題解決にはならない。ヨーロッパからもたらされた弾圧によって、イスラエルは弾圧者となった。

迫害がもたらされた結果、イスラム教徒は自らが迫害する者となった。虐待された配偶者や子どもたちは、しばしば配偶者や子どもたちを虐待するようになる。ありふれた言い方だが、傷つけられた人々は、その傷が癒えない限り人を傷つけるというのは、やはり真実なのだ。

嘘によって操られ、人種差別、憎悪、復讐に身を委ねた私は、あのような人々のひとりになろうとしていた。しかし一九九九年、私は唯一まことの神と出会った。父なる神の愛を言葉では言い表すことができないが、この世の罪を償うために十字架にかけられた唯一の御子の犠牲がそれを表している。そして三日後に死からイエスを復活させることによって、神はその力と正義を示したのである。私を愛し私を許したように、父なる神は、私に人を愛し敵を許せと命じるだけでなく、私にその力をお与えになる。

真実と寛容こそ、中東問題の唯一の解決方法である。イスラエル人とパレスチナ人の間における課題は、その解決策を〝見つける〟ということではない。それを〝受け入れる〟ことができる最初の勇者となることである。

# 登場人物

## モサブの家族

シェイク・ユーセフ・ダウード——父方の祖父
シェイク・ハッサン・ユーセフ——父親。一九八六年のハマス創設者であり指導者の一人
サブハ・アブ・サレム——母親
イブラヒム・アブ・サレム——伯父（母の兄）。ヨルダンのムスリム同胞団創設者の一人
ダウード——叔父（父の弟）
ユーセフ・ダウード——従兄弟。ダウードの息子。使えない武器の購入を助けた人物
モサブの弟たち——ソハイブ（一九八〇生）。セイフ（一九八三生）。オーウェイズ（一九八五生）。モハンマド（一九八七生）。ナセル（一九九七生）
モサブの妹たち——サベラ（一九七九生）。タスニーム（一九八二生）。アンハル（一九九〇生）

## 主要登場人物（登場順）

ハッサン・アル・バンナ——エジプト人。ムスリム同胞団の再建者であり創設者でもある
ジャマル・マンスール——一九八六年のハマスの創設者の一人。イスラエルによって暗殺される
イブラヒム・キスワニ——モサブの友人。使えない武器の購入を助けた
ロアイ——シン・ベットでのモサブの教官
マルワーン・バルグーティ——ファタハの事務総長

マヘル・オデー――ハマス指導者。収容所内におけるハマス軍事組織のリーダー
サレー・タラフメ――ハマスのテロリスト。モサブの友人
イブラヒム・ハメッド――ヨルダン川西岸のハマス治安部門のリーダー
サイード・アル・シェイク・カッセム――ハマスのテロリスト
ハサニーン・ルンマナー――ハマスのテロリスト
ハリード・メシャル――シリアの首都ダマスカスにおけるハマスのリーダー
アブドゥラ・バルグーティ――爆弾製造者

**その他の登場人物（アルファベット順）**

アブデル・アズィズ・アル・ランティィシ――ハマスの指導者。レバノンの難民キャンプでのリーダー
アブデル・バセット・オデー――パーク・ホテルでのハマス自爆テロ犯
アブ・アリ・ムスタファ――ＰＦＬＰ事務総長。イスラエルによって暗殺
アブ・サレム――肉屋。変わった隣人
アディブ・ゼヤデ――ハマスの諜報部指導者
アハマド・グハンドー――アル・アクサ殉教者旅団の初期の指導者
アハマド・アル・ファランシ――マルワーン・バルグーティの補佐官
アハメド・ヤシン――一九八六年のハマスの創設者の一人。イスラエルによって暗殺
アケル・ソロア――モサブの友人。囚人仲間
アマル・サラ・ディアブ・アマルナ――ハマスの最初の自爆テロ犯
アメル・アブ・サルハン――一九八九年、三人のイスラエル人を殺害

アムノン――キリスト教徒に改宗したユダヤ人。モサブの囚人仲間
アナス・ラスラス――メギド収容所におけるマジッドのリーダー
アリエル・シャロン――十一人目のイスラエル首相（二〇〇一～二〇〇六）
アヴィ・ディクター――シン・ベット長官
アイマン・アブ・タハ――ハマス創設者の一人
アズィズ・カイエッド――ハマス諜報部のリーダー
バルーフ・ゴールドステイン――アメリカ生まれ。医師。ラマダンの最中にヘブロンで二十九名のパレスチナ人を惨殺
ビラル・バルグーティ――ハマスの爆弾テロ犯アブドゥラ・バルグーティの従兄弟
ビル・クリントン――第四十二代米国大統領
シャイ隊長――イスラエル国防軍（ＩＤＦ：Israel Defense Forces）指揮官
ダヤ・ムハンマド・フセイン・アル・タウィル――フレンチ・ヒルでの自爆テロ犯
エフード・バラク――十人目のイスラエル首相（一九九九～二〇〇一）
エフード・オルメルト――十二人目のイスラエル首相（二〇〇六～二〇〇九）
ファティ・シャカキ――パレスチナ・イスラム聖戦機構設立者の一人。自爆テロの提唱者
フォーアド・ショーバキ――パレスチナ暫定自治政府の軍事・財務責任者
ハッサン・サラメ――ヤヒヤ・アヤッシュの友人。彼にイスラエル人殺害のための爆弾の作り方を教わった
イマッド・アケル――イズディーン・アル＝カッサム大隊とハマスの軍事組織の指導者。イスラエルによって殺害
イスマイル・ハニーヤ――二〇〇六年選挙でパレスチナ自治政府の首相に選出

イズ・アル・ディン・シュヘイル・アル・マズリ――スバロ・ピザの自爆テロ犯
ジャマル・アル・デューラ――パレスチナ人によると、ガザでのパレスチナ保安軍によるデモの最中、ＩＤＦの兵士によって殺害されたとされる、十二歳の少年モハンメド・アル・デューラの父親
ジャマル・アル・タウィール――ヨルダン川西岸におけるハマスの指導者
ジャマル・サリム――ハマスの指導者で、ナブルスでのジャマル・マンスール暗殺の際に殺害された
ジャミール・ハマミ――一九八六年のハマス指導者の一人
ジブリル・ラジョブ――パレスチナ暫定自治政府の治安局長
ジュマーマ――モサブの幼少時代に、家の近くで遺体を埋めるための墓掘りをしていた男
フセイン国王――ヨルダン国王（一九五二〜一九九九）
コフィ・アナン――第七代国連事務総長（一九九七〜二〇〇六）
レナード・コーエン――"First We Take Manhattan"を書いたカナダ人シンガーソングライター
マハムード・ムスリ――一九八六年のハマス創設者の一人
マジェダ・タラフメ――ハマスのテロリストであるサレー・タラフメの妻
モハンマド・ダラグメ――パレスチナ人ジャーナリスト
モハンメド・アル・デューラ――パレスチナによると、ガザでのファタハのデモの最中にＩＤＦ兵士によって殺害されたとされる十二歳の少年
モハンメド・アルマン――ハマスのテロリスト集団のメンバー
モサブ・タラフメ――テロリストであるサレー・タラフメの長男
ムハンマド――イスラム教の開祖

ムハンマド・ジャマル・アル・ナツェー——一九八六年のハマスの創設者の一人。ヨルダン川西岸地区の軍事組織の指導者
ムハネド・アブ・ハラワ——アル・アクサ殉教者旅団のメンバー
ナジェ・マディ——ハマスの諜報部指導者
ニッシム・トレダノ——ハマスに殺害されたイスラエル国境警察官
オフェル・デッケル——シン・ベット事務官
レハベアム・ゼエヴィ——イスラエルの観光相。ＰＦＬＰの狙撃兵によって暗殺
サダム・フセイン——一九九〇年にクウェートに侵攻したイラクの独裁者。二〇〇六年処刑
サエブ・エリカット——パレスチナの閣僚
サイード・ホタリ——ディスコ・ドルフィの自爆テロ犯
サラ・フセイン——ハマス諜報部指導者
サミ・アズフリ——ガザでのハマス報道官
シャダ——イスラエル戦車の狙撃兵によって誤って殺害されたパレスチナ人一般労働者
シモン・ペレス——二〇〇七年、第九代イスラエル大統領に就任。かつて首相や外相としても活躍した
シュロモー・サハル——イスラエルのプラスチック製品セールスマン。ガザで殺害される
ツィボウクツァキス・ゲルマヌス——ギリシャ正教会の修道士。イスマイル・ラダイダによって殺害された
ヤヒヤ・アヤッシュ——爆弾製造者。イスラエル・パレスチナ紛争において高度な技術の爆弾を自爆テロに使用したことで名が知られた
ヤセル・アラファト——長期にわたるＰＬＯ議長。パレスチナ暫定自治政府代表でもある。二〇〇四年死亡
イスラエル・ズィヴ——イスラエルのＩＤＦ少将（Israeli major general for the IDF）

イツハク・ラビン——五人目のイスラエル首相（一九七四～一九七七、一九九二～一九九五）。イスラエル右翼過激派イガル・アミールによって一九九五年に暗殺された

ザカリヤ・ボトロス——コプト派の聖職者。衛星テレビを通じて、コーランの誤りや経典の真実を暴くことで、多くのイスラム教徒をキリスト教へ導いた

## 用語解説

ＩＤＦ（Israel Defense Forces）——イスラエル国防軍。地上軍、空軍、海軍から構成される

アザーン——一日五回のイスラム教の祈禱

アダッド——番号

アブ——父

アミール——族長、首長、指揮官などの意

アラー——アラビア語で神のこと

アル・アクサ・モスク——イスラム教の第三の聖地。開祖ムハンマドが天国に上って行ったとされている場所。ユダヤ教徒にとっては、古代のユダヤ教神殿があった聖地、神殿の丘でもある

アル・アクサ殉教者旅団——テロリスト集団。第二次インティファーダのとき、様々な抵抗勢力集団から設立された。イスラエルをターゲットとした自爆テロや他の攻撃を行う

アルジャジーラ——アラブの衛星テレビ・ニュースネットワーク。カタールを拠点とする

アル・ファティハ——イスラム教の聖典であるコーランの最初の章スーラのこと。イマームなどの宗教指導者によって読まれる

アレンビー橋――ヨルダン川に架かるエリコとヨルダンを結ぶ橋。一九一八年にイギリス将校のエドモンド・アレンビーによって建設された
イスラム聖戦機構――ヨルダン川西岸とガザにおけるイスラム教の抵抗勢力。アメリカ、EU諸国等ではテロリスト組織の一つとみなされている
イズディーン・アル＝カッサム大隊――ハマスの軍事組織
イマーム――モスクにいるイスラム教の指導者
インティファーダ――反乱、暴動
ウドゥ――イスラム教の清めの儀式
オスマン帝国――トルコ帝国（一二九九～一九二三）
オスロ合意――一九九三年、イスラエルとPLOの間での合意
カラシニコフ――ロシアのAK－47型自動小銃。ミハイル・カラシニコフによって設計された
カリフ――イスラムの政治的指導者
クツィオット――モサブが過ごしたネゲブ砂漠にあるイスラエルのテント式収容所
クネセット――イスラエル政府の国会
クルド人――クルジスタンに住む多数派の民族。その生活範囲は、イラクの一部、イラン、シリア、トルコにわたっている
コーラン――イスラム教の聖典
サワイェド――イスラエルの収容所におけるハマス治安部門の工作員。メッセージを入れたボールを投げてセクション間の連絡を取った
シーア派――スンニ派の次に大きいイスラム教宗派

シェイク――ムスリムの長老もしくは指導者という意

ジハード――文字の意味としては「闘争」を意味するが、イスラム教の武装組織は、「武装闘争」またはテロリズムとも解釈する

シャウィーシュ――イスラエル収容所における囚人の代表。模範囚となるべき存在

シャリーア――イスラム教に基づく法律

ジャルサー――イスラム教の研究団体

シュラ・カウンセル――イスラム教における七人の政策決定者

ショテル――ヘブライ語でイスラエルの刑務官もしくは警察官

神殿の丘――エルサレムの旧市街にある、アル・アクサ・モスクと世界最古のイスラム教の建築物である岩のドームと同じ場所にある。また第一、第二ユダヤ神殿があったとされる場所でもある

シン・ベット――イスラエル総保安局。アメリカのＦＢＩに匹敵する

スーラ――コーランの章

スカッド――弾道ミサイル。冷戦中に旧ソビエト連邦によって開発された

スンニ派――イスラム教最大宗派

占領地――ヨルダン川西岸、ガザとゴラン高原

ＤＦＬＰ（パレスチナ解放民主戦線）――世俗派のマルクス・レーニン主義組織。ヨルダン川西岸とガザにおけるイスラエルの占領に反対している組織

ディナール――ヨルダン王国通貨。ヨルダン川西岸全体で、イスラエルのシェケルと共に使用されている

ディフェンシブ・シールド作戦――第二次インティファーダの際、ＩＤＦによって遂行された大規模な軍事作戦

バクラワ――パイの一種で、中身はナッツとはちみつで甘く味付けされている
ハッジ――メッカ巡礼
ハフディス――イスラム教の昔からの言い伝え
ハマス――ヨルダン川西岸とガザにおけるイスラム教の抵抗勢力。アメリカ、EU諸国などではテロリスト組織の一つとされている
PA（パレスチナ暫定自治政府）――オスロ合意に基づき、一九九四年に設立。ヨルダン川西岸とガザ地区を統治する暫定自治政府
PFLP（パレスチナ解放人民戦線）――ヨルダン川西岸とガザにおける、マルクス・レーニン主義の抵抗組織
PLO（パレスチナ解放機構）――一九六九年から二〇〇四年までヤセル・アラファトによって指導された政治的抵抗組織
ヒジャブ――イスラム教の文化で女性が頭を覆うもの、もしくはベール
ヒズボラ――レバノンのイスラム教シーア派政治組織
ファタハ――PLOの政治的最大派閥
ファトワ――イスラム教の学者によって定められるイスラム法令に関する解釈もしくは命令
フェダイーン――自由の戦士
フォース17――ヤセル・アラファトのエリート特殊部隊
ブラック・セプテンバー――一九七〇年九月に起きた、ヨルダン政府とパレスチナ組織の流血の対立
マジッド――ハマスの治安部門
マスコビエ――東エルサレムにあるイスラエル拘置所

ミナレット――モスクの光塔。イスラム教の指導者たちはそこから礼拝を呼びかける
ミヴァール――メギドにある、収容所に移される前に囚人が滞在する場所
六日戦争（第三次中東戦争）――一九六七年に、イスラエルとエジプト、ヨルダン、シリアとの間で起きた短い戦争
ムジャハディード――イスラム教徒のゲリラ兵
ムンカーとナキール――死人を苦しめると信じられている天使
メギド――イスラエル北部の捕虜収容所
メッカ――イスラム教の聖地。サウジアラビアに位置する。預言者ムハンマドがイスラム教を創設したとされる場所
メディィナ――イスラム教第二の聖地。サウジアラビアにある、ムハンマドが埋葬されているとされる場所
メルカバ――戦車。イスラエル軍が使用している
モサド――イスラエルの諜報機関。アメリカのＣＩＡに匹敵する
モスク――イスラム教徒が集い、礼拝を行う場所
モロトフ・カクテル――火炎瓶。通常布でできた芯を入れ、ガソリンでガラスの瓶をいっぱいにする。それから点火して標的に向かって投げつける
ラカート――イスラム教の礼拝と姿勢
ラマダン――ムハンマドによるコーランの授受を称える、イスラム教の断食の月
リクード党――イスラエルの右派政党
労働党――イスラエルの社会主義・シオニスト左派

# 年表

| | |
|---|---|
| 一九二三年 | オスマン帝国の終焉 |
| 一九二八年 | ハッサン・アル・バンナによりムスリム同胞団が創設される |
| 一九三五年 | パレスチナにムスリム同胞団創設 |
| 一九四八年 | ムスリム同胞団がエジプト政府に対し暴力的行為をはたらく。イスラエルが独立を宣言。エジプト、レバノン、シリア、ヨルダン、イラクがイスラエルに侵略 |
| 一九四九年 | ハッサン・アル・バンナが暗殺される。アル・アマリ避難民キャンプがヨルダン川西岸地区に設立される |
| 一九六四年 | ＰＬＯ（パレスチナ解放機構）が結成される |
| 一九六七年 | 第三次中東戦争（六日戦争） |
| 一九六八年 | ＰＦＬＰ（パレスチナ解放人民戦線）がエル・アル航空の７０７型機をハイジャック。アルジェに向かう。死亡者なし |
| 一九七〇年 | 黒い九月事件。ヨルダンがＰＬＯを追放。また何千人ものＰＬＯ戦士がヨルダン軍によって殺害される |
| 一九七二年 | ミュンヘン・オリンピック事件。十一名のイスラエル選手がブラック・セプテンバーによって殺害される |
| 一九七三年 | 第四次中東戦争（ヨム・キプール戦争／十月戦争） |

| | |
|---|---|
| 一九七七年 | ハッサン・ユーセフがサブハ・アブ・サレムと結婚 |
| 一九七八年 | モサブ・ハッサン・ユーセフ誕生。ファタハがテル・アビブの北、イスラエル湾岸高速道路を攻撃。三十八人が死亡 |
| 一九七九年 | パレスチナ・イスラム聖戦機構設立 |
| 一九八二年 | イスラエルがレバノンに侵攻。ＰＬＯが追放される |
| 一九八五年 | ハッサン・ユーセフと家族がアル・ビーレに引っ越す |
| 一九八六年 | ヘブロンでハマスが創設される |
| 一九八七年 | ハッサン・ユーセフがラマッラのキリスト教学校に通うイスラム教徒の学生に、宗教を教える副職を始める。第一次インティファーダが始まる |
| 一九八九年 | ハッサン・ユーセフが初めて逮捕・拘留される。ハマスのアメル・アブ・サルハンが三名のイスラエル人を殺害 |
| 一九九〇年 | サダム・フセインがクウェート侵攻 |
| 一九九二年 | モサブの家族がベテュニアに引っ越す。ハッサン・ユーセフ逮捕。ハマスのテロリストがイスラエルの警察官ニッシム・トレダノを誘拐し、殺害。ハマスのパレスチナ指導者がレバノンに追放される |
| 一九九三年 | オスロ合意 |
| 一九九四年 | バルーフ・ゴールドステインがヘブロンで二十九名のパレスチナ人を殺害。最初の自爆テロが発生。ヤセル・アラファトがＰＡ（パレスチナ暫定自治政府）本部設置のためガザに戻る |

一九九五年　イスラエル首相イツハク・ラビンが暗殺される。ハッサン・ユーセフがPAにより逮捕される
一九九六年　ハマスの爆弾製造者ヤヒヤ・アヤッシュが暗殺される。モサブの一回目の逮捕、拘留
一九九七年　モサブの釈放。モサドがハレド・メシャルの暗殺に失敗する
一九九九年　モサブがキリスト教の勉強会に参加
二〇〇〇年　キャンプ・デービッド会談。第二次インティファーダ（アル・アクサ・インティファーダとして知られる）が始まる
二〇〇一年　フレンチ・ヒルの自爆テロ。ディスコ・ドルフィとスバロ・ピザでの自爆テロ。PFLP事務総長アブ・アリ・ムスタファがイスラエルによって暗殺される。イスラエル観光相レハベアム・ゼエヴィがPFLPの狙撃兵によって暗殺される
二〇〇二年　イスラエルがディフェンシブ・シールド作戦を開始。ヘブライ大学への攻撃で九名が殺害される。モサブと父が再逮捕・拘留
二〇〇三年　連合軍がイラクを解放。ハマスのテロリスト、サレー・タラフメとハサニーン・ルンマナー、そしてサイード・アル・シェイク・カッセムがイスラエルにより殺害される
二〇〇四年　ヤセル・アラファト死亡。ハッサン・ユーセフが収容所から釈放される
二〇〇五年　モサブがキリスト教の洗礼を受ける。ハマスとイスラエルとの間で停戦合意。モサブが三度目の逮捕・拘留。後に釈放される
二〇〇六年　イスマイル・ハニーヤがパレスチナの首相に選挙で選ばれる。サダム・フセイン処刑
二〇〇七年　モサブが占領地を去りアメリカへ

# 注

**1.** **(P.40)** この情報は、これまで出回っているものの中で最も正確なものである。実際に、ハマスが組織として創立されたときについては、既に多くの不正確な情報が出回っている。例えば、Wikipediaは、「ハマスは1987年、最初のインティファーダが始まった時、エジプトのムスリム同胞団のパレスチナ支部のSheikh Ahmed Yasin, Abdel Aziz al-Rantissi, およびMohammad Tahaによって設立された……」と伝えていたが、この情報は7人の創設者のうちの2人のみが正確であった。そこでこの情報は翌年に削除された。
**参照**：http://en.wikipedia.org/wiki/Hamas（2009年11月20日現在のアクセス）
MideEast Webは、「同胞団の最初のインティファーダへの参加を許すため、ハマスは1988年2月ごろに設立された。ハマス創設者は、Ahmad Yassin, 'Abd al-Fattah Dukhan, Muhammed Shama,' Ibrahim al-Yazuri, Issa al-Najjar, Salah Shehadeh（ベイト・ハヌーン出身）そしてAbd al-Aziz Rantisiである。またDr. Mahmud Zaharもまた創設者の一人に挙げられる。他の指導者にはSheikh Khalil Qawqa, Isa al-Ashar, Musa Abu Marzuq, Ibrahim Ghusha, Khalid Mish'al.などが含まれる」と伝えた。これはWikipediaにエントリーされた情報よりもっと不正確なものである。
**参照**：http://www.mideastweb.org/hamashistory.htm（2009年11月20日現在のアクセス）

**2.** **(P.57)** 1968年7月23日に起きたPLOによる最初の大規模な航空機ハイジャック事件は、PFLPの活動家がエル・アル航空ボーイング707型機をアルジェに航路を変更させた。約12名のイスラエル人乗客と10人の乗務員が人質として取られたが、死亡者は出なかった。
しかし4年後、11人のイスラエルのスポーツ選手がミュンヘン・オリンピックで、PLOの指揮するテロリストの攻撃で殺害された。そして1978年3月11日には、ファタハの戦闘員がボートをテルアビブの北に接岸させて上陸し、バスをハイジャックした。それから湾岸高速道路に沿って攻撃を開始した。約35名を殺害、70名を超える人が負傷した。

同組織はヨルダンの人口の3分の2を占めるパレスチナ避難民の中から、容易に新メンバーを募ることができた。他のアラブ諸国からの溢れるような資金の支援を受け、PLOはさらに強大になり、警察やヨルダンの軍隊より強力な武装をするようになった。そしてその指導者であるヤセル・アラファトが、この国を支配し、パレスチナ人の国にするまで長くはかからなかった。

ヨルダンのフセイン国王は、迅速で断固とした行動を迫られた。さもなければ彼の国を失っていたであろう。数年後私は、イスラエル治安当局から予想すらしなかった情報を得て、驚いた。他のすべてのアラブ諸国がイスラエルの破壊で一致していたとき、ヨルダン君主はイスラエルと秘密同盟を結んでいたというのだ。もちろん、フセイン国王が単独では王位を守ることができず、またイスラエルも自力だけでは両国の長い国境を警備することは不可能であることを考えるとそれはあり得る話だった。しかし、この情報が漏れたりすることがあったら、それは国王にとって政治的、文化的な自殺行為となったであろう。

そこで1970年、PLO がこれまで以上の支配権を握る前に、フセイン国王は PLO の指導者たちと戦闘員に追放を命じた。PLO 側がそれを拒否したとき、イスラエルによって武器の支援を受けたヨルダン側は、PLO を排撃した。それが、パレスチナ人の間で Black September（黒い九月事件）として知られている内戦であった。

タイム誌（Time）は、アラファトが彼に同情的なアラブ指導者に伝えた言葉を次のように引用した。「虐殺が起きた。数千人の人々が瓦礫の下にいる。遺体は腐敗し、数十万人の人々がホームレスとなった。我々の同胞の遺体は街に散乱している。残された子ども、女性、および老人は、飢えと渇きによってやがて死に至るだろう」

「The Battles Ends; The War Begins」（1970年10月５日のタイム誌の見出しより）

こうしてフセイン国王は、イスラエルに対し大きな借りができた。そこで1973年、彼はエジプトとシリアによって主導されたアラブ連合勢力がまさにイスラエルを侵略しようとしている、ということをエルサレムに警告することで借りを返そうとした。残念なことに、イスラエルはこの警告を重要視しなかった。アラブ連合軍の侵略はユダヤ教の大贖罪の日に起き、予期していなかったイスラエルは重い代償を負うこととなったのである。この機密情報もまたイスラエル人から得たものである。

Black September（黒い九月事件）の後、PLO の生存者たちは南レバノンに逃れたが、そこは激しい内戦で混乱していた。そこで PLO は事実上、国家の中の国家と言われるほどの成長をし、強さを増していった。

その新しい拠点から、PLO はイスラエルに対して消耗戦を仕掛けた。ベイルートのレバノン政府は、PLO のイスラエル北部への終わりの見えない砲撃やミサイルの攻撃を止めさせるには弱すぎた。そして1982年、イスラエルは4ヶ月にわたる武力作戦の後PLOを追放して、レバノンに侵入した。アラファトと1,000人の生き残った戦闘員はチュニジアへと追放された。しかし、そこからもPLOは、イスラエルへの攻撃を開始し、ヨルダン川西岸とガザの軍の戦闘員を召集し続けた。

**3.** (P.87) 「Arafat's Return：Unity Is 'the Shield of Our People'」(1994年7月2日)ニューヨーク・タイムズ紙
http://www.nytimes.com/1994/07/02/world/arafat-in-gaza-arafat-s-return-unity-is-the-shield-of-our-people.html (2009年11月23日現在のアクセス)

**4.** (P.105) レナード・コーエン(「First We Take Manhattan」著作権 © 1988年 Leonard Cohen Stranger Music, Inc.)

**5.** (P.192) 「Suicide and Other Bombing Attacks in Israel Since the Declaration of Principles」(1993年9月)イスラエル外務省より;「Palestine Facts - Palestine Chronology 2000」パレスチナ国際問題研究学術協会エルサレムより
**参照**：http://www.passia.org/palestine_facts/chronology/2000.html または、http://www.mfa.gov.il/MFA/MFAArchive/2000_2009/2000/11/Palestinian%20Terrorism-%20Photos%20-%20November%202000を参照

**6.** (P.200) イスラエルがラマッラを占領し、アラファトの本部を急襲した翌年、以下のつながりがより確かなものとなった。彼らは他の文書間で、アル・アクサ殉教者旅団からPAのCFO Fouad Shoubaki准将に宛てた、軍事行動のための請求書を発見した(2001年9月16日付であった)。その中では、イスラエルの都市へ攻撃に使う爆弾をより多くつくるため、または多くの自爆テロの推進のための宣伝ポスターの費用など、より一層の資金を請求していた。
「Al-Aqsa Martyrs Brigades A Political Tool with an Edge」(2002年4月3日)ヘルツェリア反テロに関する国際政策研究所(IDC)Yael Shaharより

**7.** (P.220) レオナルド・コール：「Terror: How Israel has Coped and What America Can Learn 」(2007年8月)インディアナ大学プレスより

**8.** (P.245) 「Obituary: Rehavam Zeevi,」(2001年10月17日)BBC Newsより
**参照**：http://news.bbc.co.uk/2/ (2009年11月24日現在のアクセス)

**9.** **(P.257)** 「Annan Criticizes Israel, Palestinians for Targeting Civilians」(2002年3月12日) 国連通信より
http://www.unwire.org/unwire/20020312/24582_story.asp (2009年10月23日現在のアクセス)

**10.** **(P.257)** 欧州連合「Declaration of Barcelona on the Middle East」(2002年3月16日)
http://europa.eu/buuetin/en/200203/i1o55.htm

**11.** **(P.264)** パレスチナの国家安全保障長官Jibril Rajoubについての興味深い注記：
「この男はパレスチナの国家安全保障長官の地位を利用し、役員らに対し、まるで彼が後継者であるかのように振る舞い、西岸地区に独自の小さな王国を築いていた。

私は、彼がどれほど重要であるかをみんなに示すためだけに準備された、50皿もの異なる料理が彼の朝食テーブルに並べられているのを見たことがある。さらに私は、Rajoubが無作法で不注意、リーダー的存在というよりも、むしろギャングのように振る舞っていたことを知っている。1995年、アラファトができるだけ多くのハマス指導者とそのメンバーを集めたとき、Rajoubは何のためらいもなく彼らを拷問した。ハマスは何度も彼を暗殺すると脅した。それで彼は防弾、防爆性の車を購入した。アラファトでさえもがそのようなものは持っていなかった」

**12.** **(P.293)** AP通信「Palestinian Bombmaker Gets 67 Life Terms」(2004年11月30日) MSNBCより
http://www.msnbc.msn.com/id/6625081/

**13.** **(P.314)** ダニー・ルビンスタイン「Hamas Leader: You Can't Get Rid of Us」ハアレツ紙より
http://www.haaretz.com/hasen/pages/ShArt.jhtml?itemNo=565084&contrassID=2&SubContrassID=4&sbSubContrassID=0

**14.** **(P.321)** 「Israel Vows to 'Crush' Hamas after Attack」(2005年9月25日) Fox Newsより
http://www.foxnews.com/story/0,2933,170304,00.html (2009年10月5日現在のアクセス)

# 訳者あとがき

一九八七年の夏、本書でも書かれている第一次インティファーダが起きた年、私はその戦火のイスラエルにいた。このアラブ人による蜂起が日に日に激しさを増していた頃、私は世界中から帰還したユダヤ人の学生たちと共にヘブライ語（イスラエルの言語）を学んでいた。連日のニュースではアラブ人が投石をし、タイヤを燃やす様子が映し出されていた。石を投げる子供の姿もあった。その中に、本書の著者であるモサブ少年もいたのかもしれない。

激しいインティファーダの嵐が吹き荒れ、ユダヤ人とアラブ人との間に埋め難い対立の溝があった。しかし私が学ぶエルサレムのヘブライ大学では、ユダヤ人もアラブ人も同じ教室で学び、ノートを見せあって一緒に試験勉強もした。彼らと共に語りながら感じたのは、彼らは共存を願っているということだった。翻訳に携わりながら、当時級友たちから感じた平和共存への願いが思い出されてならなかった。

モサブの戦いは、その後も続いている。渡米して数ヶ月後、モサブは米国の移民局に政治亡命を願い出た。しかし米国政府は、彼がハマスの幹部の息子であること、ハマスの内部での活動経験があることなどから、テロリスト組織を支援した人物と判断し、亡命者としての受け入れを拒否した。

モサブは自身のハマス内部での活動は、シン・ベットに提供する情報を得るためであることを必死に訴えた。しかし米国政府は、モサブを国外追放の処分にしようとする。

ところが二〇一〇年六月二十四日、本書でシン・ベットの「ロアイ」として登場するゴネン・ベン・イツハクが、証人としてサンディエゴに現れた。モサブは自分の真の友人であり、彼は自らの命を賭けてテロを未然に阻止し、多くのパレスチナ人やユダヤ人、そしてアメリカ人の命を救ったことを、新聞のインタヴューなどにも証言。シン・ベットの元エージェントが、実名を明かして証言するということは異例中の異例である。そしてこの「ロアイ」の我が身を省みない行動により、モサブの米国への政治亡命が認められたのである。

本書は『Son of Hamas』初版の全訳である。重版時での著者の「あとがき」の最後には、編集者の注釈として次のような言葉が添えられている。

「二〇一〇年三月一日、この本の発売日の前日、モサブの父親は彼を勘当した。父親は、〝モサブという名の、かつての私の長男と縁を切った〟と、手紙で公表した（AP通信社　二〇一〇年三月三日）。

モサブは家族を失い、命を危険にさらしながらも、敵を愛せよというメッセージを伝え続けている」

本書はモサブ・ハッサン・ユーセフというひとりの若者が、まさに命がけで伝えようとしているメッセージである。中東問題の渦の真中で多くの矛盾や困難の中を生きてきた若者の目を通して見えてくる、これまで日本のマスコミが殆ど報道してこなかったハマスやパレスチナ自治政府の実態が明らかにされている。

モサブの近況については、彼のブログ（http://sonofhamas.com）に詳しく掲載されているのでそちらをご覧頂きたい。

そのブログでモサブは、本書の出版を通して自分の家族に一生消えることの無い恥辱を負わせてしまったことなどを、赤裸々に綴っている。最愛の人々を犠牲にしてしまったことへの罪の意識や襲い来る孤独に苦しみながらも、モサブ・ハッサン・ユーセフは尚、中東の平和を願い、戦いつづけているのである。

中東問題研究家　青木偉作

## 〈追記〉
# 訳者あとがき（二〇二三年十二月）

二〇二三年十月七日の静かな安息日の朝に起こった、イスラム原理主義組織ハマスによる、ガザからイスラエルへの侵入と、そのテロリストたちが行った大虐殺を通して、世界はハマスという組織の恐ろしい実態を知ることとなった。

しかし、その後、イスラエルがハマスの殲滅を掲げてガザ地区を攻撃し始めると、ハマスが市民を人間の盾として使った結果、テロリストに対して放った爆弾で巻き添えになって傷ついた子供たちの映像が繰り返しメディアで流されるようになった。すると、世界の世論は最初のハマスの残虐なテロ行為を忘れたかのように、イスラエルを非難し、態勢の立て直しの時間が欲しいハマスに有利な即時停戦決議を、国連においても採択する事態となっている。

そのような中で、ハマスの残虐な実態を誰よりも良く知る、本書の著者モサブ・ハッサン・ユーセフ氏が、二〇二三年十一月二十一日に国連において訴えた叫びを、世界はどのように聞いたのか。

「ガザのハマスのテロ集団を根絶しなければ、そしてガザを、ガザの人々に返さなければ、テロリストたちに正当性を与えることになってしまう。そして、それは今後、もっと大きな戦争をもたらすだろう」と警告している。

「ハマスは病院の下にトンネルや塹壕を掘り、学校にミサイル発射台を設置して、そこにいる病人や子供を人間の盾として利用している。そして、ハマスがロケット弾を誤射して、病院で多数の死者が出たことでも、イスラエルに責任をなすりつけ、世界中がそのハマスのプロパガンダに耳を傾けてしまっている。何が真実で、何が嘘か、誰も確認しようとせずに、ただイスラエルを非難している。」と、時には机を叩きながら叫ぶモサブ氏。

本書を通して、十年以上前からハマスの実態を訴え続けたにもかかわらず、それを世界が無視してしまった結果、今回のようなガザ戦争を招いてしまった状況に、憤りを込めて訴えるモサブ氏の訴えに、日本をはじめ国際社会は耳を傾けるべきではないだろうか。

今回、日本人としてショックだったのは、ハマスがSNSに掲載した、一枚の写真である。それは、十月七日にガザに拉致されたイスラエルの人質の写真であった。そしてなんと、その人質の背景にある砂袋には、「日本国民からパレスチナ難民のため」と書かれているではないか。

日本政府はパレスチナ難民に巨額な資金を援助している。しかし、実際は日本国民の税金から賄われているその資金がハマスの手に渡り、結果的に、テロリストを支援して、無辜の市民を殺すための武器を作る資金となっていることを証明する写真だったのだ。日本政府は今後、パレスチナへの援助を全面的に見直す必要がある。

モサブ氏は国連での演説の最後にこのように語っている。

「今こそ、私たちは団結する時である。なぜなら、もしイスラエルがガザで失敗したら、テロリストたちの次の標的は我々なのだ」と。

本書がハマスというテロ集団の実態を日本が理解する一助となり、現在のイスラエルの状況と同様、多くの拉致被害者の問題を抱える日本が、テロに屈することなく進んでいくことができることを、心から願う者である。そして、中東に真の平和が訪れることを、切に祈ってやまない。

最後に、この度、急遽、本書を復刻してくださった出版社ヒカルランドの石井健資社長に心から感謝を申し上げる。

中東問題研究家　青木偉作

〈著者〉

**モサブ・ハッサン・ユーセフ**

1978年、ヨルダン川西岸のラマッラでイスラム教の家庭に生まれる。父親のシェイク・ハッサン・ユーセフは、イスラエルへの自爆攻撃などで国際的に知られるテロリスト集団「ハマス」の７人の創設者のひとりである。
1987年に始まった第一次インティファーダでの投石など、少年時代からパレスチナ人の抵抗運動に身を投じ、イスラエル軍に捕えられ投獄・釈放を繰り返す。獄中で見たハマスの実態に衝撃を受ける。その後、イスラエル総保安局シン・ベットに協力し、シモン・ペレス外相（当時）の暗殺計画の阻止をはじめ、多くの無辜の市民の命を救う。
2007年に渡米し、2010年政治亡命する。

〈訳者〉

**青木偉作**

エルサレム・ヘブライ大学社会学部政治学科卒。日本経済新聞社記事審査部スタッフを経て、現在、大阪大学・ユダヤ文化研究会ヘブライ語講師。主な訳書・著書に『日本の強さの秘密』（日新報道)、『ユダヤ人に学ぶ日本の品格』（PHP)、『ユダヤ人の勉強法』（中経出版)、『まずはこれだけヘブライ語』（国際語学社）等がある。

本作品は、2011年６月に幻冬舎より刊行された『ハマスの息子』の新装復刻版です。

ハマスvsイスラエル
何が彼らを争いに掻き立てるのか?!

第一刷 2024年2月29日

著者 モサブ・ハッサン・ユーセフ
訳者 青木偉作

発行人 石井健資
発行所 株式会社ヒカルランド
〒162-0821 東京都新宿区津久戸町3-11 TH1ビル6F
電話 03-6265-0852 ファックス 03-6265-0853
http://www.hikaruland.co.jp info@hikaruland.co.jp
振替 00180-8-496587

本文・カバー・製本 中央精版印刷株式会社
DTP 株式会社キャップス
編集担当 TakeCo

ISBN978-4-86742-345-5

**ヒカルランド　好評既刊！**

地上の星☆ヒカルランド　銀河より届く愛と叡智の宅配便

世界をだました5人の学者
人類史の「現代」を地獄に墜とした悪魔の"使徒"たち
著者：船瀬俊介
四六ソフト　本体 2,500円+税

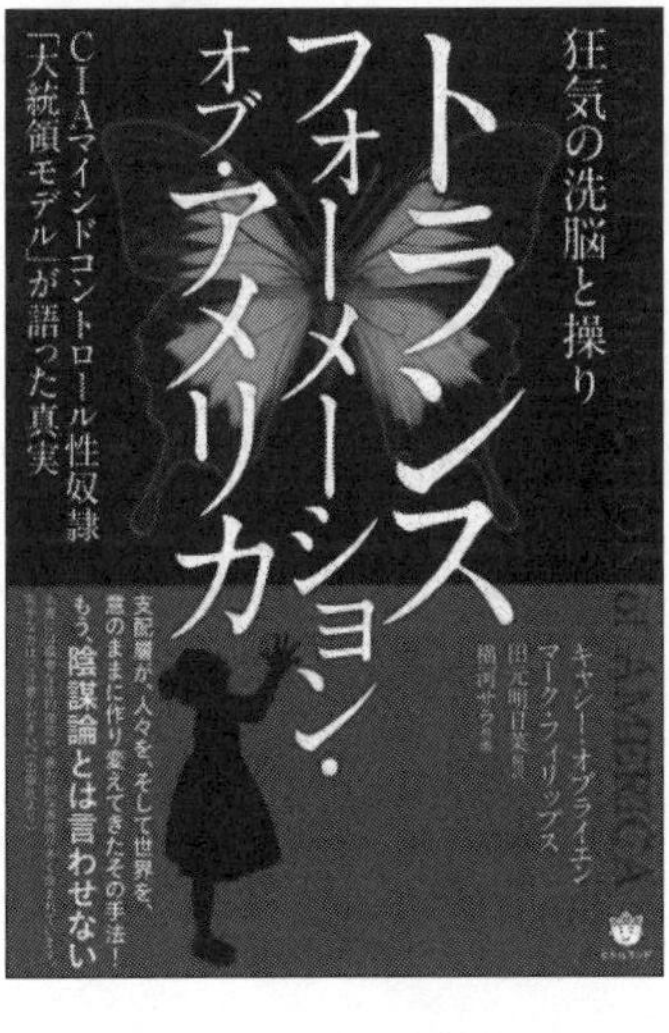


狂気の洗脳と操り
トランス　フォーメーション・オブ・アメリカ
CIAマインドコントロール性奴隷「大統領モデル」が語った真実
著者：キャシー・オブライエン／マーク・フィリップス
訳者：田元明日菜
推薦：横河サラ
Ａ５ソフト　本体 3,000円+税